# UNAVITAINFUMO

## PREMESSA

Mio padre e' morto il 30/12/02 per un tumore al polmone.

Intendo raccogliere e divulgare il piu' possibile, soprattutto tra i giovani, dati, articoli, esperienze, notizie, e quanto altro possibile sui danni provocati dal fumo. Tutti coloro che ne hanno esperienza, diretta o no, sono invitati a cliccare su "commenti" ed aggiungere la loro testimonianza.

Se anche una sola persona in piu', visitando questo BLOG , si convincera', smettera' di fumare e si salvera'dal cancro, NE SARA' VALSA LA PENA

## DEC 5

Io ho cominciato a fumare il giorno del mio 16° compleanno.

Assieme ai primi pantaloni lunghi ( fino ad allora avevo usato quelli alla zuava ) il mio papa' mi regalo' il primo pacchetto di sigarette : Era un pacchetto verde e bianco di SALEM : le sigarette al mentolo. Correva l' anno 1960 .

Postato 5th December 2002 da Ezechiele

## DEC 6

Perche' quel regalo ?

Postato 6th December 2002 da Ezechiele

## DEC 6

Era il segno della raggiunta maturita' per l' ingresso in Societa', nonche' il segno della raggiunta virilita'.

Ed ecco quindi il primo INGANNO : Il fumo come elemento di comunicazione sociale.

Postato 6th December 2002 da Ezechiele

2 Commenti :

ocrampa17 dicembre 2002 03:34

Mi pare un'iniziativa molto interessante. Anch'io sono un ex fumatore; ora non sopporto molto le persone che fumano in locali pubblici o accanto a me.

cybl7 dicembre 2002 09:13

ciao ezechiele, mio nonno mi mostrò le lastre dei polmoni di mio padre a 33 anni, io ne avevo 5. gli alveoli neri...chi se li dimentica....

eppure per stress o per ansia o per inganno (comunicazione sociale) ogni tanto sfumicchiavo cigarillos ( ho iniziato solo due anni fa e in due anni ne avrò fumati due scatole). hai molto coraggio.

3

ho paura per mio padre, è stato capace di intossicarsi con le nicorette ( che gli avevo regalato io sperando di fargli bene) e devo dire che purtroppo ci ha sempre fumato "in faccia". di nuovo coraggio e grazie

cybl

## DEC 7

Ma perche' ho fumato per tutta la mia vita?

Le risposte che di volta in volta mi sono dato sono:

Fumo per riflettere, mi aiuta a concentrarmi

Fumo per darmi un contegno, perche' non so cosa fare.

Fumo per sentirmi uguale ed accettato dal mondo che mi circonda.

Fumo perche' il mio eroe sullo schermo fuma, ed io fumando mi sento simile a lui.

Fumo perche' un uomo non ha paura e sfida i rischi che il fumo comporta.

Fumo perche' tutti fumano. Mi fa sentire protetto, mimetizzato, parte del Gruppo.

Postato 7th December 2002 da Ezechiele

2 Commenti :

aledania7 dicembre 2002 12:45

divulgare le notizie sui danni da fumo è gran cosa,iniziativa senz'altro lodevole,peccato che la maggior parte dei ragazzi d'oggi faccia finta di non sentire,quello che a loro importa è solo "far parte del gruppo",purtroppo!MA bisogna comunque lottare!

ezechiele20028 dicembre 2002 01:20

Ti ringrazio della visita e del commento. Hai qualche link da segnalare ?

Ezechiele2002

**DEC 8**

From: Joe Cherner

To: Ezechiele2002

Sent: Sunday, December 08, 2002 12:06 PM

Subject: Re: Una vita in Fumo

I'm sorry to hear about your father. Thank you for sharing your story.

Joe

Joseph W. Cherner, President

SmokeFree Educational Services, Inc.

http://www.smokefree.org


"Never doubt that a small group of thoughtful citizens can change the world.

Indeed, it's the only thing that ever has." Margaret Mead

Postato 8th December 2002 da Ezechiele


**DEC 9**

L'altra sera sono stato ad una festa di compleanno: Circa 100 persone, Roma

bene, saloni, camerieri, lusso, casa bellissima.

Eta' media degli invitati: tra i 40 ed i 60 anni.

Mi sono guardato attorno: Fumavano praticamente tutti !!!

Ho chiesto ad una elegante signora, nell' atto di accendersi la sua Marlboro

con un Dunhill d'oro, "ma perche' la stai accendendo ?"

Mi ha guardato smarrita : " Ma perche' mi piace e perche' fumano tutti, non

vedi ? "

Si, in quel range di eta' la maggioranza fuma.

Continuo a chiedermi perche'.

Umberto Gallini, nel suo sito, scrive :

"Una sigaretta? Si, grazie. E' poi il piacere di aspirare, quasi con voluttà, ampie boccate di fumo, quasi per una sorta di compensazione a qualche mancanza interiore. La sigaretta, il fumo, il bisogno di farne uso frequente, diventa una necessità impellente, un qualcosa di cui non si può proprio fare a meno: il primo atto al mattino, appena svegli, l'ultimo la sera prima di disporsi a dormire.

Bisogno di soddisfazione a livello primario orale: così, tecnici e psicologi hanno spesso motivato "il vizio" del fumo, la soddisfazione a un bisogno frustrato. E' chiaro che l'individuo che fuma, nella più parte dei casi, non si pone il problema se la sua fase dello sviluppo sia stata gratificante o meno, e ancora, se, in quelle 20-30 sigarette giornaliere trasferisca, pur senza rendersi conto, le sue frustrazioni presenti e passate. Lo fa e basta, tutto sommato, continua a piacergli nonostante il regolare, progressivo aumento del costo del suddetto vizio.

Naturalmente, poichè il fumatore non vive in un altro mondo e i messaggi-campagna che evidenziano i danni che il fumo provoca colpisce anche lui, ben sa che, prima o poi, andrà in contro a qualche problema di salute, (e se lo ricorda ogni volta che sale le scale o si sforza di prolungare una nuotata o compie qualche fatica superiore al normale) ma non sa risolversi a smettere.

E' come quando uno si guarda allo specchio e vede la propria immagine appesantita. Vorrebbe tanto perdere peso ma, una strana, inspiegabile molla, lo spinge a ingurgitare più cibo del dovuto. "

Un pizzico di Autolesionismo ? Anche ?

.

Postato 9th December 2002 da Ezechiele

## DEC 10

Era il 6 Novembre quando il mio zio piu' caro, radiologo, dopo aver sviluppato la lastra del mio papa', mi disse : " e' un tumore; non c'e' niente da fare. Lasciamolo morire in pace ".

Vedere quella macchia bianca irregolare sulla lastra e decidere di smettere di fumare e' stato un solo momento. Una volta tornato a casa di mio padre ho riposto in valigia pipa, tabacco, nettapipe e cerini e li' li ho lasciati .

Almeno un paio di volte al giorno mi viene la tentazione di riaccendere la pipa o di prendere una sigaretta; mi basta pensare al respiro ( rantolo e' meglio ) di papa' perche' la tentazione mi passi di colpo.

Ma come fare affinche' questi pensieri, ma soprattutto affinche i vari links che di giorno in giorno vado raccogliendo vengano letti, cliccati ed aperti da quante piu' persone possibile ? In questo momento il contatore segna 255 contatti, a partire dal 7 Dicembre. Ma quanti di questi contatti hanno aperto uno breccia nella mente, nelle abitudini, nella volonta' di qualcuno ?

Se ognuno di questi contatti mandasse per e-mail il link di questo blog ai suoi amici, raggiungeremmo in breve un numero molto piu' grande di persone. Sto anche provando con i banners, ma sinora non ci sono riuscito.

Se potete, aiutatemi a diffondere queste righe !

Postato 10th December 2002 da Ezechiele

## DEC 12

Una mia cara amica, Amina, ha visitato il blog e oggi mi ha scritto:

"NON SO SE UNA NON FUMATRICE ACCANITA, QUALE SONO IO, PUO' TROVARE LE PAROLE GIUSTE PER ESPRIMERE LA SUA OPINIONE SENZA OFFENDERE L'INTELLIGENZA DEI FUMATORI O EX-FUMATORI.

HO FUMATO ANCHE IO E, FORSE, NEL MODO PEGGIORE: IL FUMO DEGLI ALTRI, QUELLO PASSIVO.CHE HA UN UNICO VANTAGGIO: E' GRATIS E POI LASCIA LE MANI LIBERE.

MA NON E' VERO CHE NON DIA FASTIDIO (COME PER EDUCAZIONE, PER TOLLERANZA O AMORE, IN GENERE, SI RISPONDE) ANZI!

PENSA SOLO CHE FA MALE QUASI QUANTO QUELLO ATTIVO!

SO CHE QUESTA NON E' MAI STATA UNA BUONA RAGIONE PER SMETTERE DI FUMARE MA SE QUALCUNO LO FARA' , CHE RICEVA IN ANTICIPO I PIU' SENTITI RINGRAZIAMENTI DA PARTE MIA E DI TUTTI I FUMATORI PASSIVI.

QUELLO CHE HAI SCOPERTO, IN MODO DRAMMATICO, E' QUALCOSA CHE CHI NON FUMA HA SEMPRE SAPUTO E DETTO. MA, PURTROPPO, CERTE "PREDICHE" DANNO FASTIDIO E NON INTERESSANO.

E CHI LE FA PASSA PER ROMPISCATOLE (O NOIOSO O IETTATORE).

E' QUESTO PER ME IL NOCCIOLO DELLA QUESTIONE: IL NON VOLER ASCOLTARE I MESSAGGI A MENO CHE QUESTI NON DIVENTINO LEGNATE MORTALI.

PENSO CHE TU SIA SOLO ALL'INIZIO DI UN NUOVO CAMMINO E DI COSE DIRE E DA FARE CE NE SONO TANTISSIME.

PER QUANTO MI RIGUARDA, TI INVIERO' TUTTO QUELLO CHE MI PASSA PER LA TESTA A RIGUARDO E POI, SE CIO' CHE TI DICO TI SEMBRA INTERESSANTE, POTRAI INSERIRLO NEL TUO SITO"

Postato 12th December 2002 da Ezechiele

## DEC 16

Sono due giorni che non riesco a mettermi al PC per scrivere su questo Blog. Nel frattempo il contatore e' arrivato a 450 visitatori. Dal giorno 10/12 ad oggi ce ne sono stati 200 in piu'. A me sembra miracoloso; come fa a diffondersi la voce ?

Sarebbe bellissimo trovare un commento che dica : " Mi sono convinto ed ho smesso di fumare ( proprio cosi': ho smesso !!! Non basta Decidere di smettere. Il passo duro e la vera vittoria e' smettere, punto e basta. )

Postato 16th December 2002 da Ezechiele

## DEC 17

Una persona cara oggi mi ha scritto :

"Vorrei farti i miei auguri per il tuo compleanno ma so che, in questo momento, tu non sei in animo di festeggiare per cui ti mando questi pensieri, affinché, tu senta quanto ti sono vicina e quanto senta, dentro di me, la tua sofferenza.

Nel mio cuore c'è .... una totale condivisione che ho sempre sentito con te , con le tue angoscie, le tue paure, le tue ansie e ora con questa sofferenza per la malattia, senza speranza, di tuo padre.

So cosa vuol dire, ho già provato e vissuto anche io tutto questo, per mesi.

So come ti senti, conosco la paura e il senso di impotenza che ci prende in certi momenti e il pensiero di non essere capaci di affrontare la situazione, di non averne la forza.

Ho avuto anche io la voglia di scappare per non dover vedere la malattia e il decadimento fisico di mia madre, la sua discesa inesorabile . Ma poi sono rimasta al mio posto, fino in fondo; come farai tu, perché la forza ti arriva e arriva anche la capacità di dare aiuto nel modo giusto.

Quando, nei prossimi giorni, sarai con tuo padre io sarò vicino a voi con i miei pensieri, con comprensione, compassione e affetto, pregando per tutti e due affinché la strada così difficile, che state percorrendo insieme, sia meno difficoltosa, ma, soprattutto, affinche' in questi momenti , con la sofferenza, ci sia anche una luce di amore e di fede che vi avvolga e vi protegga.

Le vostre anime si stanno parlando e, anche se a te non sembra, questo dialogo silenzioso ti darà la forza di andare avanti e di affrontare tutto nel migliore dei modi.

La vita di tuo padre sta finendo ma l'amore che lui ha per te ti rimarrà addosso e ti aiuterà a volerti più bene ed ad avere più stima per te stesso.

"

Postato 17th December 2002 da Ezechiele


**DEC 18**

Domani parto e torno al capezzale di mio padre. Non avro' PC e non potro' rispondere ai vostri commenti.

Continuate a diffondere questo link e , se tutto va bene, ci ritroviamo qui a meta' gennaio.

Postato 18th December 2002 da Ezechiele

3 Commenti :

Giuda18 dicembre 2002 11:04

Apprezzo quello che fai.


anonimo5 gennaio 2003 06:30

hai le mi preghiere e il mio appoggio!

forza!


anonimo3 gennaio 2006 07:45

Ciao Dido! Forse sono un tuo lontano parente di Ancona. Cinque o sei anni fa c'incontrammo quando venisti nella mia città a pubblicizzare il tuo libro. Ti lasciai il mio libro che, tra l'altro, racconta l'autopsia di mio padre ed alla quale assistetti (ero studente di medicina) attivamente prendendo in mano il suo cancro al polomone causato certamente dal fumo. Sì, perché mio padre Edmondo Sacchettoni fumava più di due pacchetti al giorno. Perfino quando sapeva di avere poco da vivere, nonstante le bombole di ossigeno che ero costretto a procuragli, fumava di nascosto da me.

Anch'io da allora mi batto contro questa droga maledetta. Strano destino di due Sacchettoni.


**DEC 18**

Domani parto e torno al capezzale di mio padre. Non avro' PC e non potro' rispondere ai vostri commenti.

Continuate a diffondere questo link e , se tutto va bene, ci ritroviamo qui a meta' gennaio.

Postato 18th December 2002 da Ezechiele


4 Commenti :

Giuda18 dicembre 2002 11:04

Apprezzo quello che fai.


anonimo5 gennaio 2003 06:30

hai le mie preghiere e il mio appoggio!

forza!


anonimo3 gennaio 2006 07:45

Ciao Dido! Forse sono un tuo lontano parente di Ancona. Cinque o sei anni fa c'incontrammo quando venisti nella mia città a pubblicizzare il tuo libro. Ti lasciai il mio libro che, tra l'altro, racconta l'autopsia di mio padre ed alla quale assistetti (ero studente di medicina) attivamente prendendo in mano il suo cancro al polomone causato certamente dal fumo. Sì, perché mio padre Edmondo Sacchettoni fumava più di due pacchetti al giorno. Perfino quando sapeva di avere poco da vivere, nonstante le bombole di ossigeno che ero costretto a procuragli, fumava di nascosto da me.

Anch'io da allora mi batto contro questa droga maledetta. Strano destino di due Sacchettoni.


## JAN 5

**Sono appena rientrato. Il mio papa' e' morto il 30/12/02, alle ore 9.00, nel sonno. E' stata una morte dolce, serena, circondato dall' amore dei suoi figli, nella sua casa. Il referto medico dice, spietato: Adenocarcinoma polmonare.**

**Io non c'ero. D'accordo con mio fratello, che era appena arrivato, avevamo deciso che non sembrava necessario stare in due al suo capezzale e che io potevo prendermi qualche giorno di riposo. Sono arrivato a Roma la sera di Sabato 28/12 con il programma di tornare il 04/01 a dare il cambio a mio fratello. Il pomerigio del 29/12 squilla il telefono : e' Papa' che mi dice : " Ciao, ti voglio salutare ......" Non son riuscito a capire le altre Sue parole.**

**Il mattino dopo , alle 9.30, la tremenda telefonata di mio fratello : "Vieni, ...Papa' e' morto..."**

**Postato 5th January 2003 da Ezechiele**


6  Commenti :

anonimo5 gennaio 2003 15:10

avessi avuto anche io un modo per sfogarmi così...

ti sono vicina, per quanto può aiutarti la preghiera e la vicinanza di una sconosciuta, accomunata dalla stessa sorte...

continua, ti prego.


ezechiele2002 6 gennaio 2003 03:00

Serena, grazie per le tue parole. Se mi mandi una e-mail o un altro commento con la tua esperienza, la pubblico sul mio blog. Comunque , ti prego, lasciami la tua e-mail.

Cosi' non sarai piu' una sconosciuta.

Intendo continuare, ma ho bisogno di aiuto


anonimo6 gennaio 2003 07:09

Ti sono vicina anch'io.

Nonostante non ti conosca.

Il dolore non ha confini, nè volto, nè voce.

Un abbraccio.


anonimo6 gennaio 2003 07:13

Domenticavo: non smettere, continua ad utilizzare questo spazio virtuale.

E' importante.


anonimo7 gennaio 2003 12:46

E' veramente difficile dire qualcosa di fronte a certi dolori.

Spero solo che questo tuo blog possa servire a salvare altre vite.


MacUbu10 gennaio 2003 03:49

Questo è un post lacerante.

Non ci sono molte parole che si possono dire se non: ti abbraccio e ti sono vicino.

Adesso aggiungo un link al tuo blog.

## JAN 7

Ricevo oggi da Chiara Fonio, e pubblico con piacere :

Quote

Ciao Ezechiele,

sono io che devo ringraziare te per affrontare l'argomento.

Da parte mia, non solo l'ho segnalato sul mio sito, ma l'ho inserito nei

link. L'ho segnalato anche a diversi blogger e cercherò di convincerli a citare

unavitainfumo.

Non ti so indicare il numero esatto,anche perchè non ho ancora avuto il

tempo di mandare l'url a tutti.

Sì, l'idea della proposta di legge sarebbe efficace.

Dal 2004 andrà in vigore la legge contro il fumo nei locali pubblici ma

credo NON basti.

E' necessario un programma educativo a tappeto, che inizi dalle scuole.

Se posso fare qualcosa per te e per diffondere il tuo blog, fammi sapere:

sono a tua disposizione.

Il dolore che stai provando in questi giorni spero si canalizzerà in una

lotta decisa. Io sono disposta ad aiutarti.

Ti sono vicina,

Chiara.

Unquote

Postato 7th January 2003 da Ezechiele

## JAN 9

Ho seguito il suggerimento di Chiara. Oggi ho inviato 10 e-mail ad altri bloggers, chiedendo a ciascuno di leggere questo blog e di diffonderlo, se sono d' accordo con i nostri obiettivi. Mi scuso con tutti per essere stato importuno, e spero mi perdonino e mi aiutino.

Nel frattempo ho inserito nel blog un sondaggio, che potrebbe iniziare a far riflettere i fumatori in bilico tra smettere e non smettere. Prova anche tu a riempirlo, cosi' avremo dei ritorni piu' significativi.

Infine, grazie all' aiuto di Angelo, ho inserito il link Scrivimi, che finalmente consente ai visitatori che lo desiderino di dare un loro contributo diretto.

Penso che ora potremmo iniziare a concentrarci su un aspetto diverso del problema: Quello che all' inizio io ho chiamato " Genocidio di Stato " e che Sabrina Giannini chiama " Ipocrisia di Stato" nel sito di cui ho aggiunto il link. Attendo suggerimenti ed idee.

Tutto questo mi sta aiutando a superare questi giorni.

Postato 9th January 2003 da Ezechiele

9 Commenti :

unodeimolti9 gennaio 2003 04:47

Ciao.

Mio padre è morto il 1° di dicembre, dopo 10 anni di sofferenza. Ictus, poi diabete, poi nefropatia, poi dialisi totale 4 volta la settimana, poi enfisema polmonare e per finire ( proprio il caso di dirlo ) aneurisma dissecato dell'aorta discendente. Certo, all'origine dei suoi guai c'è anche il fumo...

Anche io fumo, tanto anche, ma sono solo, separato, vita fallimentare in tutti i suoi aspetti, stanco di aspettare qualcosa che non arriva mai.

Ciclotimico, depresso, potenzialmente suicida almeno secondo il mio analista. Non mi piace la mia vita, direi che la subisco. Smettere di fumare ? no grazie!

ezechiele20029 gennaio 2003 05:30

Anche io sono solo, separato, vita fallimentare in tutti i suoi aspetti, stanco di aspettare qualcosa che non arriva mai. Pero' io ho smesso di fumare appena ho saputo la diagnosi di papa'.

E sai che ti dico ? Due mesi dopo mi sento molto, molto meglio. E poi questa specie di battaglia che sto combattendo mi aiuta ad affrontare il dolore di questi giorni.

Vorrei poterti aiutare di piu'. Dimmi come.

lucon9 gennaio 2003 06:14

Caro Ezechiele, mi dispiace molto per la scomparsa di tuo padre. Ti leggo a ritmi alterni da inizio dicembre e solo ora apprendo la notizia :(

Ti inserisco subito sul mio blog e ti segnalo che su bloglinker hai il link del tuo blog non cliccabile (e ti fa perdere traffico).

A rileggerci


anonimo9 gennaio 2003 09:52

Ora spedisco ancora e-mail in giro per il web.

Dai Ezechiele!

Vedrai che il tuo blog sarà conosciutissimo entro breve tempo.


Gardenia9 gennaio 2003 10:53

Aspetto l'intervento di un amico gentile, bravo con Internet, per il "linkaggio", intando diffondo, profondamente toccata dal tuo grande dolore.Con affetto, G.


LadyOfWar9 gennaio 2003 13:44

Mi tocca troppo da vicino..non riesco a scrivere neppure una parola.Ti abbraccio,Ezechiele.


tequila9 gennaio 2003 14:13

Ciclotimica dicono di no, depressa tanto, potenzialmente suicida è certo. vado avanti a terapia e antidepressivi. mio padre (posso chiamarlo solo così, anche se all'anagrafe era mio zio) è morto di tumore cerebrale il 3 maggio. tumore da metastasi. tutto è partito dalla vescica. tipico tumore da fumatore. dire che ti sono vicina è un eufemismo, tieni duro, teniamo duro. ti linko subito. ti abbraccio forte


taikiki10 gennaio 2003 01:48

ti ho linkato.. e ti abbraccio. :o/


feather10 gennaio 2003 02:05

Ho letto solo ora.. E sto male al pensiero.. vorrei poter far qualcosa per far smettere i miei, ma non so cosa fare.. Penso che ogni pagina di questo blog gliela stamperò a grandi lettere, sperando che faccia il suo effetto. Sono contento di non aver mai neanche provato a mettere una sigaretta in bocca..

**JAN 10**

Ricevo oggi, e, ringraziando sentitamente, pubblico:

"Ho letto solo ora di tuo padre.. E mi è corsa una lacrima sul viso, anche se non ti conosco, anche se non lo conoscevo..

Vorrei essere lì per abbracciarti.. Vorrei trovare parole migliori ma queste ho ora.. forza che sei davvero un grande tu.

Mic (walkaways.splinder.it)"

Postato 10th January 2003 da Ezechiele


3 Commenti :

*scintilla*10 gennaio 2003 07:58

Mi unisco al cordoglio :(

Appoggio in pieno la tua iniziativa: stai facendo davvero una gran cosa. Linko e passoparola ^^


marmaid10 gennaio 2003 09:01

Mi dispiace molto. Purtroppo in queste occasioni è raro dire qualcosa di davvero confortante. Un abbraccio.


Fiottolino10 gennaio 2003 14:29

Mi spiace tantissimo per tuo papà. Io in questi giorni sto provando a smettere.


JAN 11

From: "Angelo Bottone"

To: "Ezechiele2002"

Sent: Saturday, January 11, 2003 2:49 AM

Perchè non fumo?

Perchè una sigaretta accesa

sporca

inquina

ingiallisce labbra, denti, baffi, naso e dita

appesantisce l'alito

costa

brucia

provoca incendi

uccide

Angelo

(ti ho linkato anche sul mio blog in inglese: www.xanga.com/botblog)


GRAZIE,Angelo. Ezechiele2002

Postato 11th January 2003 da Ezechiele


## JAN 11

La stessa persona cara che mi aveva scritto il 17 Dicembre, nei giorni scorsi mi ha inviato questa e-mail:

"...Sono le ore 11,30 del 31 dicembre 2002 e mentre per te, in questo momento, si sta chiudendo un porta importante, radice della tua vita, io sento fortissimo il desiderio di starti vicino per condividere con te il tuo dolore e farti sentire quanto vorrei essere lì con te.....Ho l'impressione che tu, nonostante tutto, non fossi per niente preparato a dire addio a tuo padre e che non stia accettando la sua morte anche se era, purtroppo, prevista sia dall'età che dalla malattia....Penso che in questi due ultimi mesi sia nato un nuovo rapporto tra te e tuo padre, come se tu avessi trovato, finalmente, un modo giusto per dimostrargli quello che lui era per te e quello che tu avresti voluto essere per lui e, adesso, non accetti che tutto sia finito. Io penso, invece, che lui ti sia ancora vicino e ti possa aiutare se solo ti rivolgerai a lui con fede e amore. La mattina in cui è morto tuo padre, erano circa le 8 e, improvvisamente, nonostante avessi tante cose da fare, non ho potuto fare a meno di fermarmi e mettere su carta i miei pensieri per te. Non so spiegarmi razionalmente cosa è successo, ma l'urgenza di scrivere è stata più importante di qualsiasi altra cosa. Se ci sarà l'occasione ti farò vedere quello che ho scritto a mano, di getto e senza esitazioni, talmente in fretta che in certi punti non avevo neanche il tempo di mettere la punteggiatura, come sotto dettatura. ....30 dicembre 2002 ore 8,30: La parola che ho in mente in questo momento è rifiuto. Rifiuto della morte, della malattia, della vecchiaia, della separazione, dell'abbandono e del tradimento, dell' odio e dell'egoismo....Che cosa si può fare allora? Si può cominciare a vedere questi "rifiuti" in un altro modo: ricliclabili, come il vetro o la carta che non si buttano via ma che ritornano ad essere utili e come nuovi. Tutto frutto di quell'operazione di riciclaggio che ci permette di "rinascere", se lo vogliamo, con la consapevolezza della conoscenza. La morte, la malattia e tutto il resto, che noi tutti non vorremmo, ma che fanno parte di una vita completa, ci sono sempre stati ma, finché non capitano a noi, non riusciamo a comprenderne il vero significato...Dopo che ci sono capitate, però, quando diciamo a qualcuno: " ti capisco" lo sentiamo veramente e capire gli altri, le emozioni e le paure, il dolore e la gioia è forse l'unico vero scopo della nostra vita perché è condivisione, compartecipazione e unione; e l'unione è il fine ultimo a cui tutti gli esseri viventi tendono fin dalla nascita....Io credo che tu adesso capisca tante cose di più e tante né capirai andando avanti come se si fosse aperta un finestra nel tuo cuore e da lì devi fare entrare la luce , che dopo questi momenti oscuri , arriverà nella tua vita.La luce della comprensione sentita veramente, la luce dell'amore senza paura, la luce della gioia di dare senza chiedere niente in cambio. Perché solo per questo vale la pena vivere."

Postato 11th January 2003 da Ezechiele

4 Commenti :

anonimo11 gennaio 2003 04:32

Il tuo blog mi sta insegnando molto.

Non passa giorno che io non passi da queste pagine.

ezechiele200211 gennaio 2003 08:18

Sei tu che mi hai insegnato molto, Chiara. Oggi scrivero' una e-mail a qualcuno dei blog citati dal recente articolo dell' Espresso. Un abbraccio.

All_Sax11 gennaio 2003 13:21

Già lo conoscevo il tuo Blog, Ezechiele. Se può essere d'incoraggiamento e di sprono affinché tu continui con il tuo lavoro, sappi che da circa un mese ho smesso di fumare... Grazie anche a te.

Sei linkato, se non oggi domani.

All_Sax11 gennaio 2003 13:27

Visto l'articolo, ho dovuto cambiare indirizzo. il nuovo è "esperienze-soka.splinder.it"
Grazie per la dritta.


## JAN 12

**E' stato coerente fino alla fine, il mio papa': non ha mai voluto credere che a causargli la malattia definitiva fossero state le sigarette. Negli ultimi giorni si sforzava di espettorare, faceva sforzi tremendi, alla fine ci riusciva e sputava sangue; dopo essersi ripreso per qualche istante chiedeva che gli fosse accesa una sigaretta. Tirava due o tre boccate, poi, rasserenato, me la consegnava per spegnergliela.**

**Mio fratello mi ha raccontato che ha fatto la stessa cosa fino alla fine: L'ultima sigaretta se l'e' fatta accendere alle 5 di mattina del 30 Dicembre: quattro ore dopo e' morto.**

**Postato 12th January 2003 da Ezechiele**


4 Commenti :


luigi12 gennaio 2003 05:15

Condivido la tua iniziativa e ti linkero' al piu' presto!

La divulgazione e l'informazione sono importanti.

ciao

luigi

Dandyrougegarcia12 gennaio 2003 10:05

Bel sito...io credo in quello che vuoi fare...e ti aiuterò,non so come posso ma per adesso ti linko. DandyCama


B61212 gennaio 2003 18:01

ho messo un link nel mio sito...non spreco ulteriori inutili parole.


Exteban12 gennaio 2003 19:45

Ciao, oggi sono 14 mesi che ho smesso di fumare... (sei un segno del destino :-) però ammetto che ho avuto bisogno delle pasticchine Zyban per smettere, dopo 14 anni che fumavo... avevo smesso 10 anni prima, poi però mi sono reso conto che ho ricominciato perchè non avevo mai smesso di pensare alla sigaretta... oggi come oggi se penso a quando fumavo, se riguardo i miei accendini, mi pare di pensare alla vita di un altro... Mi spiace molto per tuo padre, veramente. Io per parte mia ti posso dire che normalmente fumavo 30 sigarette al giorno e ho deciso di smettere non tanto per la salute (lo hai detto tu: i fumatori non ci credono) ma per il fatto che se mi capitava di svegliarmi di notte per andare al bagno, mi veniva voglia di sigaretta e fumavo... e quando non le avevo mi rivestivo e uscivo per comprarle...

## JAN 13

Un caro amico, che purtroppo per lui non vuole ancora smettere di fumare, oggi mi ha mandato questa e-mail:

"....................Finché ci ameremo a vicenda e ricorderemo il sentimento d'amore che abbiamo provato, potremo morire senza uscire dal mondo. L'amore che abbiamo prodotto resta qui, i ricordi sono ancora qui. Ed io continuo a vivere nei cuori di chi ho nutrito, educato, commosso e addomesticato su questo pianeta. Con la morte è finita la mia vita, non il suo rapporto. Perciò non vi rattristate di avermi perso, ma gioite di avermi avuto....."

Postato 13th January 2003 da Ezechiele

1 Commenti :

francescamazzucato13 gennaio 2003 05:38

ho scritto qualcosa sul mio blog. a risentirci. Ciao

## JAN 13

Oggi ho trovato con gioia un post nel blog di Francesca Mazzuccato :
http://francescamazzucato.splinder.it/

Andate a leggerlo; ne vale la pena.

Ho estratto per voi  il brano che piu' mi fa riflettere:

.....diffido di ogni "progetto-missione", che nasce da un forte dolore che fa sentire votati a qualcosa. Credo si investa una dose di assolutismo quando i progetti nascono in questo modo. Si vede tutto bianco o nero, e si perdono di vista le sfumature. Ci si sente investititi di un compito sociale e anche di questo diffido. C'è una dimensione di libertà personale che non va dimenticata.....

Postato 13th January 2003 da Ezechiele

3 Commenti :

giulia13 gennaio 2003 10:02

ciao! ho aggiunto il tuo blog alla mia lista dei link! e poi ho anche commentato in un post...
ciao..

anonimo14 gennaio 2003 03:01

La frase che hai risportato mi lascia un po' perplessa.

In non riesco a vedere l'assolutismo che nasce dal dolore ma la tenacia, la forza, la
caparbietà.

Tutte caratteristiche positive.Il dolore può trasformarsi in forza, il dolore può canalizzarsi in
propositi come il tuo.

francescamazzucato14 gennaio 2003 08:12

Quella frase mai voleva essere irrispettosa, mai voleva essere irriguardosa al tuo dolore,
al tuo condivisibilissimo progetto. era una affermazione di liberalismo, che peraltro, anche
Veronesi, nel suo libro con capitoli fortissimi contro il fumo e fautori di leggi ad hoc,
ribadisce. Vorrei sottolineare il rispetto assoluto verso di te, la tua gentilezza, il tuo
impegno, e la mia opinione, mediata dall'esperienza. e concludere ribadendo che non ho
mai, dico mai, neanche dato un tiro a una sigaretta

in bocca al lupo e grazie.

**JAN 14**

E' troppo bello questo commento di Francesca; voglio postrlo, in modo che sia visibile a
tutti:

Quella frase mai voleva essere irrispettosa, mai voleva essere irriguardosa al tuo dolore,
al tuo condivisibilissimo progetto. era una affermazione di liberalismo, che peraltro, anche
Veronesi, nel suo libro con capitoli fortissimi contro il fumo e fautori di leggi ad hoc,
ribadisce. Vorrei sottolineare il rispetto assoluto verso di te, la tua gentilezza, il tuo
impegno, e la mia opinione, mediata dall'esperienza. e concludere ribadendo che non ho
mai, dico mai, neanche dato un tiro a una sigaretta in bocca al lupo e grazie.

Stai tranquilla; non avevo neanche pensato a mancanza di rispetto nelle tue parole: avevo capito tanto bene che ti ho postato.

Grazie di nuovo a te, Francesca.

Postato 14th January 2003 da Ezechiele

**JAN 14**

Vi invito tutti a leggere sul sito di Chiara Fonio (http://www.chiaramente.blogspot.com), il violento attacco di Bea contro questo nostro blog e la vibrante risposta di Chiara.

Grazie ancora Chiara, pubblicamente, per l' appoggio che stai dando a questa specie di crociata. I visitatori sino a questo momento sono 3175, grazie anche a te.

Postato 14th January 2003 da Ezechiele

5 Commenti :

anonimo15 gennaio 2003 01:53

Ciao, mi è piaciuta molto la tua idea ed ho linkato il tuo sito. Un saluto

francescamazzucato15 gennaio 2003 07:02

Ho lasciato anch'io sul sito di chiara un piccolo commento a quel delirio, delirio puro. sono personalmente contenta che le tue visite aumentino. ero certa che non mi avessi frainteso.

parlerò ancora sul nonsense blog del tuo. ieri sera ne ho parlato a lungo con il mio compagno oncologo.

ciao buona giornata.

lucon15 gennaio 2003 08:27

delirio puro, concordo. cmq dopo averti inserito nei blog preferiti, Ezechiele, ora ti ho anche dedicato un post. Grazie per il tuo link. Saluti :)

ezechiele200215 gennaio 2003 08:42

Sono andato a vedere il sito di Bea. Non sono riuscito a trovare il post con l' attacco. Cosa ha fatto, l' ha cancellato ?

anonimo16 gennaio 2003 04:39

Grazie a tutti per l'appoggio.

Ezechiele: sono felice di aver contribuito, anche se di poco, al tuo progetto.

Continuerò a farlo ovviamente. :)

## JAN 16

Ricevo , tra le note del Guestbook, queste righe di Alfredo Giordani, che purtroppo non mi lascia l' e-mail per potergli scrivere.:

Grazie di raccontare pezzi di vita così importanti.

Io penso che il fumo sia una delle cose più dannose che esistano, soprattutto finchè ci sarà chi vuole affermare la sua 'normalizzazione'.

Alziamo la voce, solleviamo la questione, parliamone.

A casa mia non fuma più nessuno, è rimasto solo mio suocero a cui voglio molto bene ma nè io nè i miei bambini, suoi nipoti, riusciamo a convincerlo.

Continua, finchè ci sarà una sola sigaretta al mondo.

Postato 16th January 2003 da Ezechiele

JAN 16

Ricevo questa mattina da Chiara e pubblico con piacere:

Caro Ezechiele,

mi dispiace molto per il dolore e la solitudine che hai provato negli

ultimi  anni.

La perdita delle persone che amiamo penso sia il più difficile ed

incomprensibile ostacolo che dobbiamo affrontare nella vita.

Difficile perchè ci sembra impossibile: lo sforzo è troppo grande ed

Abbiamo  poco allenamento per riuscire a saltarlo.

Siamo sempre - giustamente- troppo impegnati a VIVERE per pensare alla morte.

Incomprensibile perchè non sappiamo dare nessun senso al vuoto che ci
Cresce dentro.

Nel tuo caso, però, tu stai tentando di canalizzare il tuo dolore verso un
progetto nel quale io (e tanti altri, come hai potuto notare) credo molto.

Nonostante tuo padre sia rimasto un fumatore fino all'ultimo, credo
Sarebbe stato orgoglioso della tenacia con quale porti avanti il tuo blog.

Quelle pagine virtuali stanno entrando nella vita reale di tante persone:
se riuscissi a far smettere di fumare 1 persona su 50 che visita il sito,
sarebbe già un successo.

Per la musica non ho idea di come tu possa fare ma ho un paio di amici che
potrebbero aiutarti (in quanto capiscono qualcosa, al contrario di me, di
html).

Scrivi a Pietro di blogoltre e a Valentina di ocurrencia:penso siano in
grado di darti una mano.

Per Beatrice speravo non venissi a conoscenza della lite, perchè credo sia
stato molto antipatico per te leggere quelle frasi rabbiose ed insulse.

Non so come spiegarmi la cosa.

Mi è sembrata maleducata e senza alcun rispetto per il tuo dolore. Cmq
Tutto è passato.

Quando ne senti la necessità scrivimi pure,
ho tanti difetti ma non quello di non saper ascoltare chi è in difficoltà
Un abbraccio Chiara


From: "Ezechiele2002"
To: "Chiara Fonio"
Subject: Re: Variazioni
Date: Tue, 14 Jan 2003 22:18:20 +0100


Chiara,
ti ringrazio per la tua e-mail.

Sono lieto che il nuovo aspetto che ho dato al blog ti piaccia. Tieni presente che sto procedendo solo analizzando le stringhe del template standard di Splinder, cercando di capire a cosa servano i singoli script, modificandoli uno ad uno ed infine apportando la modifica voluta. La soddisfazione maggiore e' stato il faccione animato che apre il sondaggio.

Ora vorrei provare ad aggiungere un sottofondo musicale al blog. A papa' piaceva molto la Serenata di Toselli. Ho provato a chiedere in giro come fare, ma le risposte che ricevo non funzionano.

Ti viene qualche idea ?

Ho letto stasera sul tuo blog il battibecco con Beatrice.

L' hai messa a posto benissimo. Ma perche' questo attacco violento?

Io come sto ?

Mi sento senza punti di riferimento. Ho perso la mamma dieci anni fa.

Avevo gia' divorziato: tredici anni fa.

Ho due figlie ormai grandi che da tempo vivono la loro vita.

Il mio punto di riferimento era rimasto papa', ed ora non c'e' piu'.

Questo blog ha un grande merito: mi sta tenendo la mente occupata e mi Sta aiutando a superare questi primi giorni. E mi da' la sensazione di star facendo qualcosa di utile.

Un abbraccio

Ezechiele2002

----- Original Message ---

Postato 16th January 2003 da Ezechiele


JAN 16

Ieri, per la prima volta dopo tanto tempo, sono stato al cinema , a vedere l' ultimo di Verdone, " Ma che colpa abbiamo noi "

Il film inizia con la scena del gruppo in terapia che continua a parlare, mentre la vecchia dottoressa li ascolta, con una sigaretta in mano. Dopo un po' si accorgono che la dottoressa e' morta, con la sigaretta fumante in mano.

Per un attimo ho pensato che Verdone stesse dando un implicito messaggio a favore della nostra tesi : Fumo= morte. Ho deciso di osservare il resto del film con attenzione a quest' ottica. Niente. In continuazione immagini di gente che fuma, in tutte le situazioni.

Riflessione : E' da qui probabilmente che bisogna partire: Vietare nei film ed in televisione tutte le scene in cui i personaggi fumano. Allora si' che i nostri giovani e giovanissimi non avrebbero piu' questo pericoloso modello a cui uniformarsi.

Che ne pensate ? Possiamo provare ad immaginare una proposta di legge in questo senso ?

Ripristiniamo il " Vietato ai minori di 14 anni " per tutti i film e le programmazioni televisive in cui vengano mostrate scene di persone che fumano con evidente ( ?!?) piacere. Vengano invece incentivati gli spettacoli che in qualunque modo evidenzino gli effetti dannosi del fumo: Congruo finanziamento UE, ad esempio, se la scenografia prevede che l' Attore fuma, tossisce, si ammala e muore . Idem se viene presentata come giusta e necessaria la ghettizzazione dei fumatori in ristoranti, aeroporti, etc.

Vi ho volutamente provocato per stimolare i vostri commenti. Come dice Alfredo Giordani nel post di ieri, " Alziamo la voce, solleviamo la questione, parliamone ".


Postato 16th January 2003 da Ezechiele


2 Commenti :


O-nami16 gennaio 2003 10:25

Carissimo, capisco perfettamente le intenzioni del tuo blog e lo linko. Ti dirò in verità che a me fumare piace proprio. Voglio smettere non tanto perché fa male (anche se ovviamente ci penso e me ne accorgo quando gioco a calcetto, per esempio), ma perché la dipendenza in sé mi da' parecchio fastidio proprio come concetto. Senza parlare poi dei soldi che sto regalando a dei delinquenti. Una cosa che mi è sempre sembrata allucinante in Italia, è che lo Stato mi avvisa che fa male fumare sul pacchetto, con Legge apposita, ma poi vado un po' più su e trovo l'etichettina del Monopolio, dello Stato anche lui. Trovo veramente difficile che si arrivi a Leggi serie e ad una vera volontà di combattere il fenomeno in uno Stato che vive in questa contraddizione: mi dice che fa male, che non posso fumare nei ristoranti, all'aeroporto, ecc... e poi vende il tabacco. Mah! Che ne dici tu?


ezechiele200216 gennaio 2003 11:21

E' esattamente questa l' " ipocrisia di stato " di cui abbiamo parlato a lungo nei posts passati. All' inizio di questa vicenda io l' avevo denominata " genocidio di stato " , pero' forse e' troppo forte. Mi piace di piu' l' altra.

Il punto e' proprio questo. Finche' lo Stato continuera' a guadagnarci, non riusciremo certo ad avere delle vere leggi antifumo. Pero' almeno cerchiamo di proteggere i nostri giovani da quella "Dipendenza" che anche tu aborrisci .

Percio' dovremmo agire su TV e Cinema : eliminare questi modelli sbagliati. Ti saluto.


JAN 17

Sono stato invitato a scrivere su questo blog dal suo legittimo proprietario e ho accolto con gioia, pur non avendo in questo momento nulla di nuovo da scrivere. Un grosso aiuto a tutti e un grazie al mio amico che mi ha invitato qui. donrosario

Postato 17th January 2003 da Ezechiele


1 Commenti :


ezechiele200216 gennaio 2003 15:22

Grazie a te di aver accettato, don Rosario.

I nostri scopi sono chiari. Le cose da dire verranno piano piano.

L' importante e' parlare ai giovani.

Sempre.


JAN 17

Caro Ezechiele,ti ringrazio molto per il gradito invito.Spero di essere utile in qualche modo ai lettori di questo interessante blog.Per ora mi limito ad augurarti che Una vita in fumo cresca sempre di più.In ogni caso io darò il mio piccolo contributo.

Postato 17th January 2003 da Ezechiele


3 Commenti :


toporagno17 gennaio 2003 02:56

non fumo se non occasionalmente 1 sigaretta al mese... ma dopo che l'ho fumata me ne pento subito per la sua inutilità ai miei occhi.


ezechiele200217 gennaio 2003 05:09

Grazie toporagno. Ora diffondiamo l' idea tra i tuoi amici che invece fumano. Un abbraccio.

ezechiele200217 gennaio 2003 11:40

CHIARA, TI HO MANDATO UN MESSAGGIO PRIVATO. CIAO


JAN 17

Ricevo oggi e posto con gratitudine:


Hello, ezechiele2002,

ciao sono pinuccia (pinuxia.splinder.it). Credo che tu mi abbia lasciato un commento su uno dei miei post. Solo che oggi, stordita come sono, mentre ne aggiornavo un altro ho cancellato quello in cui era contenuto il tuo commento che gradirei ricevere di nuovo (se non ti dispiace).

A parte questa fumosa presentazione vorrei dirti che aggiungerò con piacere il link del tuo blog nel mio e per un ottimo ed importantissimo motivo.

Mio padre è un fumatore incallito da 75 anni. E non sono mai riuscita a farlo smettere. Fuma lui e fumiamo noi (fumo passivo intendo) ed anche il mio micio, il mio cane e la mia pappagallina.

Forse saprai, o immaginerai, le lotte infinite per convincere una persona che smettere sarebbe l'ideale. Per sua fortuna, fino a questo momento, i suoi problemi di salute risiedono altrove (uan grave forma di osteoporosi) ma ho sempre temuto il peggio. A volte mi sono sentita impotente di fronte a tutto questo. Non concepisco chi di propria volontà si fa del male, si uccide giorno dopo giorno, quando ci sono persone che anelerebbero ad uno stato di salute non dico perfetto, ma accettabile, e purtroppo devono fare i conti con malattie o disturbi che non hanno chiesto nè desiderato, e che tuttavia li tormentano senza tregua.

Hai tutta la mai solidarietà ed il mio affetto.

Un abbraccio. Pinu.


Postato 17th January 2003 da Ezechiele


JAN

17

Grazie, Alfredo.

Il tuo e-mail mi e' molto piaciuto e ti posto subito.

Conto sul tuo aiuto per questa battaglia di formiche contro pachidermi. Un

abbraccio

Eze ( anche questo mi e' piaciuto !)

----- Original Message -----
From: <alf.giordani@tiscali.it
To: <ezechiele2002@tin.it
Sent: Friday, January 17, 2003 12:39 AM
Subject: FUMORTE

Ciao Eze,

Scusa: alf.giordani@tiscali.it (pensavo apparisse automaticamente)

Riflessioni:

1-Perchè odio così tanto il fumo? Io, fortunatamente, non ho ancora perso
nessuno a causa sua eppure divido il mondo tra chi fuma e chi no.
Intendiamoci, ho tanti cari amici che fumano con alcuni suoniamo insieme
(obbligatoria la pausa per la sigla).
Forse perchè appena ne avverto un po' nell'aria mi si blocca il respiro.
Forse perchè non sopporto l'arroganza di chi fumando vicino costringe a
farlo anche me contro la mia volontà.

2-Ti rendi conto che siamo molto meno che formiche che lottano contro molto
più che pachidermi (le fabbriche e le lobby del tabacco)?
Comunque la sfida non mi spaventa perchè possiamo diventare milioni e dalla
nostre abbiamo un cervello che ancora funziona e un infinito, straziante,
irresistibile amore e rispetto per la VITA.

Ciao, Alfredo.


Postato 17th January 2003 da Ezechiele


JAN

17

Ho ricevuto ieri da Chiara e pubblico con piacere:

Caro Ezechiele,

mi dispiace molto per il dolore e la solitudine che hai provato negli ultimi anni . La perdita
delle persone che amiamo penso sia il più difficile ed incomprensibile ostacolo che
dobbiamo affrontare nella vita. Difficile perchè ci sembra impossibile: lo sforzo è troppo
grande ed abbiamo poco allenamento per riuscire a saltarlo. Siamo sempre - giustamente-

troppo impegnati a VIVERE per pensare alla morte. Incomprensibile perchè non sappiamo dare nessun senso al vuoto che ci cresce dentro.

Nel tuo caso, però, tu stai tentando di canalizzare il tuo dolore verso un progetto nel quale io (e tanti altri, come hai potuto notare) credo molto. Nonostante tuo padre sia rimasto un fumatore fino all'ultimo, credo sarebbe

stato orgoglioso della tenacia con quale porti avanti il tuo blog. Quelle pagine virtuali stanno entrando nella vita reale di tante persone: se riuscissi a far smettere di fumare 1 persona su 50 che visita il sito,

sarebbe già un successo...... Quando ne senti la necessità scrivimi pure, ho tanti difetti ma non quello di non saper ascoltare chi è in difficoltà

Un abbraccio

Chiara


Postato 17th January 2003 da Ezechiele


JAN

18

Smetttere di fumare dopo 30?Si può, ve lo assicuro: mia madre ci è riuscita.Se fumate da molto tempo e nutrite poche speranze, andate dal vostro medico.Vi consiglierà, come ha fatto con mia madre, il metodo più adatto alle vostre esigenze.Mia mamma ha dovuto assumere dei farmaci: da sola non riusciva e il cerotto alla nicotina non assicurava nessun tipo di risultato.Ovviamente ai farmaci bisogna abbinare una forte motivazione interiore: altrimenti non ce la farete.Sono due anni e 1 mese che in casa mia si respira aria buona.Mia mamma non ha più i mal di gola frequenti che la disturbavano in precedenza: il rosso-fuoco è scomparso.Fumava un pacchetto al giorno ma ce l'ha fatta.Sono certa che, con un po' di VOLONTA', ce la farete anche voi.In bocca al lupo!

Postato 18th January 2003 da Ezechiele


JAN 18

Smetttere di fumare dopo 30 anni di dipendenza?Si può, ve lo assicuro: mia madre ci è riuscita.Se fumate da molto tempo e nutrite poche speranze, andate dal vostro medico.Vi consiglierà, come ha fatto con mia madre, il metodo più adatto alle vostre esigenze.Mia mamma ha dovuto assumere dei farmaci: da sola non riusciva e il cerotto alla nicotina non assicurava nessun tipo di risultato.Ovviamente ai farmaci bisogna abbinare una forte motivazione interiore: altrimenti non ce la farete.Sono due anni e 1 mese che in casa mia si respira aria buona.Mia mamma non ha più i mal di gola frequenti che la disturbavano in precedenza: il rosso-fuoco è scomparso.Fumava un pacchetto al giorno ma ce l'ha fatta.Sono certa che, con un po' di VOLONTA', ce la farete anche voi.In bocca al lupo!

1 Commenti :

ezechiele200218 gennaio 2003 11:09

Grazie, Chiara. Anche io ho smesso di fumare dopo circa trent'anni di fumo continuo. Prima un pacchetto, poi due al giorno. Poi , 10 anni fa, un primo attacco di paura per del sangue nella tosse. Smisi per un mese, poi ripresi con la pipa.

Il 4 Novembre ho smesso definitivamente, come dico in un post di circa un mese fa. Senza aiuto medico, Chiara; mi e' bastato vedere cosa stava succedendo a mio padre.

Ti abbraccio

JAN 19

Ho letto e, data l' importanza per noi, posto integralmente:

E legge sia !

di CINZIA MARINI

Il ministro Sirchia c'è riuscito. Ci ha dato la nuova legge sul fumo entro il 2002. Un gran bel regalo di Natale a coronamento di un anno nel quale tante sono state le novità sull'argomento. Tra le altre: 1) la decisione dello IARC (OMS) di inserire il fumo passivo nell'elenco delle 88 sostanze sicuramente cancerogene per l'uomo, 2) la direttiva del Consiglio dei Ministri della Sanità dei Quindici con la quale, a partire dal 2003, è stato introdotto il divieto di pubblicità del tabacco su giornali, radio e internet, e 3) l'autorevole intervento del Presidente della Repubblica Carlo Azeglio Ciampi, il quale ha chiesto con forza l'approvazione della legge e ha ricordato che il fumo fa male sempre.

Per non parlare degli innumerevoli articoli apparsi su quotidiani e settimanali, le lettere di protesta, le manifestazioni e i convegni organizzati in tutta Italia. E finalmente ecco la legge. Quando sembrava che sarebbe slittata al prossimo anno, l'assemblea di Palazzo Madama, nella seduta del 21 dicembre scorso, ha approvato il collegato sulla Pubblica Amministrazione che contiene i nuovi divieti di fumo nei locali chiusi. Il provvedimento entrerà in vigore tra un anno, per dar tempo ad uffici ed esercizi commerciali di mettersi in regola. In base alla nuova legge sarà vietato fumare in tutti i locali chiusi ad eccezione di quelli privati non aperti ad utenti o al pubblico e quelli riservati ai fumatori e come tali contrassegnati. Il regolamento attuativo sarà pronto entro la fine di gennaio 2003. La legge non rappresenta quanto di meglio ci si potesse aspettare poiché sono stati ancora una volta esclusi i luoghi di lavoro privati non aperti al pubblico e ad utenti (il 90% ha questa caratteristica), ma risulta comunque essere un risultato di grande portata, viste le infinite difficoltà che l'emendamento aveva incontrato nel suo lungo iter parlamentare e l'opposizione di molti rappresentanti di tutti i partiti. Entro breve tempo potremo quindi recarci al ristorante o al bar con la certezza di poter gustare solo i cibi e i vini che amiamo, o di consumare una semplice colazione a base di cappuccino e cornetto senza che il vicino ci infastidisca con le sigarette. Una legge fortemente voluta, la cui approvazione mette in luce la grande sensibilità maturata negli anni nei confronti di questo problema tra gli italiani, fumatori e non.


Postato 19th January 2003 da Ezechiele


1 Commenti :


ezechiele200219 gennaio 2003 02:30

Sullo stesso numero di GEA News , a proposito dell' idea di bandire le scene di fumo dai filmati, ho trovato :

" Vorrei portare a conoscenza di un fatto secondo me inaccettabile. All'interno del nuovo programma in onda su Italia uno "Operazione trionfo", spesso si vedono i ragazzi che in pausa tra una lezione e l'altra fumano allegramente sigarette, una dietro l'altra. Ora non mi interessano più di tanto le conseguenze nefaste che questo gesto porterà alla loro carriera di cantanti, quanto mi sta a cuore l'esempio che possono dare ai ragazzi come loro che li guardano da casa. Con tutti gli sforzi che si fanno, e che voi fate, per sensibilizzare la popolazione, soprattutto giovanile, sul problema del fumo, sentivo giusto la mancanza di una trasmissione che vanificasse i risultati fin qui ottenuti..... Distinti Saluti, uno studente di medicina. (Dagna)"


JAN 19

Roba da adolescenti di RAF DE RYCK

....ho cominciato a sognare. Mi pare giusto sognare quando un nuovo anno sta per cominciare.

Su alcuni pacchetti e.g. Marlboro si legge questa avvertenza: "per adulti". In fondo e' la vera ragione per cui i ragazzi fumano (Camel non e' "per adulti", ma "for genuine smoking pleasure").

In alcuni paesi, parte del pacchetto deve contenere un messaggio che ricopra fino al 50% della superficie, e che indichi che quel fumo puo' uccidere, o affliggere con terribili malattie. Ma cosa potrebbe accadere se per una strana magia tutte le marche di sigarette si trovassero invece nell'obbligo di scrivere: "Per adolescenti" su buona parte della superficie del pacchetto. Nessuno accenderebe con piacere quelle sigarette. Gli adulti smetterebbero perche' non si sentirebbero tali, e gli adolescenti la finirebbero di considerare cio' che potrebbe loro impedire di sentirsi adulti.

Grazie per aver sognato con me almeno per un giorno.


Postato 19th January 2003 da Ezechiele


1 Commenti :


anonimo20 maggio 2004 03:58

ho perso mio nonno e poi mio zio l'anno scorso per tumore ai polmoni io anche sono un fumatore ho provato tante volte a smettere ma non ci riesco spero di riuscirci presto a smettere


JAN 20

Pier Liugi Tolardo, che scrive su Zeus News (http://www.zeusnews.it/) , ieri mi ha mandato un' e-mail in cui dice, tra l' altro,

"...Grazie. Comunque, mio papà è morto a 41 anni(io ne avevo 9 e mezzo) per tumore alla vescica, fumava 2 pacchetti di nazionali al giorno, credo che ci sia stato un collegamento.

Ciao.

Pier Luigi "

Postato 20th January 2003 da Ezechiele


JAN 20

Ricevo stamane da Antonio Palmieri questa e-mail:


"Caro Ezechiele,


ho visto il tuo blog, mi dispiace per quanto ti è accaduto e comprendo

i motivi del tuo impegno, che ti fa onore...La legge approvata dal

Parlamento a fine dicembre dovrebbe migliorare la situazione. Come

tutte le soluzioni, ne potremo valutare l'efficacia solo nel tempo...

Quanto al link, l'ho attivato nella sezione del mio sito dedicata ai

link da me consigliati...Per quanto riguarda il resto, devo dirti in

sincerità - in altro modo non so lavorare - che al momento non posso

prendere impegni, se non quello di ricevere tue notizie quando vuoi.

Sono impegnato su molti e delicati fronti (riforma della scuola,

riforma televisioni, elezioni amministrative, legge accessibilità

disabili siti internet pubblica amministrazione, ecc.) e non voglio

deluderti promettendo un impegno cui non potrei dare seguito.

Attendo tue notizie..ciao e in bocca al lupo,


Antonio Palmieri "


Grazie Antonio; ti ricontattero' presto. Anche tu hai un link qui nella sezione :" hanno parlato di noi "

Postato 20th January 2003 da Ezechiele


JAN 20

Stefano mi scrive stamani :

"Mi chiamo Stefano, ho 58 anni, separato, due figli, in pensione mio malgrado.

Fumo e non ho la forza di smettere anche se so che fa male .

Da quando sono in pensione passo le mie giornate al PC per passare il tempo

e per illudermi di fare qualcosa anche se, purtroppo, il lavoro non ce l'ho

più.

Ho visitato il tuo blog, per caso, l'ho letto tutto e sono rimasto colpito

dalle testimonianze che vi ho trovato: l'amore che tu hai avuto per tuo

padre che penso sia stato fortunato e orgoglioso ad avere un figlio come

te (e come vorrei che i miei figli avessero per me lo stesso tipo di sentimento,magari!).

Ma ho anche letto delle bellissime testimonianze nei tuoi confronti da

parte di persone a te care e ho capito quanto anche tu sia una persona amata.

E' raro trovare così tanta comprensione e tanto amore e tu ti puoi ritenere fortunato.

Caro Ezechiele, ti seguirò con l'affetto di un padre anche se per ora non

smetterò di fumare. Trovo sempre delle scuse per non farlo: se trovassi un nuovo lavoro, se

avessi un donna che mi vuole bene, se avessi più soddisfazioni, se se se....

Un saluto affettuoso.

Stefano "

Grazie per la testimonianza Stefano. Ma ascolta un amico che ci e' passato: smetti. Basta volerlo.

Postato 20th January 2003 da Ezechiele

2 Commenti :

Valmont20 gennaio 2003 14:40

eccerto...che ci vuole...basta volerlo.... ma se uno è demotivato ? come fa a volerlo ? si ricomincia a volere qualcosa quando la si perde...purtroppo... fino a quando il cuore ce la fa, si fuma senza problemi...poi, all'improvviso, si comincia seriamente a pensare di smettere...quantomeno di diminuire... ma fondamentalmente, fumare non dev'essere un vizio...dev'essere un piacere...quando diventa un vizio (quindi una dipendenza) la matrice va ricercata nella voglia di morire...che da qualche parte, in fondo, abbiamo tutti...quando mancano le motivazioni per vivere, fumare diventa un modo per dire "ma si...che mi frega...mi sto suicidando lentamente...non soffro anche se so che mi fa male...non vorrei morire ma non vedo altre soluzioni a questa insoddisfazione generale".....la mancanza di motivazione è il male del secolo...

ezechiele200221 gennaio 2003 01:30

Grazie della visita e del commento, Valmont. Perche' sul tuo blog non abiliti i commenti ?

E, visto che sei in vena di modifiche, perche' non mi linki ? Ezechiele2002

JAN 21

Come vi ho gia' detto, mio padre fumava molto. Da sempre, e negli ultimi anni sempre di piu'. Mi diceva sempre : " Le sigarette, a noi militari, erano distribuite come generi di conforto..Io fumo perche' mi da' conforto." Secondo me in realta' non era cosi.

Come dice Valmont nel suo commento al mio post di ieri sul messaggio di Stefano : "fumare non dev'essere un vizio...dev'essere un piacere...quando diventa un vizio (quindi una dipendenza) la matrice va ricercata nella voglia di morire...che da qualche parte, in fondo, abbiamo tutti...quando mancano le motivazioni per vivere, fumare diventa un modo per dire "ma si...che mi frega...mi sto suicidando lentamente...non soffro anche se so che mi fa male...non vorrei morire ma non vedo altre soluzioni a questa insoddisfazione generale"......... la mancanza di motivazione è il male del secolo..."

In effetti negli ultimi anni a papa' mancavano le motivazioni per vivere: l' eta' avanzata, la solitudine, la stanchezza, il fatto di non sentire quasi piu', le grosse difficolta' che trovava a leggere,... Hai ragione, Valmont: Mio padre voleva ormai morire, e si stava uccidendo, in un modo indiretto, socialmente ed eticamente ( ma ci pensate? anche la Chiesa non ha mai detto niente sull' argomento " fumo = suicidio" ) accettabile.

Malgrado tutto questo, malgrado le trenta sigarette al giorno fumate per 70 anni, fino a due anni fa stava bene !

E questo fatto aveva determinato in me la convinzione inconscia di avere a mia volta ereditato geneticamente da lui una specie di Invulnerabilita' dal cancro. E cosi' anche io continuavo a fumare, anche se ero passato alla pipa, anno dopo anno.

Quando, il 4 Novembre, dalle radiografie ho avuto la prova che negli ultimi due anni gli si era formato un tumore al polmone destro, e che era ormai cresciuto tanto da invadere quasi meta' polmone ( malgrado il metabolismo rallentato per l' eta' ), ho capito che neanche io avevo l' invulnerabilita'. Ed ho smesso. Di colpo. Da un giorno all' altro. Per PAURA !!!

Poi, circa un mese dopo, quasi per caso ho cominciato a lavorare a questo blog, ed a leggere ed a documentarmi sull' argomento.

Ed alla paura piano piano sta subentrando la razionalita', il ragionamento, la logica, il convincimento profondo.


Postato 21st January 2003 da Ezechiele


1 Commenti :


frafrafrafra21 gennaio 2003 07:59

Innanzitutto, condoglianze per tuo padre.

(1 minuto di silenzio)

Poi ti racconto com'è che, dopo 12 anni, ho smesso di fumare.

Ero in ufficio e dovevo scappare all'aereoporto a prendere un aereo per Bruxelles dove avrei passato il week-end con un amico (gay). Avevo solo una sigaretta nel pacchetto per cui l'ho lasciata là, sicura di comprare una stecca al duty-free. Ma, prima (ma non unica) volta nella mia vita, l'agenzia di viaggi mi sbaglia il biglietto aereo per cui sono costretta a fare una fila snervante nella biglietteria dell'aereoporto per farmelo cambiare. Passa il tempo e io quasi perdo l'aereo, ma all'ultimo minuto, grazie ad una corsa da 100metrista, arrivo all'imbarco... salgo sull'aereo e per lo stress accumulato mi addormento di sasso. Arrivata a Bruxelles, dico ad Olivier che devo comprare le sigarette, e lui mi dice...."si, si, dopo...ora andiamo a casa". Arrivati a casa, ceniamo e dopo cena reclamo una sigaretta ! Poiché Olivier non ha voglia di uscire, fumiamo il Narghile' (boh, si scrive cosi'???) con tabacco alla rosa. Fumo 1 ora o forse piu', poi stravolta vado a dormire.... Il giorno dopo ci svegliamo tardi, facciamo colazione in un bar carino dove non c'è un fumatore manco a pagarlo oro, poi entriamo in un museo e poi .... e poi finalmente realizzo che è quasi un giorno che non fumo. Dico "ma si, proviamo a smettere!". Non ho mai piu' acceso una sigaretta....

JAN 22

Razionalita', ragionamento, logica, convincimento profondo...

Devo ammettere che non e' facile.

Non ricominciare.

Ci sono quei momenti " tipici" della giornata, in cui una bella pipata ci stava proprio bene : dopo il caffe', la mattina; poco piu' tardi, quando ti accingi a sederti in bagno, oppure al termine di un buon pranzo, o anche la sera dopo cena, assieme ad un buon dito di vodka.

Non e' facile, ma resisto. Come diceva quella famosa battuta sul fumo "...non mi ricordo neanche quando ho smesso di fumare ... Mi pare sia stato ...77 giorni, 10 ore, 30 minuti e 18 secondi fa !"

Postato 22nd January 2003 da Ezechiele


1 Commenti :


anonimo22 gennaio 2003 16:22

Resisti! lo so, non serve a niente il mio incitamento ma lo faccio lo stesso.

Mauriac diceva qualcosa tipo:'Se qualcuno non conosce, non certifica o non è testimone del nostro impegno, del nostro sacrificio e del nostro eroismo tutto ciò ci sembrerà un peso insostenibile'.

Io so che tu stai facendo qualcosa di grande.

alf.giordani@tiscali.it


JAN 22

Ricevo oggi questa e-mail , e la posto con gratitudine per il contributo che comunque da' al nostro dibattito:

ciao!

finalmente trovo il tempo di rispondere. avevo gia' visitato piu' volte il tuo blog. stavo pensando cosa scrivere sul mio a proposito. non e' facile perche' io fumo e fumo tanto. sinceramente anche in maniera molto consapevole.

ho smesso piu' volte di fumare senza convinzione, una sola volta molto convinta, ma per poi arrendermi al fatto che fumare per me non e' un vizio ma una malattia..... spero di essermi spiegata :O)

ciao, a presto.

Postato 22nd January 2003 da Ezechiele

JAN

22

Il nostro Paese è contraddittorio ed insopportarbilmente ipocrita.Dall'anno prossimo entrerà in vigore la legge che vieterà di fumare nei locali pubblici.Io non credo che questo servirà alla battaglia anti fumo, nonostante io sia una delle prime beneficiarie, visto che evito di frequentare posti eccessivamente fumosi (praticamente tutti).L'educazione alla VITA deve partire dalla scuola.Oltre all'educazione civica e sessuale, dovrebbero esserci anche delle ore dedicate al benessere fisico: l'importanza di un'alimentazione corretta, perchè fumare fa male, i danni che possono provocare le droghe ecc...Tuttavia, questo, non ci sarà mai.Sapete perchè?Perchè la nostra bella Italia produce MORTE: lo Stato italiano produce e vende sigarette.La battaglia contro il fumo dovrebbe partire da uno svuotamento di tasche che non credo il nostro paese voglia fare.Comporterebbe una rinuncia ad una grandissimo guadagno.

Postato 22nd January 2003 da Ezechiele

3 Commenti :

francescamazzucato22 gennaio 2003 12:37

Ti seguo sempre con grande interesse e attenzione. Ciao. Un pensiero da Francesca

ezechiele200222 gennaio 2003 14:33

Grazie Chiara. E' bello risentirti.

Eze.

NB: ora abbiamo anche la versione Inglese. Sarebbe bello che quando si posta, si metta in contemporanea anche un breve riassunto nella versione inglese. Te la senti ?

Chiaramente22 gennaio 2003 14:40

Sono un po'arrugginita in quanto a inglese ... ci proverò ai prossimi post comunque!

Ciao Francesca!

JAN 23

Vorrei approfondire il tema che Chiara ha toccato nel post di ieri .

Gli obiettivi che si vanno delineando, in questa nostra donchisciottesca tenzone contro i mulini a vento, sono due:

Il primo obiettivo, che si potrebbe concretizzare in un tempo relativamente breve, e' un movimento di opinione mirante a far scomparire dai programmi televisivi le scene ed i filmati in cui ci siano personaggi che fumano. In cascata o in parallelo azione analoga andrebbe fatta per ottenere lo stesso risultato per i Film.

 Il secondo, con tempi molto piu' lunghi, e' di far cessare l' immondo lucrare dello Stato italiano sul fumo e sulle sue conseguenze. Che i tabacchi escano dai Monopoli di Stato ! Che il mercato dei tabacchi sia libero . Chi vuole comprare sigarette lo faccia non piu' dai tabaccai ma, ad esempio, nei supermercati, oppure in farmacia .

 Che ne pensate ?

Postato 23rd January 2003 da Ezechiele


3  Commenti :


anonimo23 gennaio 2003 07:46

Il tabagista è un drogato, e non è moralmente corretto lasciare dei drogati in balia del libero mercato, o peggio di spacciatori, (contrabandieri) il fatto che lo stato lucri sulle sigarette può essere visto come anticipo dei quattrini che spenderà in seguito per curare i fumatori ammalati, auspico che lo stato istituisca il monopolio per tutte le sostanze

che inducono assuefazione, solo così si toglie il guadagno agli spacciatori promotori e si garantiscono la qualità ed un prezzo che non costringe i tossici ad atti criminosi.

Altra faccenda è il compito per lo stato di creare informazione costante e completa sugli effetti delle sostanze che creano dipendenza con divieti di pubblicità o qualsiasi altro provvedimento utile.


ezechiele200223 gennaio 2003 08:48

Anton, mi hai quasi convinto. Pero' se ci rifletti oggi dal tabacchino ci vanno anche i bambini. Ed i contrabbandieri ci sono anche oggi. Non pensi che sarebbe meglio allora vendere sigarette e tutto cio' che genera assuefazione in farmacia ?


alessiaonline24 gennaio 2003 06:12

Il fatto che lo Stato lucri sui tabacchi (e credo anche sui superalcolici) è vergognoso. Sicuramente qualcuno qui lo avrà già detto: quando un Governo ha bisogno di rimpinguare le casse, la prima misura che si prende è: alzare le tasse su tabacchi. Io penso che lo scopo di questo non sia combattere il fumo ma incamerare quattrini. Proprio perchè sanno che il fumatore fatica a smettere: anche se le MS costano 300 lire in più, il fumatore dipendente le comprerà comunque. e quelle 300 lire (moltiplicate x milioni di pacchetti) se le becca la PA. Sono 300 lire quasi sicure. io penso che la PA non voglia che la gente smetta di fumare, ma voglia solo le 300 lire.(scusate ho detto cose sicuramente già scritte e stradette da altri)


JAN 23

Ricevo, e ringraziando sentitamente pubblico:


From: SITAB To: Ezechiele2002

Sent: Wednesday, January 22, 2003 6:21 PM

Abbiamo inserito un link al suo sito nel nostro portale www.gea2000.org

Cordiali saluti e auguri per il suo lavoro.

Lo Staff di Gea

Gea Progetto Salute via Giorgio Scalia 39, 00139 RomaTel.: 06-39722649 - fax: 1782215662

www.gea2000.org

www.nonfumatori.it

www.tuttiliberi.it

www.tabaccologia.org

Dal 1997, per smettere di fumare On-Line si clicca qui: www.tabagismo.it


Postato 23rd January 2003 da Ezechiele


JAN 24

Il Dr. Giacomo Mangiaracina, presidente della SITAB, Societa' Italiana di Tabaccologia, mi scrive:


"Sulla questione dei personaggi che fumano in cinema e tv penso che si possa fare poco. L'ultima proposta e' del ministro Sirchia ma e' ancora caduta nel vuoto. E' un'impresa colossale dove da un lato ci sono i produttori che finanziano il film a suon di miliardi e dall'altro ci sono gli oppositori senza soldi. Creare un movimento di opinione richiede sforzi giganteschi. Noi ci limitiamo per ora a mettere online questo che le sottopongo in anteprima: http://www.gea2000.org/necrologi.htm (manca Gaber e qualche altro...). Per il resto non ci stancheremo di denunciare.

Una cosa che mi interessa molto pero' e' creare una aggregazione di fumatori antifumo, ossia di persone e personaggi che fumano ma sono contro il fumo e favorevoli alle leggi antifumo. Occorre fare urgentemente una raccolta di adesioni. Ci puo' dare una mano? Grazie. gm "

Sara' una gioia darLe una mano !

Se tutti coloro che si sentono FUMATORI ANTIFUMO mi mandano una e-mail, sara' mia cura girarle al Dr. Mangiaracina.

Postato 24th January 2003 da Ezechiele


JAN 26

Don Rosario mi ha mandato ieri sera questo messaggio:

Sono anch'io convinto del male del fumo e credo di essere anche avversario a tale uso barbaro!

Non sempre riesco ad avere effetti sperati!

Pregherò, anzi già prego, per chi non riesce a capire l'importanza di smettere di fumare.

Un'altra cosa devi sapere: anche mio padre è un fumatore e il parroco di cui ero vice pure!

Ciao, buon lavoro, don Rosario

Postato 26th January 2003 da Ezechiele


**JAN 26**

**Voglio fissare nella memoria alcuni aspetti degli ultimi giorni di mio padre. Ogni tanto, quindi, troverete in questo blog pensieri come questo:**

**Ho un magone dentro : A papa' non abbiamo mai detto che aveva un tumore. Quando la diagnosi fu pronunciata, il mio primo impulso fu di dire al dottore: " Glielo dica Lei, per favore" Il medico invece mi spinse a riflettere e mi disse che, sapendolo, avrebbe smesso di lottare e sarebbe caduto in depressione, col risultato di andarsene ancora prima. Mi feci convincere, ed a lui fu detto che aveva una brutta broncopolmonite, pericolosa ma curabile, conseguenza di una serata ventosa in terrazzo.**

**Papa' ci ha creduto, ... sicuramente all' inizio. Dopo il primo mese ha cominciato a rendersi conto che qualcosa non andava: non aveva piu' la febbre, ma c'era sempre sangue ( e sempre di piu' ) nell' espettorato, era sempre piu' spesso sotto flebo, si sentiva ogni giorno piu' debole, ogni giorno diminuiva sempre piu' il suo appetito.**

**Cosi' ogni tanto mi chiedeva " Che dici, riusciro' a guarire anche questa volta ?" . Ed io, sentendomi un Giuda, a rispondergli:" Ma si', vedrai che tra qualche giorno ti sentirai meglio ! "**

Negli ultimi giorni sicuramente l' aveva capito che ormai stava per morire. E certe volte, dal modo in cui mi guardava, capivo che , pur avendone compreso i motivi, lui provava un po' di delusione per il fatto che suo figlio l' aveva ingannato.

Credo che questa sia stata l' unica vera bugia che abbia detto a mio padre nel corso degli ultimi decenni .

Anche se detta a fin di bene, continuo a chiedermi se sia stato giusto. Forse mio padre meritava di sapere la verita', fin dal momento in cui l' ho saputa io. Forse, sapendola, avrebbe deciso di vivere in modo diverso gli ultimi giorni della sua vita.


Postato 26th January 2003 da Ezechiele


JAN 27

Ricevo stamattina,  dalla solita persona cara , e posto subito.


"Anche io ho detto un sacco di bugie a mia madre.Per un anno intero. Mi sono sentita stupida, bugiarda, infima e inaffidabile. Mi sono sentita egoista, senza cuore, menefreghista, insensibile. Mi sembrava di prenderla in giro. Ma mia madre sapeva quello che aveva, leggeva i risultati delle analisi, i referti e parlava direttamente con i medici. Nonostante tutto,  però,  il suo cervello, come pare per tutti i malatiterminali, le diceva che dentro di lei era così e nello stesso tempo non lo era, che era malata ed era sana, che non aveva molto da vivere e che aveva ancora tanti anni di vita, che non ce la faceva più e che ce l'avrebbe fatta. Non sarei riuscita a mentire a mia madre, ma neanche a dirle la verità. Non potevo guardare negli occhi mia madre e dirle che non aveva speranzadi guarire. Non potevo neanche guardare mia madre negli occhi e dirle che ne sarebbe uscita. Non riuscivamo a guardarci negli occhi senza capire tutte e due cosa stava succedendo.


....Anche mia madre fingeva. Con tutti. Non parlava della morte e viveva ogni giorno da persona sana. Per lei, per noi, per non farci capire quello che sapeva, per non capirequello che sapevamo. L' unico modo che ho avuto per vivere e far vivere mia madre e i miei figli in quella situazione , nel modo più normale possibile, è stato quello di trattare lei alla pari, senza pietismi, discutendo, dandole anche torto, quando pensavo che l' avesse, parlare con lei di tutto senza nasconderle i problemi al di fuori della sua malattia. L' ho trattandola come una persona sana che in certi momenti stava male, non come una malata che ha dei momenti di benessere. Nessuno è preparato ad affrontare la vita insieme ad un malato terminale, nessuno ci può insegnare qual è il modo migliore. Posso solo pensare che, in qualsiasi modo io mi sia comportata, non ci sono prove generali per affrontare una parte del genere e il dramma che si vive è tutto in diretta senza possibilità di repliche. Non riuscirò a dimenticare ma non vivo con il pensiero che avrei potuto fare meglio. Non credo che mia madre lo vorrebbe...

Sono sicura che tu hai fatto al meglio la tua parte e che tuo padre non avrebbe voluto altro modo per vivere i suoi ultimi giorni......"

Postato 27th January 2003 da Ezechiele

JAN 27

Oggi ho deciso di togliere tutti i banners dal mio blog, eccetto quelli a tema. Perchè ? :
Qualcuno mi aveva chiesto quanto ci stessi guadagnando.

Postato 27th January 2003 da Ezechiele


JAN 27

Tra qualche giorno sara' il trigesimo della morte di papà. Domattina parto e torno giu', per
la Messa e per cercare di sbrigare le ultime cose che restano da fare.

Manchero' per qualche giorno . Nel frattempo lasciate pure vostri commenti ; al ritorno
risponderò a tutti.

Postato 27th January 2003 da Ezechiele


8  Commenti :


bobregular29 gennaio 2003 22:49

Intanto puoi annoverare questo evento favorevole: io da oggi - grazie ad alcuni episodi ma
grazie anche a te - smetto ufficialmente di fumare. Ce la farò a passare il punto di non
ritorno? Ti terrò aggiornato... Un caro saluto


anonimo31 gennaio 2003 02:17

Grande notizia!

Hai visto Ezechiele?

La tua idea è utilissima.

Ah: non sono del tutto assente, come vedi.


pinoscaccia2 febbraio 2003 04:44

ti sono vicino

e cercheremo di propagandare il tuo sito sul mio blogspot

ciao a presto


ezechiele20023 febbraio 2003 00:29

Grazie, bobregular. Il difficile sono i momenti topici, su cui ho scritto un post circa 15 giorni fa. Riguardalo e resisti !!! Tienimi informato.


ezechiele20023 febbraio 2003 00:31

Pino, seguo da vicino il tuo blog ed attendo tue notizie . Grazie


anonimo20 marzo 2003 13:52

E' il periodo più nero della mia vita,tutto il dolore si somatizza nel mio fisico,sono diventata una ipocondriaca.Fumo da 8 anni,ho cominciato a 36 anni....che stupida!!!!!!!!!Io e il mio compagno ultimamente stiamo escogitando piccoli accorgimenti per fumare meno,ci siamo comparati pacchetti di sigarette più piccoli,oppure ne fumiamo una in due.Vorremmo veramente smettere.Tra l'altro mio padre è morto nel non lotano 88 proprio di tumore ai polmoni.Penso che sia veramente difficie smettere,solo la netta consapevolezza di danneggiare il nostro essere psico-fisico ci potrà aiutare.Aiutateci....!!!!!!!!!!
Emanuela/Maurizio GRAZIE!!!!!


anonimo27 marzo 2003 09:58

Mi dispiace tanto, veramente, purtroppo la vita e' fatta cosi'.....pieni di imprevisti di dolori....per caso stavo facendo una ricerca sul fumo e mi sono ritrovato in questo sito.....quando ho letto le tue parole ho capito l' importanza della tua battaglia che apprezzo, ammiro,condivido e che anche io come te' da oggi combatto,per difendere il valore della vita ,che va' difeso a tutti i costi ....so che e' una battaglia difficile ma va' affrontata..., molte volte i ragazzi della mia eta' non pensano propio alle conseguenze del fumo facendosi del male "Senza Saperlo" per questo oggi io che pensavo che una sigaretta ogni tanto non avrebbe fatto mai male mi sono ricreduto e dalle tue poche parole sono riuscito a capire l' importanza della vita di chi si vuole bene per questo ti dico grazie per avermi salvato da una "morte" sicura...........GRAZIE ancora un tuo amico di guerra ........Roberto.


anonimo28 novembre 2003 02:42

Ciao, anch'io come tanti altri sono arrivata casualmente al tuo sito, complimenti per l'iniziativa!

Anche io ho una storia triste da raccontare a proposito di fumo...mio padre accanito fumantore ha sviluppato 12 anni fa (a 60 anni) un tumore al polmone destro ed uno alle corde vocali..dopo tante peripezie e pareri contrari dei chirurghi, siamo riusciti a farlo operare ad entrambi gli oragani.

Per 12 anni e' stato bene, senza alcun tipo di terapia, gli oncologi lo consideravano un miracolato.. abbiamo vinto ho pensato... il cancro si puo' sconfiggere.... poi dopo 12 anni ha avuto un tumore alla vescica che si e' infiltrato ed ora i medici non ci hanno dato speranza ......ed io come te sono dilaniata dalla difficolta' di mentire sul suo vero stato, anche se credo lui ne sia consapevole..

Volevo anche aggiungere che tutti e tre i tumori che mio padre ha sviluppato sono tumori legati al fumo ed io due anni fa ho smesso di fumare ....e spero che altri riescano a sottrarsi a questo triste e doloroso destino...

ciao e grazie per aver creato questo sito..

## FEB 3

Sono rientrato sabato sera. Viaggio allucinante in mezzo a bufere di neve. Il blog e' ancora qui, con il solito numero di visitatori affezionati, i soliti amici, pochi commenti. Quello che non decolla proprio e' la versione in Inglese, contrariamente alle mie aspettative. Cosa potrei fare, secondo voi, per cominciare ad avere visite e soprattutto commenti, dibattito, interesse, sul blog inglese ? Sono graditi suggerimenti.

Ho trovato la splendida notizia che Blogregular ha deciso di smettere di fumare, grazie anche a noi. Coraggio, se arrivi ai quindici giorni il piu' e' fatto !

Ho inserito un bel link ad un articolo di Repubblica su Sirchia ed il fumo in TV. Era dunque buona la mia idea di cominciare da li' ! Dategli un' occhiata.

Ieri sera ho avuto un lampo di speranza: qualcosa sta cambiando . Ero a cena con gli amici in un locale in centro. Musica di sottofondo, cena, tutti fumano, senso di oppressione e rosichino alla gola. Improvvisamente sento il DJ che annuncia al microfono:" Si informa la clientela che dopo le 23 non e' piu' consentito fumare in sala. Chi vuole fumare si puo' accomodare nell' apposito salottino all' ingresso " Incredibile a dirsi, ha funzionato. Su almeno 300 persone, quasi tutti giovani, nessuno ha piu' fumato e nel salottino c'erano solo due o tre che, da soli, in silenzio, fumavano tristi.

Postato 3rd February 2003 da Ezechiele

3 Commenti :

BillieJoeartshit3 febbraio 2003 04:31

meno male va...dovrebbero farla anche prima sta cosa del salottino. e dappertutto. così si fumano addosso solo tra di loro.

bobregular4 febbraio 2003 17:35

sono appena al settimo giorno dallo stop, ma per ora ti posso dire che mi hanno aleggiato intorno decine di persone con i loro pacchetti di marlboro ostentati come un braccialetto di Funari, ed io ho resistito alla grandissima!

ezechiele20025 febbraio 2003 01:32

dai Bob, il piu' e' fatto !!!

Fai come me: spargi per casa tentazioni ( nel mio caso pipe, scatole di tabacco, pacchetti di fiammiferi ) , cosi' ti abitui a conviverci .


FEB 5

Oggi sono un pò scoraggiato: questo blog non decolla come vorrei. C'è qualcosa che non va o che manca, e non capisco cosa.

Riassumo le azioni promozionali fatte finora:


1-Mailing diretta a tutti i blog che mi capitava di incontrare


2-Mailing diretta a tutti i siti antifumo, sia in Italiano che in Inglese


3- E-mail a quasi tutte le scuole superiori di: Lombardia, Lazio, Puglia


4-Invenzione del sito parallelo in Inglese


5-E-mail circolare a tutti i siti antifumo in Inglese


6- Iscrizione del blog in Inglese a circa 50 motori di ricerca in Inglese.


7-Inserimento di 15 banners per circa un mese


8-Iscrizione a BlogSnob e e-mail diretto a tutti i nuovi blogs degli ads.

nonostante tutto questo non sento attorno ai due blog, ma in particolare a quello in Inglese, quel fermento di adesioni, critiche, commenti, dissensi, e-mails, guestbook, sondaggio, che mi piacerebbe sentire.

Ho dimenticato qualcosa ? Potete darmi altri suggerimenti ?

Postato 5th February 2003 da Ezechiele


5  Commenti :

Mareluna5 febbraio 2003 02:18

Ciao,

vorrei inserire un tuo banner nel mio sito... perche' penso sia importante diffondere quello che scrivi nel tuo blog.

Ne hai uno ?


Mareluna5 febbraio 2003 02:25

Beh intanto l'ho inserito nei miei link ;-)

Ciao ciaooo


anonimo7 febbraio 2003 11:09

Calma, con calma decollerà.

Ne sono certa.

Non ho suggerimenti: mi sembra perfetto.


anonimo7 febbraio 2003 16:11

Resisti! Non chiedere troppo da te! Quello che stai facendo ti sta succhiando sicuramente enormi energie. Egoisticamente ( non sai quanto tengo a questo blog) ti chiedo di mantenere la calma e lavorare serenamente.

I risultati verranno col tempo.

Ti abbraccio.




FEB 6

**Ogni volta che salutavo papa' perche' dovevo partire per qualche giorno non sapevo mai se l' avrei rivisto ancora, vivo.**


**La penultima volta, al momento del saluto, mi e' venuto fuori di dirgli : papa', benedicimi prima che io parta, come faceva sempre la mamma. Non ci sono riuscito; il ricordo di mamma, morta da dieci anni, il pensiero che stavo per rivivere quei momenti tremendi , la coscienza che quasi certamente non lo avrei rivisto hanno avuto il sopravvento... e sono scoppiato in lagrime come un bambino. Dopo tutte le bugie che gli avevo detto sul fatto che non stava poi cosi' male e che si sarebbe ripreso presto. E cosi' si e' verificato ancora una volta il miracolo d' amore: lui confortava me e mi diceva abbracciandomi di partire tranquillo, che mi avrebbe**

**aspettato e ci saremmo riabbracciati al mio ritorno...Tremava tutto, espettorava sangue in continuazione e... consolava me !**

Postato 6th February 2003 da Ezechiele


FEB 6

Ho ricevuto giorni fa , e posto con piacere:


Caro Ezechiele

Anche se non fumo il problema mi interessa per mio marito che vorrei smettesse, per questo ho iniziato a seguire il tuo blog e ora voglio scriverti quanto sono colpita dalle testimonianze tue e dei tuoi amici. Il tuo dolore si sente vivo ma si sente anche quanto tu abbia la possibilità di condividerlo con le persone che ti conoscono e ti amano e questo è piuttosto raro purtroppo.

Quello che sta nascendo è per me poesia.

Grazie a te e alla persona, tua amica, che oggi hai postato e che mi ha fatto piangere ricordando certi momenti vissuti. Auguri per continuare così. Siete GRANDI!! Con affetto

Francesca

Postato 6th February 2003 da Ezechiele


FEB 7

Ho ricevuto ieri e, grato, posto:


" Ancora una volta non posso fare a meno di rispondere in qualche modo all'emozione che mi dai leggendo il tuo blog....Il concetto di paradiso che ho io è di un Villaggio dove vivono, accanto a me, tutte le persone che hanno fatto parte della mia vita e che amo. Dove non ci sono separazioni, addii, e dove ognuno possa vivere la propria vita in libertà e in armonia con tutti gli altri senza quel senso di solitudine e paura che sentiamo quando ci allontaniamo da qualcuno che amiamo.So che questa è una visione un pò troppo terrena e "povera" dell'aldilà, che non riesco a comprendere con la mia mente, così piccola e povera davanti a cose inimmaginabili, ma so anche che non posso stare bene lontana dalle persone che amo e che vorrei vicine per uno scambio di amore e di energia. Il paradiso, per me, non può che essere così, ovunque si trovi.

Penso che adesso in quel Villaggio ci siano i nostri genitori e che da una finestra ci guardino e ci aiutino, perché è impossibile che in un attimo svanisca nel nulla tutto l'amore che ognuno di noi ha dentro...Non so se questo ti possa aiutare ma so che la fede dei tuoi genitori ti viene trasmessa in qualche modo e tu devi essere certo che, se chiedi aiuto, aiuto ti verrà dato e devi solo accettarne la forma.

Come sempre con tanta attenzione per te e per quello che stai facendo."

Postato 7th February 2003 da Ezechiele

FEB 8

Tratto da GEA News di Febbraio 2003:

Tedeschi pro-tabacco. Si vota contro!

Protesta contro le politiche internazionali tedesche in favore del Tabacco. Globalink international ha avviato una petizione a livello mondiale. Sta arrivando una marea di consensi all'inizaitiva, e soprattutto una valanga di firme. Invitiamo anche i nostri affezionattissimi lettori a firmare. Noi lo abbiamo gia' fatto. Potete collegarvi direttamente alla pagina della petizione a questo indirizzo: http://petition.globalink.org/view.php?code=de-eng, e naturalmente... passaparola.


Film ossigenati

Dopo il meraviglioso "Il popolo migratore" di Jacques Perrin www.movieconnection.it/schede/popolo_migratore.htm un altro film e' completamente libero dal fumo: "Il mio grosso grasso matrimonio greco" di Joel Zwick. Il film è unico perché completamente libero dal Fumo. Nonostante i greci siano i più forti fumatori europei, il regista dimostra che un film può reggere anche senza che i protagonisti debbano continuamente accendere sigarette. Ad alcuni il film puo' non piacere per il suo ritmo scandito dai sentimenti e non da violenza, battute grevi, turpiloquio, sesso esibito, propaganda alcolista e tabagista. Alcune recensioni pero' presentano il film come "pieno di scene già viste, di episodi già vissuti...", ma nell' insieme viene giudicato gradevole e divertente. Bisogna dar credito a Tom Hanks e a sua moglie Rita Wilson che l'hanno prodotto. E' diventato la stella dei botteghini: http://it.groups.yahoo.com/group/sarannofumosi. L'enorme successo americano l'ha consacrato "sleeper" dell'anno: il termine sta ad indicare un film non troppo accreditato all'uscita che riesce invece a raggiungere incassi da record: www.movieconnection.it/schede/mio_grossomatrimonio-sognando_b.htm. Trionfo dei sentimenti e della famiglia.


Postato 8th February 2003 da Ezechiele


FEB 9

Il Vangelo della domenica 9 febbraio 2003 propone la scelta di vita nella sequela del Signore e una guarigione dal male. Guarire anche come scelta può essere una importante svolta nella vita. Scegliere di vivere la vita senza fumo! Auguri a quanti smetteranno di fumare per desiderare di vivere una vita ... non fumata.

Postato 9th February 2003 da Ezechiele

1 Commenti :

ezechiele20029 febbraio 2003 01:06

Ma si puo' davvero, sempre, " scegliere di guarire" ??


FEB 9

Ho pensato di indire un secondo SONDAGGIO, che si puo' cosi' riassumere:

BASTA CON IL FUMO IN TV !!!

Ogni volta che sullo schermo scorre l' immagine di qualcuno che fuma ( film, servizio registrato, telenovela, riprese sportive, talk show, etc ) chiediamo che in sovrimpressione scorra un messaggio del tipo : IL FUMO NUOCE GRAVEMENTE ALLA SALUTE oppure SI CONSIGLIA AI GIOVANI DI NON INIZIARE A FUMARE PERCHE' IL FUMO NUOCE GRAVEMENTE ALLA SALUTE

Sei d' accordo ?

Vai a votare sul nostro sondaggio : IL FUMO IN TV !

Postato 9th February 2003 da Ezechiele


FEB

10

Oggi ho deciso di inserire un " Banner Petizione " sul blog, affrontando il nostro primo obiettivo: Porre un freno alla continua apparizione di gente che fuma nei film e nei programmi TV. Estrapolando un'idea gia' avanzata dal Ministro Sirchia, "Cinema e televisione danno il cattivo esempio" , che almeno si avvertano i giovani che se iniziano a fumare vanno incontro a problemi di salute!. Chi e' d' accordo puo' cliccare sul banner per inviare una mail di adesione. Se queste mail si trasformeranno in una valanga, come mi auguro, saranno inviate come formale petizione alle autorita' competenti.

Postato 10th February 2003 da Ezechiele


2 Commenti :

anonimo10 febbraio 2003 14:51

Giusto! Ho già aderito.

E' scandaloso, inoltre, l'evidente contributo di multinazionali del tabacco alla produzione di film con l'ostentata presenza di fumo.

ezechiele200212 febbraio 2003 13:31

Alfredo, ti ringrazio, pero' non ho ricevuto la tua e-mail di adesione !


## FEB 11

Stanotte ho ripreso a fumare.

Lo so, pare impossibile anche a me; il bello e' che l' ho capito solo dopo, non durante. Me ne sono accorto quando ho sentito il tipico sapore amaro in bocca, il tipico bruciore alla gola, il tipico punzecchiare sulla lingua. Solo allora mi sono chiesto, ancora una volta : ma perche' ?

Mi sono detto : ma come, ci hai perso un padre, sei riuscito a smettere per oltre tre mesi, ci hai piantato su una vera e propria battaglia coinvolgendo un sacco di gente che sta credendo in quello che fai ed ora, senza alcun motivo, senza neanche accorgertene, hai ricominciato ?!?

Avevo quasi le lagrime agli occhi dalla rabbia , quando ... e' suonata la sveglia.

Postato 11th February 2003 da Ezechiele


1 Commenti :


anonimo12 febbraio 2003 12:16

M'hai fatto prendere uno spavento!!!!!!

Sì, ridiamoci su perchè chi non fuma dimostra di amare di più la vita anche scherzando e prendendosi in giro.(ma non riprovarci, eh eh)


## FEB 12

Ricevo oggi dall' amico Andrea :

Caro Ezechiele e cari voi tutti che mi leggete,

io non scriverò contro il fumo di tabacco. Avrei troppe cose da dire ed inoltre credo nel diritto di fare ciò che più ci aggrada, purché per quanto possibile non si faccia del male ad altri.

Scriverò invece sulla Morte, su questa amica che ci consente di tirare le somme della Vita.

Comincio, per ora, ad allegare alcuni scritti non miei. Il primo non ha bisogno di presentazione, almeno spero: Francesco d'Assisi; il secondo è un pezzettino di quella meravigliosa tragica storia "Neve di primavera" di Yukio Mishima; il terzo non so da dove viene: per me viene da una signora che Ezechiele conosce e che ha visto la Morte all'orizzonte, una volta; l'ultimo è una poesia di Vincenzo Cardarelli. In futuro spero di tornare su questo sito per scrivere parole mie. Farò una figuraccia davanti agli autori qui appresso, ma vedremo come sarà.

Andrea

Laudato si mi Signore per sora nostra morte corporale da la quale nullu homo po skappare guai a quelli ke morranno ne le peccata mortali beati quelli ke trovarà ne le tue sanctissime voluntati ka la morte secunda nol farrà male Laudate et benedìcete mi Signore et rengraziate et serviteLi cum grande humilitate

Francesco d'Assisi


Il sentiero che stiamo percorrendo non è una strada, è un molo. Dove il molo ha termine, inizia il mare. Noi non possiamo farci nulla.

Yukio Mishima.


Così sparii dal mondo dei sensi. Dove se n'erano andate le ore? Non durarono nemmeno una frazione di secondo. Improvvisamente mi resi conto che la morte è così. Che dall'essere si passi al non-essere è una cosa difficile da pensare. Per una persona costantemente terrorizzata dall'idea della morte, è estremamente liberatoria. Nello stesso tempo dà un po' fastidio: si pensa che potrebbe essere piacevole avere nuove esperienze, una volta che l'anima abbia ottenuto la licenza di riposarsi, separandosi dal corpo. Ma non credo che sia così. Prima si è, e poi non si è. Questo è del tutto soddisfacente. Quello che in precedenza era tanto spaventoso e misterioso, l'ultraterreno, non esiste. Tutto è su questa terra. Tutto è dentro di noi, accade dentro di noi e noi fluiamo gli uni negli altri e fuori degli altri: va bene così.

Signora anonima




Morire, sì, non essere aggrediti dalla morte. Morire persuasi che un siffatto viaggio sia il migliore. E in quell'ultimo istante essere allegri come quando si contano i minuti dell'orologio della stazione e ognuno vale un secolo. Poiche' la morte è la sposa fedele che subentra all'amante traditrice; non vogliamo riceverla da intrusa, né fuggire con lei. Troppe volte patimmo senza commiato! Sul punto di varcare in un attimo il tempo, quando pur la memoria di noi s'involerà, lasciaci, o Morte, dire al mondo addio, concedici ancora un indugio. L'immane passo non sia precipitoso. Al pensier della morte repentina il sangue mi si gela. Morte, non ghermire, ma da lontano annunciati e da amica mi prendi come l'estrema delle mie abitudini.

Vincenzo Cardarelli.

Postato 12th February 2003 da Ezechiele

3 Commenti :

1.

anonimo14 febbraio 2003 02:31

non sono daccordo con la sig.ra anonima, la morte non è un passaggio dall'essere al non essere, essere è a prescindere dalla ns fisicità...................tutto è un continuum.......

2.

ezechiele200214 febbraio 2003 14:00

ehi ! benvenuta, Paola !!!

Potresti mandarmi un' e-mail in cui approfondisci il concetto ? Vorrei anche il tuo permesso a postarlo.

3.

anonimo20 febbraio 2003 23:37

comefaccio nome anonimo url http che devo fare

FEB 13

Ho ricevuto ieri, sull' argomento " La Morte " introdotto da Andrea, e posto, come ulteriore contributo al dibattito:

" Oggi l'argomento è forte e troppo difficile ma vorrei dire qualcosa lo stesso. Ognuno di noi ha un concetto di vita e di morte in base ai suoi limiti umani e che cambia con il passare degli anni trasformando il nostro istintivo rifiuto e le nostre paure in una immagine consolatoria quando, per esperienza diretta, ci rendiamo conto che non siamo fisicamente immortali.

Che fare allora? Pensare che noi non siamo solo un insieme di cellule ma anche qualcosa che sconfina dalla nostra mente che non può sapere, ora, cosa siamo veramente !

Ci sono state e ci saranno persone illuminate che hanno "visto" ciò che a noi non è dato di vedere.Ho avuto la fortuna di conoscerne una, personalmente, che ha aiutato, con le sue parole, la mia famiglia in certi momenti difficili. Si chiamava Padre Pio ed era certamente uno che "vedeva". Vedeva e sapeva, capiva e conosceva. Quello che a noi non è concesso né di vedere né di capire perché la nostra anima non è abbastanza pulita. Noi sporchiamo la luce che c'è in noi con l'egoismo, l'odio, la mancanza di amore e tutta questa "polvere" ci impedisce non solo di vedere oltre ma, spesso, ci rende anche incapaci di un minimo di gratitudine per la vita che ci è stata data e che noi abbiamo in consegna ma che a volte trattiamo male come se fosse una cosa senza valore."

Postato 13th February 2003 da Ezechiele

2 Commenti :

anonimo13 febbraio 2003 15:56

Sono contrario all'argomento morte.

Io me lo gestisco dentro, con la sofferenza dei pessimisti (vedi Foscolo, Leopardi, Russel e Sartre).

Ma proprio perchè soffro la morte amo smisuratamente la vita, in tutte le sue forme ed espressioni più felici.

Questo sito non deve tingersi di grigio ma aprirsi ai colori della speranza, dell'amore, della voglia di correre, gridare, giocare, lavorare, comunicare.

No al fumo e alla morte, sì al profumo della vita!

ezechiele200213 febbraio 2003 23:54

Mi piace molto il tuo commento, alfredo, e sono d' accordo con te. Pero' se il dibattito tocca anche questo tema, perche' bloccarlo ?

FEB 14

Ricevo dalla sempre cara Francesca:

Sent: Thursday, February 13, 2003 2:14 PM

Caro Ezechiele,

Grazie per avermi postata il 6 febbraio. Non me lo aspettavo.Sono tornata a trovarti e voglio di nuovo farti i miei più sentiti complimenti per come stai sviluppando il tuo blog con argomenti che non riguardano solo il fumo. Bellissime e interessanti le riflessioni di questa settimana tue e dei tuoi amici che riuscite sempre a toccare in profondità i sentimenti che, spesso, non riusciamo ad esternare, tanto meno a scrivere. L´idea del Villaggio come paradiso è semplice ma efficace. Non ho invece ben capito quello che intende la Signora Anonima con la sua testimonianza e che tipo di esperienza ha vissuto.Grazie anche a chi ha parlato di Padre Pio, a cui sono molto devota e che, purtroppo, non ho mai conosciuto. Penso che le testimonianze di fede aiutino sempre tutti.

Come moglie di un fumatore, però, devo dirti che non credo nei divieti e nelle petizioni per quanto riguarda il fumo nei films e in televisione. Mi sembra inutile: il fumo fa male, lo sappiamo tutti, ma tutti crediamo che faccia male solo agli altri. Come tante altre cose, naturalmente. Un fumatore, quando vede un divieto o un avvertenza, prova o fastidio o indifferenza. Parola di moglie e di nuora. Mio suocero ha quasi 91 anni, fuma da sempre ed è sano come un pesce .Che posso dirgli? E che esempio è per mio marito e per tutti noi? Ringraziandoti ancora per il tuo lavoro ti saluto caramente e, se posso, tanti auguri per S. Valentino a te e a chi ti vuole bene

Francesca


Due parole di commento a Francesca : E' proprio vero: la certezza che abbiamo tutti e' che il fumo fa male , si, ma solo agli altri. Finche' non arriva il nostro turno. Un messaggio a tuo marito ed a tuo suocero : anche mio padre e' arrivato ad 89 anni fumando come un turco e stando benissimo. Poi, in due mesi, se ne e' andato. Rileggetevi i mesi di Dicembre e Gennaio su questo blog. Un abbraccio a voi tutti e ... Grazie di tutto.

Postato 14th February 2003 da Ezechiele



FEB 15


**L'ultima volta che sono partito, il famoso sabato mattina, 28 di Dicembre, avevo detto a papa' che stavo per partire e che sarei tornato tra quattro o cinque giorni. Lui aveva commentato, memore della volta precedente, " se sto dormendo quando parti, non mi svegliare. Ci salutiamo poi, al tuo ritorno, tanto mancherai solo pochi giorni."**


**Al momento dei saluti, in effetti stava dormendo. Cosi l' ho lasciato senza svegliarlo; in punta di piedi mi sono avvicinato al suo letto e gli ho dato un bacio leggero in fronte. Ho anche pensato: e' caldo, ma non ha la febbre !**


**Due giorni dopo, quando ho di nuovo posato le labbra su quella fronte, era fredda.**


**Come il marmo.**

Postato 15th February 2003 da Ezechiele

FEB 16

L' ho risentita ieri sera, a cena da amici :
"Ormai fumano solo le donne, i negri ed i drogati "

Postato 16th February 2003 da Ezechiele

3

Commenti :

anonimo17 febbraio 2003 12:16

non ho parole

gia' il termine negri m'infastidisce.

anonimo17 febbraio 2003 12:16

non ho lasciato il nome.scusa

ezechiele200217 febbraio 2003 12:29

Sono completamente d' accordo, Stefania. Ho riportato la frase proprio per sentire i
commenti

FEB 17

Ho ricevuto stamane:


"Riguardo alla frase che citi il 16/02 "ormai fumano solo le donne ecc.."Sono una donna e non fumo ma non mi sento migliore, più intelligente o brava di altre donne che lo fanno come qualche mia cara amica. Solo più libera. Essere donna, negro o drogato è evidentemente sinonimo di inferiorità, debolezza o forse mancanza di intelligenza.

Vorrei ringraziare sentitamente a nome di tutte e tre le categorie quelli che la pensano così.Grazie per la vostra mente aperta che senz'altro illuminerà la vita di chi vi sta accanto, grazie per le vostre idee geniali e risolutive verso problemi che investono la vita e la salute di tante persone. Grazie per il vostro contributo all'umanità con il vostro senso civico e grazie per l'amore che dimostrate di avere verso le persone indipendentemente dal sesso e dal colore. Grazie per la vostra totale mancanza di pregiudizi e grazie per i vostri giudizi così necessari al progresso dell' umanità. Grazie per il vostro esempio.

In cambio vorrei che voi ringraziaste le vostre madri che vi hanno generati, nutriti, cresciuti, educati, confortati, consolati, coccolati, ascoltati, compresi e chissà quanto altro, e che, anche se voi non ve ne siete accorti, come donne fanno parte di quel trio di poveri infelici che avete così brillantemente citato ."

Postato 17th February 2003 da Ezechiele


FEB 18


A proposito del fumo come dipendenza, ho ricevuto :

"Chiunque abbia, in modi più o meno dannosi, una dipendenza ( e quella del fumo è probabilmente la meno grave) è una persona meno libera, è una persona più debole, è una persona che cerca, con qualcosa di tossico, di dare alla sua realtà una forma accettabile, di darsi qualcosa che apparentemente lo fa sentire meglio ma che in realtà lo toglie dalla vita.

Bisognerebbe sensibilizzare di più le persone al rispetto, alla libertà ma anche al pensiero che" noi" non vuol dire" io e io" ma" io e gli altri" e il male che posso fare a me stesso non è solo a me ma anche a chi c'è nella mia vita.

Capire per far capire e guardare, anche se provoca sofferenza, in noi stessi per comprendere da dove arriva un bisogno, che non porta a migliorare la vita ma a peggiorarla, ma che comunque esiste e ci manda un messaggio che noi traduciamo male e lo convogliamo in scelte sbagliate, sia con le droghe, che tutti conosciamo, sia con stili di vita e dipendenze meno visibili ma non per questo meno pericolose, come la dipendenza dal potere, raramente compresa, ma che può diventare devastante."

Postato 18th February 2003 da Ezechiele


2 Commenti :


Anja18 febbraio 2003 12:33

per quanto la gente possa impressionarsi, nn capisce il rischio che corre...è inutile, sono una massa di idioti.Quando verranno colpiti in prima persona piangeranno, eccome se lo faranno....

ezechiele200219 febbraio 2003 08:34

Grazie della visita, Anja , e del commento. Manda il mio link ai tuoi amici/conoscenze fumatori. A proposito, perche' non mi linki sul tuo blog ?

A presto

Eze

FEB 19

Un commento particolare a proposito della mia Petizione sul Fumo in TV :

"Come ti ho già detto vorrei esprimere un parere contrario per quanto riguarda il fumo nei films e in TV.

Prima di tutto, mi sembra che già non sia permesso di fumare nei vari programmi da diverso tempo e non mi sembra che ci siano poi così tanti films con attori che fumano.

Non capisco, in pratica, cosa si potrebbe fare: Prima di tutto per i films gia prodotti: che tipo di avvertimento oppure di censura adottare.

Poi , se chiediamo di togliere scene dove si fuma, perché non chiediamo di togliere anche scene dove si beve alcool ? Mi spiego: quante volte ci capita di vedere, in un film, il protagonista che beve alcool come se fosse acqua ? In questo caso un riguardo a chi ha il problema dell'alcoolismo, sia di persona che in famiglia, ci vorrebbe.

Poi naturalmente verrebbe la volta della violenza, degli stupri, dei furti, del sesso fine a se stesso, ecc. Tutte cose deprecabili ma che fanno parte della natura umana e che vengono anche rappresentate, a volte bene a volte male, in spettacoli e al cinema. A questo punto, se pensiamo, che vedere in un film, qualcuno che fuma possa recare danno immagino quanto danno puo' recare tutto il resto !"

Postato 19th February 2003 da Ezechiele

1 Commenti :

Gr0ucho319 febbraio 2003 07:45

Scusami Ezechiele, ma siccome la mia è una storia lineare, non ho ancora parlato del mio personaggio che fuma. E' solo una questione di tempo, non ti preoccupare. Intanto lascio il link del tuo blog. Scusami ancora.

FEB 20

Sempre sul tema di ieri, mi hanno scritto :

E' vero che certe cose vengono rappresentate solo per far soldi, ma mi domando dove andrebbe a finire la libera scelta da parte di sceneggiatori e registi se una specie di censura impedisse loro di esprimere, in buona o malafede, quello che sentono.

Anche il cinema è una forma d'arte, a volte bella, altre brutta e poco arte, ma se si censura ci troveremo dalla stessa parte di chi ha fatto dipingere, in non so quale secolo e sotto quale papa, le mutande sopra i nudi della cappella Sistina, e all'Adamo ed Eva di Masaccio, a qualche statua, oppure come la regina Vittoria che fece coprire le gambe dei tavolini, senza per questo impedire che ognuno facesse quello che più gli pareva purché fosse nascosto da tante " mutande" di ipocrisia.

Questo forse non è il modo per dissuadere la gente dal farsi del male, che è pur sempre una scelta libera, ma potrebbe essere un modo per aggirare il problema o per fuorviare l'attenzione da altri ben più grandi e difficili da risolvere.

Tornando al cinema mi domando se ci fosse questa censura, in che modo verrebbero rappresentati personaggi come Sherlok Holmes o il commissario Maigret senza la loro pipa, oppure Wiston Churchill senza il suo sigaro?

Postato 20th February 2003 da Ezechiele

2 Commenti :

anonimo21 febbraio 2003 16:39

Di 'artistico' nei film che fanno vedere il fumo ci sono le mazzette delle majors del tabacco.

Non capisco di quale castrazione si sentirebbe vittima il regista se fossero vietate scene con fumatori.

Tv e cinema hanno ancora un effetto emulazione troppo alto.

Non parlatemi di pellicole piene di omicidi, scene di guerra e nefandezze varie.

Non credo che abbiano un intento normalizzante ma, spero, di denuncia.

Ben vengano film che mostrano scene con il fumo non per normalizzarlo ma per denunciarne gli effetti devastanti.

Alfredo

ezechiele200222 febbraio 2003 09:48

Bravo Alfredo, era un po' che non ti leggevo. A proposito, ricorda di inviarmi la mail per la petizione, che non ho mai ricevuto !

FEB 21

Martedi' sera ho visto Zelig, trasmissione che seguo sempre volentieri.

A parte quel bravissimo nuovo comico romano, Dado, ed i suoi esilaranti preparativi alla canzoncina per la sua ragazza, sono stato colpito dallo spot del Ministero della Sanita' per la "Campagna di dissuasione dal fumo".

Frasi come :Quali sono i fossili più comuni? I mozziconi di sigarette.

Le sigarette, in mano, servono solo per i giochi di prestigio.

Siamo belli anche senza sigaretta in bocca.

andrebbero ripetute su tutte le reti, ogni mezz'ora. Ho cercato, trovato ed inserito nel blog , qui a sinistra, il banner della campagna ministeriale, che rimanda ad una pagina web molto ben fatta. Dategli un' occhiata !

Postato 21st February 2003 da Ezechiele

FEB 22

Qui di seguito, dal libro" MALATTIA E DESTINO - IL VALORE E IL MESSAGGIO DELLA MALATTIA"Di Thorwald Dethelefsen e Rudigler Dahlke

Il fumo ha un rapporto intensissimo con le vie respiratorie e i polmoni. Noi ricordiamo che la respirazione ha a che fare con la comunicazione, il contatto e la libertà. Il fumo è il tentativo di simulare questi campi e di stimolarli. Le sigarette sono un sostituto dell'autentica comunicazione e della vera libertà. La pubblicità delle sigarette tende proprio a sollecitare queste nostalgie nell'uomo: la libertà del cow boy, il superamento di tutti i confini propri del volo, un viaggio in paesi lontani e la compagnia di persone piacevoli - tutte queste nostalgie possono essere esaudite con una sigaretta. Si fanno lunghi viaggi a che scopo? Forse per una donna, per un amico, per la libertà oppure.. si sostituiscono tutti questi autentici desideri con una sigaretta e così il fumo offusca le mete vere e proprie.

Postato 22nd February 2003 da Ezechiele

FEB 23

Una nuova cara amica, Paola, mi ha scritto, a proposito del passaggio vita-morte:

"Risponderò a te sul continuum: se uno sente, crede, sa (dipende dallo stato di consapevolezza) di avere un'anima, il sè che è espressione divina, della creazione (o come vi pare), e' cosciente del fatto che la morte è solo passaggio, forse da una vita ad un 'altra o chissà, non abbiamo nessuna certezza. Ma a me che ho la certezza , che sento di avere un'anima e che quest' anima è saggia giusta e che sa più della mia mente, a me la morte non fa paura !!!!!!!!!!! Ma è altresì vero che il sè per espandersi, deve avere un corpo sano ...........In noi c'è tutto per raggiungere tutto ..........e qui mi fermo perchè come al solito potrei parlarne per ore............"

Postato 23rd February 2003 da Ezechiele

FEB 24

Ho ricevuto per e-mail questo commento:

Non credo nel proibizionismo, che non ha certo tolto di mezzo l'alcool, come non credo che i divieti, che sono necessari nella vita reale per il bene di tutti, siano efficaci per chi fuma. Lo sono , naturalmente, invece per proteggere quelli che non fumano.

Ho visto tante volte l'indifferenza se non l'insofferenza di chi fuma davanti ad un divieto o un' avvertenza. E tu lo dovresti sapere più di me l'effetto che facevano su di te tutte queste cose fino a tre mesi fa. Forse neanche te ne accorgevi, se potevi fumare lo facevi e basta. Non per ignoranza ma perché per te era un modo per scaricare la tensione, o un rito che ti aiutava, che forse ti dava sicurezza, conforto. Mi è capitato diverse volte di dirti qualcosa a proposito del fumo, specialmente quando a un certo punto ti ho visto con una sigaretta in mano, oltre alla pipa. Non mi hai neanche ascoltato. Come tutti quelli che non vogliono vedere, che non vogliono sentire. E poi, tutto ad un tratto hai visto e hai sentito. Finalmente!"

Rispondo : Hai ragione, e' tutto vero !!! Per 43 anni della mia vita io ho pensato che il fumo fosse un piacere, un modo per sentirsi rilassati... Poi, in pochi giorni di dolore, ho capito : per tanti anni ero stato preso in giro per volgari ragioni di profitto economico, mentre la mia vita stessa veniva messa in pericolo senza alcun rimorso o ritegno.

Si, ora ho capito.

Postato 24th February 2003 da Ezechiele

1 Commenti :

anonimo24 febbraio 2003 04:46

non facciamo sempre del vittimismo! Non diamo sempre la colpa agli altri per le nostre scelte.Anche se le sigarette le regalassero non significa che ci si debba avvelenare!

Chi vende qualcosa lo fa anche perché qualcuno glielo chiede. E il pericolo lo conoscono tutti ma non si vuole vedere perchè è più facile.

E poi arrivano le legnate!!

AMINA

FEB 25

Posso ufficializzare un nuovo tentativo di smettere ! Paola mi ha scritto :

Non ho più parlato del mio fumo in quanto viaggiando nel tuo sito, sono arrivata (non mi chiedere come) a il centro antitumori dove fanno un corso di 9 lezioni+3 per smettere di fumare, a via di Villa Torlonia, oltretuttto, sulla Nomentana ! Comincio la settimana prossima......

Si mi fa male sentire storie tristi e lo so quanto fa male il fumo, e

sinceramente , evito,  anche perchè per me rappresenta un grosso problema ! "

Postato 25th February 2003 da Ezechiele

Ieri e' morto Alberto Sordi. Anche io sono stato commosso fino alle lagrime da questo evento. Alberto Sordi e' stata una presenza costante lungo tutto l' arco della mia vita, fino a ieri, quando ho sentito la notizia alla radio. La famosa illusione di immortalita' di cui abbiamo parlato piu' volte nei mesi passati si rafforza proprio quando si e' circondati da rassicuranti presenze costanti. I genitori, la Famiglia, attori famosi e sempre vivi dentro di noi.

Bene, Alberto Sordi per me era il piu' presente di tutti. Se ancora oggi parlo bene l' Inglese, per esempio, lo devo a lui. Ero studente universitario al Politecnico di Milano, ed una amica, laureata in lingue, andava sempre all' Angelicum, a vedere film in lingua originale. Una volta mi chiese di accompagnarla: quella sera davano " Fumo di Londra ", ma nella versione in inglese. Cosi, grazie all' inglese semplice ed aperto di Alberto Sordi, con le tipiche costruzioni italiane, quella sera io capii TUTTO !!!

Uscii da quel cinema convinto di sapere l' Inglese. E lo sono tuttora.

Anche da parte mia, ancora una volta : GRAZIE, ALBERTO !

Postato 26th February 2003 da Ezechiele

Ancora a proposito di Alberto Sordi:

1- Ha fatto piu' di 190 film, a cominciare dagli anni 40 fino all' anno scorso. Restera' sempre presente nella memoria mia, vostra, dei nostri figli, dei loro figli, e cosi' via. E' questa l' immortalita' ?

2-Ieri ho sentito in TV una delle sue ultime interviste. A proposito della morte l' ho sentito dire : " Tutte le persone a cui abbiamo voluto bene, tutto il nostro amore, tutti i nostri amici ... dove va a finire tutto questo ? Non e' possibile che tutto finisca cosi', senza un seguito. Cosi io credo che quando la mia vita finira', io li ritrovero' tutti quanti, lassu'..."

3-Ma di cosa e' morto Alberto Sordi ? Ho sentito solo : soffriva da circa sei mesi di una grave malattia. Quando si dice cosi' di solito si tratta di cancro. Come mio padre, come Giorgio Gaber, come Giovanni Agnelli ! Non fa riflettere tutto questo ? E' mai possibile che ancora non si riesca a debellare questa che e' ormai la piu' importante causa di morte al giorno d' oggi ? E non e' giusto allora che io continui a dare il mio piccolo contributo in questa immane battaglia dell' Umanita' contro il cancro ?

Postato 26th February 2003 da Ezechiele

Ho ricevuto:

Ho appena letto quello che hai scritto su Alberto Sordi. Mi piace molto : è più bello e vero di tutto ciò che ho sentito in radio e in televione.

Mi è subito venuto in mente che, forse, anche Lui aveva in mente qualcosa di simile al "Villaggio" di cui abbiamo parlato giorni fa, e se fosse proprio così ora voglio immaginarlo in quel villaggio, insieme a tante persone e anche ai miei genitori a cui piaceva tanto. Come una persona di famiglia.

Forse il paradiso è anche ritrovare e stare vicini a tutte le persone che hanno fatto parte della nostra vita. Non solo quelli che abbiamo frequentato e i nostri famigliari, ma anche tutte le persone che abbiamo ammirato, che abbiamo preso ad esempio e le persone che, come gli attori, ci hanno fatto compagnia, ci hanno fatto ridere o piangere. La televisione, questa finestra sul mondo che è una delle meraviglie di questo mondo moderno e grazie a cui, a volte, ci sentiamo distanti dalle persone che vivono con noi e tanto vicini a chi neanche conosciamo o frequentiamo ma che, con mezzi impensabili fino a pochi anni fa, sono diventati una presenza viva, accanto a noi.

Postato 27th February 2003 da Ezechiele

Torniamo al tema : Cancro :

" Penso anche a quanto hai detto sul cancro.

E' vero, è considerato la malattia del secolo e a volte penso che sia la risposta della Natura all'Uomo che con comportamenti poco equilibrati la insulta continuamente, pensando di essere il padrone di tutto, di poter fare qualsiasi cosa e che il mondo è un luogo da depredare e non da vivere.

Proviamo a pensare la TERRA come un organismo e tutti gli esseri viventi come le sue cellule.

La cellula Uomo è senz'altro una di quelle che in questo secolo, accrescendo il suo potere su tutto il resto, ha modificato l'equilibrio fagocitando gli altri organismi viventi, cioè creando metastasi e distruzione. Si può considerare l'umanità come il cancro della Terra. E la Terra, la Natura si ribella sempre.

Ristabilire l'equilibrio tra Uomo e Natura è quasi impossibile, a questo punto, ma la malattia può essere un mezzo per farci capire che abbiamo oltrepassato il limite .Solo con la malattia ci possiamo fermare e, dopo, se non possiamo "fare" dobbiamo per forza "essere". E per essere dobbiamo cominciare a farci delle domande, e dopo le domande possono anche venire delle risposte.

Il nostro modo di vivere una malattia è il nostro modo di dare agli altri una testimonianza che può essere di amore o di odio e, anche se va bene combattere le malattie, bisogna anche cercare di capire che cosa significa essere ammalati e quanto da questo si può imparare.

Per me tuo padre, con la sua malattia vissuta con la fede che ha sempre avuto, ti ha dato una testimonianza di amore e ti ha lasciato un' eredità che, al di là del dolore che in te ha provocato, ti ha fatto guardare dove non avevi avuto ancora la forza o la volontà di farlo prima. E di questo ne devi tenere conto.

Postato 28th February 2003 da Ezechiele


1 Commenti :


anonimo21 aprile 2007 16:56

siete un ammasso d merdoni ke nn si fanno i cazzi loro....vergognatevi!!


MAR 1


Ho ricevuto ieri :

" Vorrei fare una riflessione su tre verbi che sono praticamente i pilastri della nostra vita:

VOLERE

DOVERE

POTERE

L' ordine non è casuale.

Il fumo è solo un esempio di come questi tre verbi si usano.

VOLERE: si comincia così: voglio fumare. Voglio provare, tanto una sigaretta.... Voglio sentirmi più grande, più parte del gruppo.

Ma dopo un po' però si passa al dovere e da voglio fumare a devo fumare perché nel frattempo, con l'aumento delle sigarette, siamo diventate vittime di un bisogno che noi stessi abbiamo creato, un bisogno che non esiste in natura, un bisogno che è una conseguenza di un qualcosa di cercato e voluto.

Dover fumare significa dipendenza, significa avere in testa un pensiero in più che non ci gratifica, non ci fa sentire migliori, che non ci fa sentire liberi e nonostante questo si continua ad avere perché ormai noi siamo diventati fisicamente bisognosi di una sostanza velenosa ma che ci chiama come le sirene Ulisse.

(Devo vivere come un prigioniero in una prigione che io stesso mi sono costruito e dalla quale non uscirò mai. Un ergastolo)

Vogliamo a questo punto passare finalmente al verbo POTERE?

POSSO FUMARE!

Ma se posso fare una cosa posso forse posso provare anche a fare l' opposto.

Posso NON fumare: per riprendere in mano la mia vita, per vincere sul veleno, sui mie stati d'animo negativi, per riacquistare libertà, salute, per respirare, fare spazio al nuovo, aprire le porte dell'anima e guardare la mia capacità di dire no a chi e a cosa mi fa del male, mii uccide e non solo fisicamente, ma anche nella fiducia in me stesso, fondamentale per affrontare le prove della vita.

POSSO: smettere di fumare, di sentirmi schiavo, di sentirmi sfiduciato, smetter di aver verso me stesso quel senso di disprezzo sottile e impalpabile che abbassa le mie difese, smettere di sentirmi troppo debole, smettere di pensare: non ce la faccio!

E dopo? Dopo penserò:sono più forte perché ho cominciato ad amarmi, perché ho scelto il bene, perché ho smesso di prendermi in giro nascondendomi dietro un filo di fumo. Perchè ce l' ho fatta anche se non credevo! "

Postato 1st March 2003 da Ezechiele


2 Commenti :


raffaella1 marzo 2003 10:32

Ciao Eze! Grazie per aver visitato il mio blog e grazie dei complimenti! Intanto io ho già fatto una "incursione" in "Una vita in fumo" (ricordo di Sordi incluso) e stavo pensando di segnalarlo come sito del mese. Te ne do conferma. Lo linkerò al più presto! Alla prossima Eze! Mi dispiace per tuo padre (anche io l'ho perso, avevo sei anni).

Buon blog e a presto!

Raffaella


anonimo21 settembre 2004 12:16

"POSSO: smettere di fumare, di sentirmi schiavo, di sentirmi sfiduciato, smetter di aver verso me stesso quel senso di disprezzo sottile e impalpabile che abbassa le mie difese, smettere di sentirmi troppo debole, smettere di pensare: non ce la faccio!"

magari per essere liberi bastasse solamente smettere di fumare.lab tua vera malattia nn penso ke è il umo, piucchealtro è la tua ossessione antifumo legata ad altri problemi problemi psicologici. secondo me tu dai al fumo un po troppe colpe, si possono aprire le porte dell'anima anke fumando. ti consiglio di chiedere aiuto a uno psicologo, anke io in passato facevo un po come te davo la colpa delle mie difficoltà al fumo, ma così

nn si affronta mai la realta. ora ho capito che il fumo era solo una giustificazione .con questo nn ti dico che nn devi smettere ma che prima devi fare chiarezza in te stesso.buona fortuna. ciao andrea

MAR 3

Ho trovato una sorpresa molto bella questa mattina: Questo sito è stato selezionato da OBLO' (http://raffaellapolti.splinder.it ) come sito della settimana! Noi ne siamo molto orgogliosi e ringraziamo sinceramente Raffaella per la sua gentilezza. Io pero' non ho ancora capito: Raffaella fuma ancora o ha gia' smesso ? Parliamone !

Postato 3rd March 2003 da Ezechiele

1 Commenti :

anonimo3 marzo 2003 03:14

Amico mio, un po' di movimento, sana polemica. Attacco a un politico o a un personaggio perchè ha fumato in tivù, ribadiscilo in grande. Indici un test, un concorso, fa una tua classifica di blog belli, brutti, vicini alla tua causa. I citati arriveranno...dammi retta. Ciao.

MAR 4

Ho ricevuto oggi dal Dott. Luca Conti, che ringrazio per la cortesia , e ne faccio qui un estratto per voi:

" Per vs conoscenza:

Fumo. L'OMS adotta la prima Convenzione mondiale anti-tabacco

Storico passo a Ginevra nella lotta globale contro il fumo: al termine di

un estenuante negoziato, gli Stati membri dell' Organizzazione Mondiale

della Sanità (OMS) hanno approvato il testo della prima Convenzione

internazionale anti-tabacco. Il documento è volto a proteggere le

"generazioni presenti e future dagli effetti devastanti" del fumo e

include disposizioni senza precedenti sul divieto di pubblicità di sigarette, sul contrabbando e sulle responsabilità delle multinazionali

del tabacco. ...., per l'OMS e numerosi osservatori,

il documento costituisce un notevole successo. Il progetto di Convenzione

"é una pietra miliare nella storia della salute pubblica globale. "Milioni

e milioni di vite saranno salvate", si è rallegrata Gro Harlem Brundtland,

Direttrice generale dell'OMS, ricordando come ogni anno il tabacco uccida

quasi 5 milioni di persone nel mondo. La Convenzione-quadro prevede che

ogni Paese aderente al testo, nel rispetto della propria Costituzione,

"instauri un divieto totale di qualsiasi pubblicità in favore del tabacco,

della sua promozione e patrocinio". Tale divieto dovrà essere effettivo

cinque anni dopo l'entrata in vigore del Trattato... Il documento vieta inoltre la

vendita di tabacco ai minorenni, sprona alla lotta al contrabbando,

incoraggia aumenti delle imposte sul tabacco e promuove il concetto di

responsabilità legale dei produttori di tabacco per i danni provocati dal

fumo. Inoltre almeno il 30% della superficie dei pacchetti di sigarette -

afferma uno dei 38 articoli del progetto - dovrà essere occupata da una

messa in guardia contro gli effetti nocivi del fumo. ..."Il consumo di tabacco e l'esposizione al fumo sono causa di

morte, malattia ed invalidità" afferma il teso nel Preambolo, dove si

deplorano l'aumento del consumo e della produzione mondiale di sigarette,

soprattutto nei Paesi in via di sviluppo. L'Oms stima che 4,9 milioni di

persone sono morte nel 2002 a causa del fumo e che, senza un intervento

coordinato a livello internazionale, tale cifra annua aumenterà fino a

raggiungere i dieci milioni nel 2020, di cui oltre il 70% nei Paesi in via

di sviluppo. ... "Entrando in vigore, l'accordo sul

tabacco ridurrà significativamente la capacità di Philip Morris, BAT e

Japan Tabacco di propagare la dipendenza, la malattia e la morte nel

mondo", ha commentato Kathryn Mulvey, dell'ong americana 'Infact'. Secondo

'l'orologio della morte", che dall'avvio delle trattative segna i decessi

per tabacco nel mondo, oltre 15 milioni di persone sono morte per malattie

legate al fumo.

MAR 5

Ricevo stamane da Bob, di blogregular, e pubblico con gioia :

E' passato poco più di un mese dalla mia decisione di smettere, questa volta per sempre. Lo concedo: sembra un anno, e ci sono stati tentennamenti, tuttavia tutti i pericoli per adesso sono stati scongiurati. Ma andiamo con ordine.

Ho deciso di farla finita il pomeriggio del 29 gennaio, il giorno prima del mio compleanno. All'origine di questo intendimento tanti fattori, tra cui la volontà di farmi un regalo, di star bene, di migliorare il proprio rendimento fisico, e, non ultimo, il turbamento nel leggere le vicende personali di Ezechiele e del suo papà. So che molta gente è quotidianamente piagata dalle conseguenze del fumo, ma l'esperienza "diretta", e così vividamente raccontata, ha un potere di suggestione assai forte. Del resto io stesso non ho mai potuto conoscere mio nonno paterno, morto giovanissimo e della stessa malattia del papà di Ezechiele, proprio per il suo vizio di fumarsi un pacchetto di Camel al giorno (le stesse che fumavo io). Quindi era proprio il caso di rompere gli indugi.

Non che io fossi un fumatore accanito, se non ai tempi del liceo, dove mi sparavo allegramente le sigarette più catramate del mondo per essere al passo con gli amici (e nonostante ciò, concedetemi il francesismo, né io né gli amici abbiamo visto "riccioli pubici femminili" in abbondanza per il fatto di fumare). Ultimamente avevo per lo meno avuto il buon cuore di ridurre il quantitativo e di scegliere sigarette più leggere (salvo magari fumarne un paio perché una sola non la sentivo...).

Fattosta che al "fumare per nervi" nei periodi difficili ed ansiosi si era via via assommato anche il "gusto del tabacco", lo spaparanzamento sul divano dopo la strafogata, con sigaretta di rigore. Un binomio eterogeneo, e che mi ha creato molti problemi nei giorni immediatamente successivi alla decisione.... con pacchetti ancora quasi pieni allegramente disseminati per la casa....

Cosa mi è servito per non cedere finora? Oltre ad una buona motivazione di fondo, che forse è la conditio sine qua non (ho resistito al "ma dai, una sola sigaretta, rispetto alle 10-15 che ti fumavi, che ti farà mai?"), ho trovato molto giovamento da queste pratiche:

- tenere una sigaretta in mano o anche in bocca SENZA ACCENDERSELA: se uno resiste, assorbe così la componente psicologica, nervosa e gestuale del fumo;

- bere molta acqua e praticare il jogging invece tolgono la voglia di tabacco: in particolare, una bella corsa fino ai propri limiti - o anche una lunga passeggiata a passo sostenuto - ti depura di qualunque pensiero di cercare una sigaretta, garantito!

Non voglio dilungarmi troppo, anche perché non so se ho già passato il punto di non ritorno (qualcuno che a smettere non riesce proprio mi ha parlato di ricadute anche dopo un anno). Devo dire che sono molto motivato, che mi sembra di star meglio, che le mie performances di corsa migliorano giorno dopo giorno - inoltre, riesco a frequentare ambienti pieni di fumatori (al lavoro, per esempio) senza rodermi o avvilirmi, e questo non me lo aspettavo proprio.

Mi sembra di passarmela meglio, molto meglio, ecco tutto. Quindi mi pare doveroso portare la mia testimonianza ad un amico che, è evidente, si batte per la qualità della vita di tutti.

Roberto (bobregular)

Postato 5th March 2003 da Ezechiele

2 Commenti :

BillieJoe5 marzo 2003 08:00

complimenti roberto!!! continua così e vedrai che andrai ancora meglio! tieni botta! :)

anonimo5 marzo 2003 15:06

Grande Bobo!!!! Da bravo atleta (anzi Triathleta) ti invito a continuare a correre e ad ascoltare, mentre corri, la musica, l'armonia del tuo respiro finalmente pieno, finalmente forte, finalmente libero.

Ancora qualche mese e gli effetti saranno massimi, mantieni questo passo ed andrai lontano (non ti sembra di riscoprire afrori, fragranze, odori e profumi che avevi dimenticato?)Ciao e la forza sia con te. Alfredo

MAR 6

Il 5 marzo ho ricevuto da Stefano questa bellissima e-mail:

Ti annuncio che ho smesso di fumare (per ora!) e spero di riuscire a tenere duro.

1° - per una brutta bronchite con tanta tosse.

2° - (e non meno importante) grazie a te e a ai tuoi amici: a quello che ho trovato scritto .

Bellissimo quello che hai scritto su VOLERE DOVERE POTERE.

Anche io voglio poter non fumare!

Spero che le cose, per te, vadano bene.

Voglio dirti che ultimamente ho avuto modo di riflettere e ho capito quanto ho sbagliato a credere che certe cose fossero importanti. Erano solo illusioni e velleità.

Mi sono lamentato sempre pensando di non avere abbastanza perché non davo importanza a cose che ritenevo scontate e che facevano parte della mia vita da sempre. Ma poi basta una banale malattia che capisci quanto contano le persone che ti sono amiche e ti vogliono bene.

Tutto questo merito anche di quello che ho trovato scritto nel tuo blog che non parla solo del fumo.


Permettimi una curiosità: come mai ci sono testimonianze anonime e altre no? C'è qualche motivo particolare oppure è solo casuale?

Comunque sono stupito della capacità di scrivere su certi argomenti da parte di persone che penso non saranno professionisti ma che scrivono molto meglio di tanti che, magari solo perché sono famosi ,hanno la presunzione di scrivere un libro.

**Hai mai pensato che da questo blog ne potrebbe nascerne uno visto che siete così bravi?**

Rinnovo i miei saluti con affetto e ammirazione a te e a chi è con te in questo lavoro.

Stefano


Postato 6th March 2003 da Ezechiele


2 Commenti :


anonimo7 marzo 2003 13:26

Caro Stefano, anche a te vanno i complimenti per aver provato a dare una scossa così forte e difficile alla tua vita. Grazie per i complimenti agli amici che scrivono cose belle e profonde (so che ti riferisci soprattutto a me - eh eh eh -).

Anche mio padre ha smesso di fumare per una bronchite, sono passati quasi 20 anni e ancora benedice il giono che l'ha presa.

Resisti e pensa che siamo tutti con te.

Alfredo.


ezechiele20028 marzo 2003 09:44

Alfredo, perche' non sviluppi questa esperienza di tuo padre in una bella e-mail che io possa postare ?

La attendo e ti ringrazio in partenza

Eze


MAR 7

Tratto da GEA NEWS di Marzo 2003


Sigarette anti-incendio


di IRENE TARONI

Nel 1911 una sigaretta causò uno tra i peggiori incendi sul posto di lavoro. 146 persone, in maggioranza giovani donne, morirono bruciate vive. Il recente divieto di fumare al lavoro non ha preservato dai danni e delle vittime degli incendi dovuti a sigarette. Due anni fa lo Stato di New York ha approvato una legge che richiede che le sigarette siano realizzate con tecniche "anti-incendio" a partire dal 1 luglio 2003. Si tratta di sigarette che si spegnerebbero automaticamente se lasciate accese. In questo modo potrebbero prevenire la causa più comune di incendio, coma avviene per i fumatori che si addormentano con accanto una sigaretta accesa. Mentre la data di scadenza si avvicina, i produttori cercano di farne ritardare l'attuazione, sostenendo che non ce la si puo' fare a produrre sigarette "anti-incendio" per la data stabilita, nonostante si siano avuti due anni di tempo e che sia disponibile la tecnologia adeguata e gia' sperimentata per realizzarle. L'industria del tabacco ovviamente si oppone perché tale legge limiterà l'acquisto delle sigarette, perchè se ne consumano di meno. Il fumatore può infatti riaccendere le sigarette dopo spente invece di doverne comprare di nuove. Inoltre minaccia di smettere di vendere sigarette a New York se la legge entrerà in vigore.

Per saperne di piu': www.smokefree.org/fire


Postato 7th March 2003 da Ezechiele


MAR 8


Oggi e' l' 8 marzo; festa delle donne.

La festa delle donne cade l'8 marzo perché commemora una data simbolo nella storia delle rivendicazioni delle donne. Quasi 100 anni fa, in uno stabilimento tessile di New York, morirono arse vive in un incendio 129 operaie, rinchiuse dal proprietario nella fabbrica dove stavano scioperando, per protestare contro le condizioni di lavoro a cui erano sottoposte. Nel 1910, due anni dopo questo terribile evento, venne istituita ufficialmente la Festa delle Donne, che ora si festeggia in quasi tutto il mondo.

Non c'entra con il fumo, ma voglio raccontarvi una storia.

Non molto tempo fa ho passato un certo numero di mesi in un paese dell' Asia Centrale, nella capitale di una repubblica ex Sovietica. Sapete come viene festeggiato li' l' 8 Marzo, che, si noti bene , e' festa nazionale ?

Tutte le donne escono di casa portando in braccio grandi fasci di fiori. Camminano in gruppi per le vie principali e, man mano che incontrano un uomo, lo fermano e, con un sorriso, gli offrono un fiore. Abituato come ero alle femministe di casa nostra, mi parve un luminoso esempio di civilta'.


Postato 8th March 2003 da Ezechiele


1 Commenti :


acidocitrico8 marzo 2003 10:33

E' molto bella qs cosa che hai scritto oggi, e inimmaginabile da noi...Ti ringrazio per qs blog, l'ho scoperto solo oggi. Io fumo, abbastanza poco (in media 5 sigarette al giorno) ma devo ammettere che se dovessi pensare di non fumarle starei male...Ho risposto al sondaggio, ma non saprei rispondere "perché fumo"...mi piace il gesto di accendere la sigaretta, l'aroma che sprigiona...e fumo soprattutto di sera, di notte. Ora come ora non credo che riuscirei a liberarmene. Ciao, grazie ancora.


MAR 10


Il primo segno della malattia, in papa', fu l' apparizione di tracce di sangue nell' espettorato. Per un po' lui, capendo che era un brutto segno, cerco' di tenerlo nascosto. Dopo pochi giorni pero' la sua affezionata governante se ne accorse ad avverti' noi figli. Cosi inizio' il calvario di visite, RX, diagnosi, cure, e cosi' via, fino al 30 Dicembre. La storia l' abbiamo gia' raccontata nei posts di Dicembre e Gennaio.

Perche' allora sono tornato su questo discorso ?

Perche' da allora, ogni volta che sento necessita' di schiarirmi la voce o di espettorare, ho il terrore di vedere apparire macchie di sangue anche a me. Cosi' ci faccio attenzione. Sempre.

Ebbene, sono ormai piu' di 4 mesi che ho smesso di fumare. Da allora nel mio espettorato vedo sempre macchie nere; i primi giorni erano poca cosa, qualche corpuscolo grigio nella saliva. Stamattina e' stato un intero bolo di roba totalmente nera. Mio fratello, che ha smesso di fumare dieci anni fa, mi dice che la presenza di catrame nell' epettorato gli e' durata per oltre un anno.


Voi che ancora continuate a fumare, pensateci ! I nostri polmoni sono un filtro che non ha possibilita' di essere rigenerato o pulito con un controlavaggio. Quello che ci mettiamo dentro ci resta per sempre, ed ogni giorno i nostri "filtri" si intasano di piu'. Finche' non e' troppo tardi.

Postato 10th March 2003 da Ezechiele


MAR 10


" Sono stata lontana per un po'...purtroppo non ho molto tempo per scrivere su questo interessantissimo blog. Ho letto tutto quello che Ezechiele ha pubblicato in quest'ultimo mese. Volevo ringraziarlo di cuore perchè il sito sta "crescendo" sempre di più e sta avendo effetti benevoli su moltissime persone. Io la mia piccola battaglia l'ho vinta: ho convinto mia madre a smettere di fumare più di due anni fa. E' stata dura, trent'anno di fumo alle spalle: un pacchetto al giorno. Eppure: ce l'ha fatta. Nessuno è SCHIAVO di qualcosa. Potete liberarvi dall'assuefazione, ve lo posso garantire. La strada è dura e comporta notevoli complicanze (aumento di peso ecc...) ma i danno del fumo sono INCALCOBILI e sicuramente molto piu' invasivi rispetto a quelli del cibo. Perciò il piccolo appello che voglio lanciare da qui è: smettete e fate smettere! "

Postato 10th March 2003 da Ezechiele


4 Commenti :


angelodellaneve10 marzo 2003 12:18

Vorrei tanto far smettere di fumare il mio boy T_T


gagarin10 marzo 2003 12:41

Ti do pienamente ragione ,anche se è poco che ho smesso( 6 mesi), credo di potercela fare.

Non è che stessi male, anche perchè sopportavo bene le sigarette avendo da sempre avuto l'hobby del muovermi molto, ma sapevo che avrei avuto guai prima o poi. Ero sulle 30 sigarette al giorno, e cosi' 6 mesi fa di colpo ho smesso, 30 un giorno e il giorno dopo 0.sono stato male e questo mi ha spaventato metabolismo in disordine, dipendenza psicologica allucinante,mi svegliavo la mattina pensando di non avere scopo perchè non avrei potuto fumare durante il giorno. Che schifo!

Ora va molto meglio, la voglia compare sempre più raramente, corro invece di 40 minuti come prima circa un'ora e venti, e sto all'erta.

Comunque ottima idea la tua e se non ti dispiace vorrei linkarti per aiutarti a diffondere il tuo messaggio.Ciao ezechiele200211 marzo 2003 00:07

Grazie della visita e soprattutto del contributo a Gagarin. Aspetto con gioia il tuo link. ed ogni tanto torna a farci sapere come va.


per Angelo della neve:


Anche a te grazie ! Comincia a far venire il tuo ragazzo a dare un' occhiata a questo blog. Si incavolera' con te, pero' tu insisti. Se comincia a guardarsi qualche link e' fatta.

Provaci.

E anche tu, linkaci sul tuo blog.

A presto


anonimo21 settembre 2004 12:04

nn vorrei smettere mai


MAR 11


Stamane ho trovato un bel post sulla versione in Inglese di questo sito, da parte di Michael Paul , che ci ha scritto da Arcata, California. Trovate domande e mie risposte su " A life in smoke" Il punto di Michael Paul e' : ma fumare marijuana fa male come il tabacco ? Secondo me si. Voi che ne pensate ?

Postato 11th March 2003 da Ezechiele


MAR 12


Tratto da GEA NEWS di Marzo 2003:

Film e Moda verso il 31 maggio

Ginevra (Reuters) – "Hollywood e l'industria della moda devono smetterla di rendere attraente chi fuma". E' la dichiarazione dell'Organizzazione Mondiale della Sanita'. "Bisogna spingere le industrie a non essere più usate come veicoli di morte e malattie". L'ONU, che sta cercando di creare un trattato anti-tabacco, ha inoltrato una richiesta all'industria cinematografica di evitare di presentare il Fumo sotto una luce favorevole e hanno chiesto all'industria della moda di non usare le sigarette come un accessorio di moda. "I minori di 17 anni non dovrebbero guardare film dove qualcuno fuma, le marche di sigarette non dovrebbero essere identificate sullo schermo, e i cinema dovrebbero far passare molta pubblicità anti-tabacco", e' precisato in una nota dell'OMS. "Se un prodotto del tabacco sembra "macho" o femminile, sofisticato o rozzo, sexy o sportivo, è dovuto al marketing che lo circonda. I due contesti migliori su cui costruire queste immagini sono televisione e moda! Il mondo dello spettacolo e della moda non può essere accusato di provocare decessi dovuti al cancro. Ma allo stesso tempo non devono promuovere un prodotto che lo fa". Un sondaggio sull'industria cinematografica indiana ha dimostrato che su 400 film recenti, 320 contenevano una qualche forma di atto-fumo, presentati come una cosa buona e giusta da fare. In India, circa 15 milioni di persone vedono film Indiani tutti i giorni. Gli operatori della salute pubblica stimano che ogni anno i decessi da Fumo nel mondo sarebbero cinque milioni, quantita' che potrebbe raddoppiare nei prossimi 20 anni. Ci si aspetta che il 70% delle future vittime verranno da paesi in via di sviluppo.

Per saperne di piu':

http://www.reutershealth.com/archive/2003/02/18/eline/links/20030218elin034.html

Postato 12th March 2003 da Ezechiele

MAR 13

Posto qui di seguito lo scambio di e-mail avuto tra ieri ed oggi con Graziano grazianodi@tiscali.it ; l' ordine temporale e' quello inverso, come e' tipico dei blog. ABBIAMO UN NUOVO TENTATIVO DI SMETTERE !!! Diamo a Graziano tutto il nostro sostegno ! ( percio' ho inserito la sua e-mail !)

certo che puoi pubblicarla!

ti ringrazio per la tua tempestiva risposta,mi rendo conto che quello che dici ha un grande impatto su di me,anche se sara' dura in questo sito avro' tutto l'appoggio necessario per iniziare la mia lotta!

i miei cari mi sono vicini,tanto per cominciare non inizio domani mattina,ma adesso.questa sera non ho comprato le sigarette. ti scrivero' spesso,cosi' saro' motivato ancora di piu',non sara' necessario che tu mi risponda,perche'so' che sarai contento dei miei progressi. un abbraccio

graziano

Caro Graziano

ti ringrazio per avermi scritto. Vorrei il tuo permesso a pubblicare la tua e-mail. Se vai al mio mese di Dicembre, ai primi posts di questo blog, ti rendi conto di come anche io ho iniziato a fumare, di come avbbia continuato per decine d' anni semplicemente per abitudine o perche' ritenevo che fumare mi rendesse piu' ben accetto agli altri. E ti rendi conto di come io abbia smesso di colpo, da un giorno all' altro, semplicemente quando ho VERAMENTE CAPITO CHE DI FUMO SI MUORE. La morte di mio padre mi ha aperto gli occhi, ed ho solo allora cominciato a documentarmi ed a leggere ed a raccogliere links. E piu' andavo avanti piu' mi rafforzavo nella mia decisione di non ricaderci mai piu'. Piu' mi chiedevo: ma perche' ho fumato per tanti anni ? Per questo ho fatto questo Blog: per mettere a disposizione di persone come te una raccolta la piu' completa possibile di documenti ed informazioni sul problema del fumo. Per aiutarli a smettere. Se vuoi il mio consiglio: semplicemente SMETTI ! Spargi per casa pacchetti di sigarette aperti, per abituarti a resistere alla tentazione, fai molto sport per evitare di metter su qualche chilo, respira a pieni polmoni, convinciti che senza la sigaretta sei MEGLIO DEGLI ALTRI, quando puoi leggi sul mio blog le storie degli altri che hanno smesso. Tienimi informato e torna spesso a trovarmi

Eze


MAR 14


Oggi Graziano mi scrive:


" sono passate gia' 24 ore dalla mia decisione di non fumare! ho resistito vado alla grande,un premio speciale alla mia ragazza che mi sta' sopportando(sono un po' scontroso)! comunque voglio ringraziarti per aver creato questo sito! oggi mi hanno scritto tante persone proprio non me l'aspettavo, mi hanno raccontato le loro odissee e le varie fasi della loro vita, da fumatori a non fumatori! comunque io continuero' a scriverti, per farti sapere i miei progressi. ti scrivero' perche' mi da una grande motivazione il fatto che una persona sconosciuta fino a ieri si preoccupa per me! un abbraccio!! "


Grazie a tutti voi che gli siete stati vicini in queste prime ore, che sono le piu' difficili. Alcuni mi hanno inviato copia delle e-mail che hanno inviato a Graziano. Continuate a farlo ; vorrei seguire da vicino l' evolversi della situazione.


Postato 14th March 2003 da Ezechiele


1 Commenti :


anonimo1 marzo 2004 04:48

Sono ormai 25 anni che fumo e proprio non riesco a smettere.

Qualcuno può darmi dei consigli utili?

Accetto consigli solo da veri ex-fumatori incalliti e non da fumatori da 4/5 sigarette al giorno.

Non voglio consigli nemmeno da chi ha smesso per motivi si salute, perchè al momento io non ne ho e la paura delle conseguenze non ha effetto su di me.

Vorrei testimonianze di persone che hanno deciso di dire basta senza motivi particolari, ma solo perchè lo volevano.

MAR 15

L'ho ascoltata alla radio e non fin dall' inizio.

A New York con una nuova legge antifumo è proibito fumare in tutti i locali : bar, ristoranti e perfino discoteche! E niente sale per fumare a parte.

Hanno istituito il Poliziotto del Mozzicone che darà multe di 2000$ a chi trasgredirà.

I gestori dei locali, preoccupati per l'eventuale calo dei clienti, chiedono ai clienti 2$ come fondo cassa per aiutare a pagare la multa.

Postato 15th March 2003 da Ezechiele


1 Commenti :


gagarin15 marzo 2003 13:13

finalmente ti ho linkato.ciao e grazie


MAR 16


Date un' occhiata al post di oggi di Gagarin, su http://gagarin61.splinder.it/ .C'e' una bellissima descrizione di cosa e' un Blog, e, tra l' altro, ci cita.

Postato 16th March 2003 da Ezechiele


MAR 16


Ultime novita' dal fronte Graziano !!. Ho ricevuto ieri :

" ciao eze!!!

va alla grande!! ieri e oggi sono stato con la mia ragazza in

giro per la citta' di napoli a trovare un regalo da fare alla nostra piu'

cara amica!

non ti nascondo che ieri sera in pizzeria ho avuto una crisi bruttissima(davo

le testate nel muro!!scherzo!!!)pero' la mia ragazza mi ha tenuto forte

la mano per tutta la sera!!!

comunqe grazie!!mi sento molto meglio!!!

un abbraccio!!!!!! "


Avete visto, scettici ? Ce la si puo' fare ! Basta volerlo, e decidere di dirlo a tutti. Poi diventa una scommessa con se stessi e con gli altri. Non ci si puo' piu' sputtanare con tutti quelli che hanno creduto in te !!!


Postato 16th March 2003 da Ezechiele


MAR 18


Ricevo e posto con piacere :


" Domani è la festa del papà e vorrei mandare un pensiero a mio padre e al tuo che non sono più con noi.

Invece per tutti i papà che fumano voglio dire: se per i vostri figli sareste disposti a buttarvi nel fuoco, come a volte si dice, perché non siete disposti a spegnere quello di una sigaretta?

Da un indagine è risultato che i bambini che vivono in un ambiente viziato dal fumo hanno la pressione arteriosa più alta del normale dovuta alla cotinina prodotta dalla nicotina. Inoltre, questi bambini, tendono ad avere più carie nei denti da latte.

A me sembra che questi siano già due ottimi moivi per smettere di fumare! "

Postato 18th March 2003 da Ezechiele


2 Commenti :


gagarin18 marzo 2003 15:50

Ieri sono stai 6 mesi senza sigarette, voglia per il momento non c'e'.Tengo duro, voglio assolutamente che sia definitivo questo atteggiamento. Ciao


anonimo21 settembre 2004 12:02

sn cresciuto con padre e madre fumatori e sn più sano di gente che ha i genitori che nn fumano.tutto quello che dici è statisticamente dimostrato ma nn scientificamente. volendo con la statistica si possono manipolare i risultati, volendo si potrebbe anke dimostrare che il pane provoca il cancro. rifletti. ciao

**Oggi e' il 19 Marzo: FESTA DEL PAPA'**

**Un pensiero ed un augurio a tutti i papa' del mondo, e, prima di tutti gli altri, al mio .**

**Oggi e' anche San Giuseppe.**

**Il mio Papa' si chiamava Giuseppe.**

**Di nuovo : Tanti AUGURI, Papa' !!!**

Postato 19th March 2003 da Ezechiele

2 Commenti :

unodeimolti19 marzo 2003 05:11

Se mi permetti vorrei associarmi, mio padre è morto il primo di dicembre del 2002, magari i nostri auguri si tengono compagnia visto che vanno nello stesso posto...

ezechiele200219 marzo 2003 07:03

Certamente, unodeimolti, sei il benvenuto !

Dammi una mano a diffondere questa nuova moda : NON FUMARE E' BELLO !!!

So che puoi.

E linkami

Grazie

Eze

"Non esiste nella storia dell'umanità prodotto fabbricato legalmente che abbia ucciso quanto le sigarette"

dal libro LA GIURIA di John Grisham. Da leggere!

Questa è un' altra cosa che mi viene in mente in risposta a Jules in A LIFE IN SMOKE.

A proposito, ogni tanto date un occhio anche alla versione in Inglese. Vi ricordo che da qualche giorno i due Blog hanno vite parallele ma separate. E, stranamente, da quando li ho separati hanno cominciato ad arrivare visitatori e commenti anche su quello in Inglese.

Postato 19th March 2003 da Ezechiele

1 Commenti :

mc_kallo19 marzo 2003 03:06

Ero al parco con mio figlio e mentre aspettavo finisse di fare il suo giro sulle automobiline ho ascoltato il dialogo tra due mamme di cui una ancora in gravidanza "......certo che mettere al mondo dei figli oggi senza sapere che futuro possiamo garantirgli è triste" "lo so d'altronde cosa possiamo fare noi, è la società che è malata, finchè c'è in giro gente che pensa solo ai cazzi suoi non possiamo che peggiorare" "mha!....hai ragione, mi offri una sigaretta che le ho finite?" .....la giornata è lunga ma non così tanto.

MAR 19

Ricevo e posto per voi :

" L'ho sentita alla radio mentre venivo in ufficio. RADIO 101.

Il DIPARTIMENTO DI GIUSTIZIA AMERICANO sta decidendo di far pagare una multa di 300 miliardi di dollari alle multinazionali del tabacco per aver messo nelle sigarette più nicotina di quella dichiarata fin dal 1954.

Questo per indurre dipendenza soprattutto negli adolescenti.

Non si sa ancora a chi andranno i 300 miliardi. "

Postato 19th March 2003 da Ezechiele

Ricevo e posto :

"Qui di seguito ti mando una riflessione su un categoria che dovrebbe essere la prima a dare l'esempio: I medici .

Sabato sera ad una cena con amici ho visto fumare uno di loro. Primario cardiologo di un grande ospedale e persona stimata e conosciuta.

Non è il primo medico che vedo fumare: anche il primario cardiochirurgo che ha operato mia madre fumava, almeno fino a che non ha avuto un infarto e 4 by-pass; così il primario di un reparto traumatologico molto importante che addirittura ho visto affacciarsi alle camere con la sigaretta accesa in mano nonostante l'ovvio divieto.

E quanti medici raccomandano ai pazienti di non fumare e al tempo stesso hanno sulla scrivania sigarette o pipa?

Anche se fossero una minoranza, come spero, sarebbero sempre troppi perché, secondo me, la figura professionale del medico deve dare a tutti noi un esempio sia di correttezza che di coerenza per essere credibile.

Tornando al suddetto primario alla domanda che gli ho fatto: perché fumi? Mi ha risposto: perché tutti abbiamo delle dipendenze (me compresa naturalmente) che ci possono far male e che lui può anche stare tutto un giorno senza fumare se necessario ma a smettere non ci pensa proprio.

Cosa ne pensate di questa risposta?

E dei medici che fumano?

A questa cena eravamo in 16: due donne (totalmente irrecuperabili da questo punto di vista) e lui che fumavano: in cucina, con la finestra aperta, isolati e presi (bonariamente) in giro da qualcun altro che il fumo non lo può soffrire.

Mi è tornata in mente la frase "Ormai fumano solo le donne, i negri e i drogati", era forse un medico quello che l' ha detta? Tengo a sottolineare che i suddetti medici sono di razza bianca e di sesso maschile.

Aspetto risposte, meglio se da medici "

Postato 21st March 2003 da Ezechiele


1 Commenti :

anonimo22 settembre 2003 08:00

Ma che stupidaggine. Il medico DEVE consigliare di non fumare, ma non per questo, pur essendo consapevole dei rischi, deve smettere di fumare. Un conto è la sua professione e gli obblighi professionali, un conto è la sua vita privata. Così se mangia salato, se non fa sport, se ha un'amante. Non per questo non sarà un bravo medico...evitiamo queste confusioni grossolane.


MAR 21


Graziano ieri mi ha scritto :


" ciao eze!!mi sento gia' un non fumatore,sono passati gia sette giorni!!

non ti ho scritto perche' questi giorni sono stato sempre in giro con la

mia ragazza!

oggi mi scadono le ferie,stasera riparto per torino dove lavoro!

non so se avro' la possibilita ' di scriverti,pero' ogni tre settimane vengo

giu' e tu sarai il primo a cui scrivero' la mia e-mail!!

la mia ragazza dice che tu hai una forte personalita',e lo penso anch'io!!!

grazie di tutto!!grazie a tutti!!

ho imparato a controllare la mia volonta',e ti assicuro che ti rende una

persona diversa!!!

un abbraccio . . Graziano. ."

Postato 21st March 2003 da Ezechiele


1 Commenti :


gagarin23 marzo 2003 14:15

Ciao Eze tutto ok vedo ,la tua missione procede benissimo. Ciao


MAR 24

Tratto da GEA NEWS di Marzo 2003


No-Smoking Cafe'. Istruzioni per l'uso

I non fumatori italiani ormai si danno gioioso appuntamento in questo no-smoking cafe'. Il forum e' raggiungibile con questo indirizzo: http://it.groups.yahoo.com/group/non-fumatori

Eventualmente anche con: http://groups.yahoo.com/group/non-fumatori,

o con http://it.egroups.com/group/non-fumatori

PER ISCRIVERTI invia una email vuota a: non-fumatori-subscribe@eGroups.com

PER CANCELLARTI invia una email vuota a: non-fumatori-unsubscribe@eGroups.com

PER SCRIVERE ALLA LISTA (una volta iscritti): non-fumatori@yahoogroups.com

PER REINSERIRTI: non-fumatori-subscribe@eGroups.com

Postato 24th March 2003 da Ezechiele


MAR 24


Mi sono appena registrato sul sito della FIT come Rivendita di Tabacchi : finche' se ne accorgono entrero' ogni tanto e vi raccontero' cosa trovo.Un primo illuminante esempio di BUONA FEDE NELLA PUBBLICITA' lo si puo' leggere nell' articolo che posto qui di seguito.
"

21/03/03 | Donne non smettono per non ingrassare

Meglio schiave del fumo che con la taglia 44. Le donne fumatrici  preferiscono non smettere di  fumare per paura di ingrassare. Non solo, molte ritengono addirittura che fumare faccia dimagrire. Comunque, tra chi cerca di smettere quello delle calorie in eccesso diventa spesso un incubo tanto che, secondo un esperto su tre, nell'arco di sei mesi la maggior parte delle ex fumatrici ritorna al tabacco proprio per paura dei chili di troppo. E per smettere il momento più propizio è quando si attraversa un periodo positivo.

L'allarme emerge da uno studio dalla rivista Dimagrire condotto su 78 esperti tra psicologi, dietologi e alimentaristi, che hanno sezionato le abitudini alimentari delle italiane e il loro rapporto con il fumo. "Purtroppo regna una situazione di grande ignoranza attorno al rapporto tra eliminazione del fumo e accumulo di peso , spiega lo psicoterapeuta Vittorio Caprioglio" La via d'uscita? Smettere di fumare scegliendo il momento giusto, quando arrivano le gratificazioni sul lavoro o quando ci si innamora".

Intanto: perchè si fuma o si ricomincia a fumare? Qui c'è il primo dato sorprendente, che sottolinea i pregiudizi degli italiani relativamente al rapporto fumo/dimagrimento. Se è vero che per il 31% degli esperti il primo motivo e' il desiderio di superare le proprie ansie, ben uno su quattro (24%) dichiara che le donne si avvicinano alle sigarette perche' vogliono dimagrire. Il 21% dichiara che la ragione per cui si comincerebbero a fumare è il controllo del nervosismo che la sigaretta comporterebbe. Mentre per un esperto su dieci e' il vivere in un contesto familiare þ sociale caratterizzato dal fumo che spingerebbe a fumare (10%), l'8% ritiene che ci si avvicini alla sigaretta principalmente per emulazione.

Abbuffate e vita sedentaria: ecco come reagiscono le italiane, quando smettono di fumare. Le conseguenze? Nervosismo e scatti d'ira. Quale la reazione delle pazienti, una volta abbandonata la sigaretta? Si passa allo snack. Perche' questo atteggiamento? Perche', una volta smesso di fumare, per tamponare la mancanza delle sigarette, iniziano a seguire abitudini alimentari scorrette. Infatti per il 30%, le donne tendono a mangiare di piu'. Smettere di fumare significa buttarsi sul cibo, che diventa il rimedio per superare ansie e paure, prima combattute con il ricorso al tabacco. Per il 23% invece le pazienti passano piu' tempo in casa.

L'11% degli intervistati, chi hanno smesso di fumare trascorre le ore a guardare la televisione e dorme di piu' (9%). Le ricadute della perdita del vizio sono ben visibili soprattutto sotto il profilo emotivo: senza sigaretta (e sotto la spinta del sacrificio d'aver smesso) il carattere tende a peggiorare: nervosismo (15%) e propri scatti d'ira (7%) sono all'ordine del giorno. Dai superalcolici ad un'alimentazione ricca di grassi, dai dolci alle caramelle: questi i principali surrogati della sigaretta. E il timore e' di ingrassare anche di quattro chili in un anno. E le conseguenze si vedono anche nel lungo periodo. Per il 19% degli intervistati si accumulano dai due ai quattro chili. Pochi gli ottimisti: quelli per cui si ingrassa meno di un chilo o non si ingrassa affatto (21% in totale).

Quali possono essere le vie d'uscita per superare la paura di ingrassare? Più tempo con gli amici e più amore per se stessi. "

Postato 24th March 2003 da Ezechiele


1 Commenti :


Tuareg24 marzo 2003 15:05

complimenti per il blog molto bello e intelligente. ti linko sul mio, che ti invito a visitare, il tema è quello dei diritti umani, ciao


MAR 25

Dal libro "LA GIURIA" di John Grisham.

Cap. 16

"la nicotina in sé non è cancerogena, questo lo sappiamo, è solo un veleno, un veleno che dà dipendenza, cosicché le sostanze cancerogene hanno tutto il tempo di agire. Ecco perché le sigarette sono intrinsecamente pericolose"

Postato 25th March 2003 da Ezechiele


MAR 25


Da CITY MILANO del 25-03-03

"ERBA" in gravidanza bambino smemorato.

Una ricerca recente ha dimostrato che se la mamma fuma marjiuana durante la gravidanza il bambino rischia di nascere con una memoria più debole e seri problemi di apprendimento. L'indagine, condotta su ratti, ha dimostrato che la marjiuana agisce direttamente sull'ippocampo, tra le stutture del cervello che controllano la memoria.

Postato 25th March 2003 da Ezechiele


1 Commenti :

anonimo15 dicembre 2004 14:29

sulla marjiuana c'è un sacco di disinformazione e si sparano cazzate allegramente...


MAR 26

Dal libro "LA GIURIA" di John Grisham.

Cap. 18

"Bunch aveva conosciuto la fama dieci anni prima quando, come presidente del Servizio sanitario pubblico, aveva duramente criticato l'industria del tabacco. Nei sei anni in cui era rimasto in carica aveva avviato innumerevoli ricerche, condotto attacchi frontali, tenuto mille conferenze contro il fumo, scritto tre libri sull'argomento ed esercitato pressioni sugli enti di controllo perché rendessero le loro normative più severe.

Le sue vittorie erano state poche e saltuarie. Concluso il suo mandato, aveva perseverato nella sua crociata avvalendosi di un talento comunicativo naturale.

Era un uomo a cui non facevano difetto le opinioni ed era ansioso di farle conoscere alla giuria. Le prove erano inconfutabili: le sigarette provocano il cancro al polmone. Non c'era un solo professionista nel campo della medicina che, occupandosi dell'argomento, non avesse concluso che il fumo delle sigarette provoca il cancro al polmone.

Le sole organizzazioni che esprimevano opinioni contrarie erano quelle costituite di produttori stessi e dai portavoce che loro stessi pagavano, lobby parlamentari e affini.

Le sigarette danno dipendenza. Basta chiedere a qualunque fumatore abbia cercato di smettere. L'industria sostiene che il fumo è questione di libera scelta. "classiche menzogne dei produttori di tabacco" dichiarò con disgusto. Nei sei anni in cui era stato a capo del Servizio sanitario pubblico aveva disposto tre ricerche diverse, ciascuna delle quali aveva dimostrato che le sigarette inducono dipendenza.

Le compagnie produttrici di tabacco spendono miliardi per ingannare l'opinione pubblica. Svolgono analisi dalle quali si vorrebbe trarre la prova che il fumo è praticamente innocuo. Solo in pubblicità investono due miliardi di dollari, poi sostengono che le persone sono adeguatamente informate quando scelgono se fumare o meno. E' semplicemente falso. La gente, specialmente gli adolescenti, ricevono segnali contraddittori. Sembra che fumare sia divertente, dia tono, faccia persino bene alla salute.

Spendono capitali in ogni genere di ricerche miranti a dimostrare ciò che asseriscono. L' industria del tabacco nel suo insieme si è guadagnata una triste fama per la sua abilità a mentire.

Da uno studio da lui condotto risultava che le sigarette contengono pesticidi e residui di insetticidi, fibre di amianto, sostanze non meglio identificate ma che si possono tranquillamente raccogliere sotto la definizione di sporcizia. E i produttrici, se da una parte non badano a spese per la pubblicità, non investono un dollaro per eliminare dal tabacco questi residui velenosi.

Un altro suo studio smascherava le tecniche pubblicitarie con cui le case produttrici di tabacco circuivano i giovani, attirando le fasce dei consumatori più poveri, commercializzando marche diverse a seconda del sesso e del ceto sociale."

Postato 26th March 2003 da Ezechiele


MAR 27


Tratto dal sito della FIT:

17/03/03 | Un Annuncio Terrorizzante

Siamo ormai abituati alle battute del nostro Presidente del Consiglio on. Silvio Berlusconi. Ne ha fatte su tutti gli argomenti, provocando commenti di diverso tipo: quanto è comunicatore commentano i suoi sostenitori mentre gli avversari trinciano giudizi non ripetibili.

A noi le persone con il gusto dell'humor sono sempre piaciute. D'accordo i problemi sono sempre gravi, tuttavia prenderli in esame con una certa leggerezza aiuta a risolverli, e se non si può, almeno a sopravvivere.

Non abbiamo però molto apprezzato quando nel corso della giornata oncologica nazionale per la prevenzione "dopo aver ricordato che la lotta contro i tumori passa anche attraverso la riduzione del fumo ha proseguito:... magari faremo pagare di più le sigarette... è un annuncio terrorizzante e in realtà vuole esserlo".

Purtroppo signor Presidente di questi tempi abbiamo molti altri motivi di terrorizzarci, se ci permette anche a noi la battuta, guardando all'ONU, alla NATO o più semplicemente alla patria delle mille ed una notte.

Con buona pace del Ministro prof. Sirchia, certi veleni che assumiamo quotidianamente per libera scelta, potrebbero non fare in tempo a farci del male.

Torniamo al terrore (nostro? dei fumatori?). Venti centesimi di euro sono un aumento pesante, ma la finanziaria ci ha messo davanti un salvadanaio vuoto ed ha fissato una cifra da raccogliere entro il mese di aprile. Il settore responsabilmente sta contribuendo perché non vuole l'aumento delle tasse sulle sigarette che costituisce l'ipotesi alternativa prevista dalla legge.

Venti centesimi di euro è un aumento sostenibile che potrà aiutare qualcuno a limitare i consumi ma che non avrà affetti dirompenti sul mercato.


Per quello che riguarda la lotta al fumo non si può invece condurre con le tariffe di vendita.

Oggi dopo le campagne svolte su tutti i giornali ed i mezzi televisivi chi fuma è ben consapevole che la sua abitudine non giova alla salute.

Lo ripete il tam-tam delle notizie nel suo cervello ed ogni volta che sfila una sigaretta dal pacchetto viene nuovamente ammonito dalle scritte dissuasive.

Comunque (e qui potrebbe esserci motivo di terrore) non può essere il prezzo ad obbligarlo a smettere.

Contro le tasse ingiuste si potrebbe suscitare nuovamente l'effetto contrabbando, come attualmente avviene in Inghilterra.

Contentiamoci allora che lo Stato attinga mezzi ancora più cospicui dalla tassazione delle sigarette ma trattiamo da adulte le persone adulte. Io Stato ti ricordo che fumare ti fa male, te lo vieto persino in determinate circostanze in nome del cosiddetto fumo passivo, ma poiché sei adulto e maggiorenne lascio che ti comporti poi come credi.

Altro è invece il problema del fumo dei minori che vorremmo contribuire ad eliminare.

Sig. Ministro Sirchia, perché non ascolta anche la nostra voce? Siamo un'associazione democratica di una categoria di padri di famiglia. Possiamo dare qualche indicazione che potrebbe rivelarsi preziosa.

Se invece non si ha il coraggio ed il buon senso di ascoltare gli operatori del settore, allora questo sarebbe il segno di una grave involuzione e forse potremmo cominciare a provare quel "terrore" di cui si parlava, ma sul serio e non per celia, Presidente Berlusconi.

Postato 27th March 2003 da Ezechiele


MAR 28

Un anonimo visitatore mi ha scritto :

" Vorrei parlare di mio padre.

Forse il fumo è una scusa, ma questo blog, che nasce da un lutto e dal pensiero che di fumo si può morire, mi fa venire in mente quanto fosse sempre stato contrario, mio padre, al fumo.

Era contrario a causa di suo padre che fumava il sigaro toscano anche quando mangiava e questo aveva prodotto, in mio padre, una tale avversione, che a volte, nel giudicare le persone dava più importanza al fatto che fumassero o no prima di altre cose. Specialmente se erano donne, in questo caso era veramente intollerante.

Mai si sarebbe accostato ad una donna che aveva una sigaretta in mano.

Nonostante il fatto che mio nonno fosse molto amato dalla sua famiglia, il suo vizio dava evidentemente molto fastidio ai suoi, costretti come erano a vivere in un ambiente costantemente saturo di fumo. E per giunta di fumo di sigaro toscano.



A volte penso che questo fastidio provato da mio padre sia stato talmente forte da essersi fissato nel nostro DNA visto che , dopo mio nonno, nessuno della mia famiglia ha più fumato."

Questa e-mail mi pare emblematica come prova di quanto sia importante sui figli l' esempio dei genitori ed in generale il loro comportamento. Anche nella mia famiglia, 3 figli di cui due maschi, ambedue i maschi hanno cominciato a fumare attorno ai sedici anni ed hanno continuato per tutta la vita ( per poi smettere, di propria iniziativa, mio fratello dieci anni fa ed io cinque mesi fa). L' importante, indubbiamente, e' stato l' esempio di papa'.

Postato 28th March 2003 da Ezechiele


1 Commenti :


anonimo21 settembre 2004 11:55

ci sono mali + grandi del fumo, che non è affatto un male. preferisco un padre fumatore che mi dia esempio su cose + importanti del fumo.


MAR 29

Tratto da GEA NEWS di Marzo 2003

Segnalazioni

di ROBERTO CAVION La Voce del Tabaccaio. Dichiarate 48.000 copie, organo ufficiale della Federazione Italiana Tabaccai, nel numero 1 del 6 gennaio 2003, a pagina 86, c'è una rubrica che si chiama "pensieri in fumo". Ecco cosa scrive:

Le probabilità di morire per il morso di una vipera sono quasi inesistenti, mentre i rischi di fare un incidente stradale sono altissimi. Eppure, centinaia di migliaia di famiglie comprano ogni anno il siero antivipera in farmacia, mentre milioni di persone celebrano spensieratamente in auto ogni santo week-end. Analogamente il paradosso nel campo del fumo, che è certamente tra i responsabili del tumore al polmone. Nel 30% dei casi, si dice. E del restante 70%, chi è responsabile? Se è davvero lo smog, insieme alle campagne contro il fumo, non bisognerebbe almeno - applicando la par condicio - scrivere sulle automobili e sui Tir: l'uso di questo veicolo nuoce gravemente alla salute?" Il 30% dei tumori sarebbe causato dal fumo; una persona adulta su tre fuma; l'incidenza del cancro è statisticamente identica tra fumatori e non fumatori. Se avete voglia. tempo e pazienza, provate a capire come possano conciliarsi queste cose tra di loro...

COMMENTO: Le opinioni sono tutte da rispettare, anche quella dei tabaccai, ma quando si pubblicano dei falsi scientifici, bisogna che gli autori siano chiamati a rispondere e a riparare. Possiamo fare qualcosa?

(Il dott.Cavion organizza i corsi per smettere di fumare per conto dell'ULSS 6 di Vicenza).

Postato 29th March 2003 da Ezechiele


MAR 31

Aggiornamento dal fronte : GUERRA AL FUMO.

Stefano ci scrive :

" Ciao Eze,

grazie per la tua e-mail e del tuo impegno, terrò presente. Inutile dire

quanto sono contro questa guerra schifosa.

50 giorni senza fumare!!

Sto tenendo duro, quando vado in crisi visito il tuo blog e questo mi dà aiuto a non riprendere a fumare. Vedo il mio nome

e non posso deluderti!

Grazie a te, grazie a tutti ancora. "


La mia risposta a Stefano e' stata:

" Stefano, grazie per le tue parole.

Resisti.

Sei postato al 50% sui due blogs.

Tienimi informato sul fumo. Se puo' consolarti, dopo 5 mesi senza fumo, a me viene

ancora voglia di accendere la pipa almeno una volta al giorno. Pero' resisto.Per l' impegno preso di fronte a tutte le persone che mi leggono. ..Facciamo cosi': se hai tempo mandami una e-mail ogni 7-10 giorni, con la

descrizione dei tuoi progressi- situazioni - problemi - tentazioni -

ricadute- etc etc. E sappi che le postero' !!!

Eze "

Postato 31st March 2003 da Ezechiele


APR 1


Oggi voglio ricordare con voi qualcosa degli ultimi giorni di Papa'. Come monito a tutti di come ci si riduce quando si arriva agli ultimi giorni di vita.

Ero da 15 giorni con Papa' quando un giorno mi accorsi che erano finiti i contanti e che bisognava andare in banca per cambiare un assegno. Preparai allora un assegno e lo portai a papa' per farglielo firmare. Solo allora mi accorsi che ormai la malattia lo aveva prostrato a tal punto che non solo non era piu' in grado di firmare l' assegno, ma neanche di tenere la penna in mano.

A lui dissi : " non preoccuparti, ora sei un po' stanco. Riproviamo domani ! " Poi , di nascosto, ho imitato la sua firma sull' assegno e l'ho portato in banca.

Qui il direttore, uno nuovo, appena arrivato, si mette a confrontare la firma con quella sullo specimen : date le differenze, si rifiuta di pagare l' assegno. Io spiego che le differenze sono dovute alla malattia, che rende tremante la mano di papa' e chiedo che venga mandato un funzionario a casa per raccogliere una procura di papa' a mio nome.

Tornato a casa ho dovuto preavvertire papa' di quello che stava per accadere, e gli ho dovuto raccontare di come avevo contraffatto l' assegno. Ci ha pensato su per un po', e poi mi ha detto: " Hai commesso un' azione disonesta, pero' capisco che l' hai fatto a fin di bene. Non preoccuparti, quando arriva il funzionario gli diro' che quell' assegno l' avevo firmato io ma che mi tremava la mano "

Tutto ando bene. Tranne che , per fargli firmare la procura, dovetti , su consiglio del funzionario di banca, guidargli la mano con la mia.

Ciao, Papa'. Ti voglio bene.

Postato 1st April 2003 da Ezechiele


1 Commenti :


kapo1 aprile 2003 02:56

mio padre fuma da quando ha 12 hanni. ora ne ha 55 e una salute sicuramente non ottima. io provo rabbia nei confronti di un egoismo che prima o poi porterà a lasciare sola mia madre. vorrei imporre la mia volontà: prenotargli le visite periodiche di controllo, mandarlo in una istituto a disintossicarsi (xkè stiamo parlando di una vera droga, non raccontiamoci kazzate) ... ... finisco solo con il litigarci. Mia madre, nonostante da 27 anni la senta brontolare sui mali del fumo e sui riski per la salute, come una cicala "infastidire" mio padre ... ... tuttavia non s'è mai imposta.


APR 2

Ho appena ricevuto da Stefano:

" grazie per avermi postato e per la fiducia che spero di meritare.

Ti darò notizie come mi chiedi, ho appena scoperto che mi da fastidio il fumo passivo,

prima non ci facevo caso, mi è sembrata una cosa strana però ho capito cosa

vuol dire quando uno ti fuma in faccia.

di nuovo auguri e saluti

Stefano "

Postato 2nd April 2003 da Ezechiele


APR 4

Un altro ricordo degli ultimi giorni di papa':

Dopo un mese di letto, erano cominciate le prime piaghe da decubito. Per cercare di alleviare la sofferenza gli avevo comprato in farmacia una classica ciambella di gomma, che papa' regolarmente portava con se' nei suoi spostamenti tra letto, poltrona davanti al televisore e sedia a tavola per i pasti.

La ciambella pero' gli dava dei problemi ogni volta che doveva sistemarsela. Un giorno non riusciva a trovare pace: continuava a spostarsela da un punto all' altro, a voltarsi e rivoltarsi nel letto. Finche' decise, non ricordo come, che quel giorno la posizione della ciambella era attorno alla testa, stile aureola di santi.

Cosi', quando io e la sua governante rientrammo in camera da letto e lo trovammo semi seduto, con questa enorme aureola di gomma rosa attorno al capo, non potemmo fare a meno di scoppiare a ridere. Capendo la situazione, anche papa' scoppio' a ridere, fino a farsi venire le lagrime agli occhi.

Poi, di colpo, smise di ridere, si tolse la ciambella dal capo e disse :" Non si ride sulla morte. La morte e' una cosa seria " .

Sentiva che stava arrivando ! Eccome se lo sentiva !

Ciao, Papa'. Ti voglio bene.

Postato 4th April 2003 da Ezechiele


APR 4


Come commento al post di stamattina, ricevo e posto :

" Anche mio padre "sentiva" che si avvicina la fine. Stava bene, guidava

la macchina, andava in bicicletta e aveva solo un po' di difficoltà a respirare.

Cosa del tutto naturale a 86 anni.

Un giorno mi disse: quando sarà il momento prego Dio che mi dia tre giorni di tempo.

Io al momento non capii: perché tre giorni, se deve succedere meglio così, senza accorgersene, magari nel sonno. Lui non rispose, ma evidentemente aveva i suoi motivi.

Un mese più tardi ebbe un infarto e fu ricoverato per la prima volta in vita sua in ospedale.

Morì esattamente dopo tre giorni. Dopo aver avuto il tempo di vedere e parlare con tutte le persone che contavano

nella sua vita. Dopo che io e mio fratello avevamo avuto la possibilità di dirgli che gli

volevamo bene e di dargli il nostro affetto per tre giorni consecutivi senza lasciarlo mai solo, nonostante fosse in terapia intensiva.

Credo che certe preghiere arrivino davvero e non per salvarci la vita ma per salvare l' amore che c'è in noi e che lasciamo a chi rimane.

So che tuo padre ti manca ma credo che lui ti sia molto vicino. "

Postato 4th April 2003 da Ezechiele


APR 5

Tratto da Gea News di Aprile :

" Guerra e Pace

## di GIACOMO MANGIARACINA

"VEDERE la morte degli altri per capire cosa è la vita". Cosi' comincia la nota di Giorgio Bocca su Repubblica del 22 marzo scorso (leggi l'articolo) e centra bene uno degli aspetti psicopatologici della vita quotidiana, il rapporto inquietante e irrisolto tra l'uomo e la morte. Perche' questo e' il punto nevralgico tutto nostro, umano, sapere che si muore e che la vita ha una durata. Un cane non lo sa. Quando arriva la sua ora se ne va senza drammi. La morte e' dunque per noi una realta' appresa, e' il mito di Siddartha che si ripete nel cuore di ogni bambino. Siddartha nasce in modo sublime, cammina da subito e parla, poi cade nel buio e nel silenzio. Cresce ignaro dell'esistenza del male, ma un brutto giorno drammaticamente lo scopre in tutta la sua crudezza. Qui comincia il cammino tortuoso, alla ricerca di soluzioni estreme, finche' la conoscenza approda al "giusto mezzo". Diviene dunque Budda, l'illuminato per eccellenza, a cui qualche miliardo di devoti al mondo si ispira. Sembra proprio che il "distacco" dalle cose terrene rappresenti una ricetta efficace per l'integrita' dell'anima. Chi lo sperimenta ci rimane. Ci hanno scommesso e ci scommettono in tanti su questo strumento di alienazione dalla sofferenza. Nella seconda meta' dell'Ottocento, sciamanismo e alchimia, religione e mistica, si dovettero confrontare col tecnicismo della psicoanalisi. La storia non e' cambiata e neppure l'uomo, che cerca soluzioni ai tormenti dell'anima, persino coi farmaci. Basta poco a scoprire il fragile mecccanismo, basta osservare la gente assiepata intorno a un incidente per la strada, o ad un corteo funebre, spettatori della sofferenza e della morte altrui. Inorriditi e confortati al tempo stesso dalla conferma di essere in vita. Che lo si voglia ammettere o no la morte e' protagonista assoluta della vita degli uomini, perche' e' in funzione di questa morte che viviamo, lottiamo e speriamo. La morte si puo' negare o combattere, con essa ci si puo' pure alleare o la si puo' sfidare, arrivare a sfiorarla per rimanerne indenni o forse addirittura immuni. Chi e' guarito da un cancro, o sopravvissuto ad una catastrofe, vede il mondo con altri occhi. Ma c'e' chi ne va alla ricerca, per una forma di sicurezza paradossale. Guerra e droghe hanno questo in comune. E mentre assistiamo ai feroci combattimenti degli utlimi giorni, di gente armata, che uccide "per pace e per giustizia", l'altra meta' del mondo, armata di drappi colorati, manifesta in altro modo il senso della pace, per pieta' o per paura. Grandi emozioni sconvolgono la terra. Ma al di la' delle retoriche e dei moralismi facili, questo scenario potra' mai insegnare al mondo il valore della vita? Quando gli americani fecero il loro ingresso come liberatori dell'Europa, a conclusione di due guerre mondiali, diffusero un oggetto che aveva tutte le caratteristiche di uno strumento di gioia e di liberta', la sigaretta. Nei campi di prigionia fu calumet della pace e moneta di scambio, al condannato a morte non la si negava, e le crocerossine la offrivano ai malati con le medicine. Mai il bene e il male furono cosi' confusi. Come la guerra e la pace."

Postato 5th April 2003 da Ezechiele

APR 7

Da Gea News di Aprile :

" La primavera del Nord

di SIMONA NICOLETTI

MILANO. Dal 7 aprile niente fumo negli uffici. Il divieto esteso non solo agli ambienti aperti al pubblico ma anche in tutti gli uffici e nelle cosiddette parti comuni. La Giunta ha infatti deliberato le nuove misure a tutela della salute dei dipendenti contro il fumo passivo. In tutti gli ambienti della amministrazione pubblica, per i trasgressori scattano le note sanzioni, da 25 a 250 euro che raddoppiano quando nello stesso ambiente vengono a trovarsi donne incinte, lattanti o bambini di età inferiore ai 12 anni(sanzioni approvate dalla Legge Finanziaria 2002). Unica eccezione è che il proprio ambiente di lavoro non sia "ufficio o luogo di lavoro chiuso". Milano risulta così essere uno dei primi grandi comuni ad adottare fermamente il provvedimento e da marzo, con la busta paga, verrà anche distribuito ai dipendenti un fascicolo informativo dedicato ai rischi derivanti dal fumo attivo e passivo.

TRIESTE. La Giunta del Friuli Venezia Giulia ha approvato gli accordi con i medici di famiglia, per una spesa complessiva di 13,8 milioni di euro, di cui 3,4 per la parte integrativa regionale. Con il documento si da' attuazione all'accordo collettivo nazionale, e vengono assegnati ai medici di medicina generale nuovi compiti nei campi della prevenzione e dell'assistenza. La Giunta ha cosi' approvato l'accordo che era stato raggiunto a Udine con le associazioni sindacali dei medici di famiglia. I medici attueranno tre progetti di prevenzione (screening del cervice uterina, vaccinazione antinfluenzale, campagna antifumo) e diventeranno figure di rifermento per i cosiddetti malati multiproblematici, che hanno cioe' bisogno di costanti interventi di tipo medico, infermieristico e socio-assistenziale. Con la stessa delibera e' stato approvato anche lo schema di atto costitutivo delle associazioni tra medici di famiglia, che prevedono anche l'accorpamento di piu' studi medici in una unica sede.

(Fonte: Adnk/Adnkronos Salute)


BOLOGNA. Una Bolognamaratona "Libera dal Fumo" tinta di glamour. Silvia Ceccon, miss universo in carica, con la sua disponibilità e simpatia ha ammaliato i maratoneti e gli organizzatori. Dopo essere intervenuta al consueto "pasta party" del sabato pre-maratona, alle 9.07 ha dato il via, con l'assessore allo sport Foschini, alla 2° Bolognamaratona, premiando i vincitori. Per coerenza e serietà, in tutti i passaggi ufficiali della Maratona (conferenze stampa, pasta-party e premiazione sul palco) non si è fumato. Anzi gli speaker, forse galvanizzati dalla presenza di Silvia Ceccon, durante tutta la gara hanno presentato il progetto Miss Universo Smoke-Free, hanno invitato a non fumare e a farsi controllare il monossido di carbonio al gazebo di "Smoke-Free Point" dell'ALIBERF, associazione Liberi dal Fumo, con frequenti interviste microfonate in tutto il Maratona Village. Insomma un successo. Gli organizzatori ora vorrebbero prenotare la Ceccon ed adottarla come prima miss universo smoke-free di Bolognamaratona. "

Postato 7th April 2003 da Ezechiele

APR 8

# NON CAPISCO

Proprio non capisco. E' dall' 1/4 che non trovo un commento su questo sito.

Eppure il contatore ( quello di Splinder ) continua a segnare 100- 130 visitatori al giorno. Possibile che nessuno abbia niente da dire sull' argomento "fumo" ?

Nella sua ultima visita Chiara mi dice di non preoccuparmi, che e' solo l' effetto della guerra in corso, che i blogs fanno cosi', che ogni tanto si fermano e dopo un po' ripartono, da soli.

Secondo me e' necessario che coloro che impegnano in una causa tanta parte della loro vita ( in questo caso me stesso ed i due o tre fedelissimi che con me stanno riempiendo queste pagine ) trovino ogni tanto un segno di vita e di apprezzamento che li motiva a continuare.

Mentre lo scrivo mi dico che questo segno io l' ho appena avuto, nei giorni scorsi, anche se non ci sono stati commenti.

Vi avevo chiesto una mano per restare tra i primi dieci in classifica: siete riusciti a far essere Una vita in fumo addirittura primo in classifica per qualche ora. E non solo questo blog, ma anche la versione in Inglese e perfino Sotto il tappeto sono entrati in classifica.

Voglio cogliere questa occasione per ringraziare tutti coloro che hanno votato per questo sito e per gli altri miei . Non ho ancora capito se il meccanismo di Top 100 accetta un voto al mese oppure un voto al giorno, come nella maggior parte dei casi. Facciamo cosi': chi lo ritiene giusto, torni a votarmi ogni tanto, anche se lo ha gia' fatto. E GRAZIE ANCORA A VOI TUTTI !!!

Forse ha ragione Chiara: i navigatori, in questi giorni difficili, sono semplicemente distratti dalla guerra.

Postato 8th April 2003 da Ezechiele


4 Commenti :


taikiki8 aprile 2003 03:03

io passo..ci sono. ma nn sono dell'umore per parlare.. :)


sifossifoco8 aprile 2003 03:04

va bene anch'io sono qui... ma mica sempre si vuole commentare


feather8 aprile 2003 03:16

Non penso che sia per la guerra.. Io leggendoti molto spesso rifletto e il più delle volte ste riflessioni fanno emergere le mie preoccupazioni con le quali devo convivere.. ma è bello leggerti, bello passare di qua. Di sicuro negli ultimi anni ho maturato l'idea che non riuscirei a stare con una ragazza che fuma.. non so tu come la vedi.. un abbraccio

ezechiele20028 aprile 2003 03:59

Grazie della visita e del commento, Michele. Hai ragione sulla ragazza che fuma: io ho chiuso ormai da quattro mesi ogni rapporto con una ragazza che vedevo regolarmente da anni, proprio perche' non riuscivo piu' a sopportare l' odore di fumo stantio che permeava sempre i suoi capelli ed i suoi abiti.

Ed ora questo e' diventato un passa/non passa importantissimo per individuare i possibili futuri rapporti: non deve assolutamente fumare !!

APR 9

Da Gea News di Aprile:

La guerra di Chirac

Un sunto del discorso del presidente Chirac per la settimana francese contro il Cancro.

Una grande mobilitazione nazionale deve essere promossa per rilanciare la lotta contro il Cancro, per la quale decido di impegnarmi personalmente. Dal momento che il Cancro interessa tutti noi, è importante prima di tutto diminuire drasticamente il Fumo. Sono più di 700.000 i nostri concittadini costantemente sottoposti a trattamenti antitumorali, e 300.000 sono i casi a cui viene diagnosticato un tumore ogni anno. Con 150.000 decessi l'anno il cancro è la primaria causa di mortalità per coloro che hanno un'età che va dai 65 anni in su. Il piano nazionale per la lotta contro il Cancro vuole recuperare in materia di prevenzione e diagnosi precoce, offrire maggiori servizi al malato e a coloro che l'assistono, e dare un impulso decisivo alla ricerca. Cominciamo dalla prevenzione e dalla diagnosi precoce, iniziando da piccoli gesti: non fumare, non fare abuso di alcol, non esporre i bambini al sole senza protezione, avere un'alimentazione equilibrata. La priorità assoluta diventa la guerra al tabacco. Il cancro ai polmoni e alle vie respiratorie sono dell'ordine di 30.000 morti per anno, legati direttamente al tabacco. Oggi una donna su quattro fuma. Il tumore ai polmoni è uno dei peggiori, ed il tasso di guarigione è basso. La lotta contro il tabacco ha l'assoluta priorità. Le industrie fanno di tutto per rendere più attraente il prodotto che minaccia fortemente la vita di ognuno di noi. Alla loro promozione senza limiti, dobbiamo opporci con determinazione senza mai abbassare la guardia così da dissuadere i giovani dal commercio del Fumo e indurre gli adulti a rinunciare. La legge Evin è stata applicata senza eccezione, specialmente nei locali pubblici. Ed è stata essenziale nel far rispettare il principio che nella scuola non si fuma. Per la lotta contro il tabacco nei giovani il Senato ha votato il divieto di vendita di sigarette a ragazzi inferiori ai 16 anni, dovrà inoltre agire fortemente sul prezzo così da scoraggiare a comprarle. La Francia insieme ad altri paesi europei rendera' omogeneo l'aspetto fiscale delle sigarette e rinforzera' la lotta al contrabbando. L'aumento del prezzo delle sigarette non è una manovra per far defluire più soldi nelle casse dello Stato, è uno strumento per ridurre il consumo delle stesse. Infine dovrà dare forza alla campagna di informazione sui danni causati dal tabacco.

Postato 9th April 2003 da Ezechiele

APR 10

Keyed up to stop smoking

Apr 8 2003

By The Huddersfield Daily Examiner

MORE than 850 Yorkshire people are attempting to give up smoking by using the NHS Together scheme.

The free programme involves text messaging and emailing to encourage the smoker to stick with the programme.

The smoker receives a preparation pack four to six weeks before their stop date.

They receive a preparation call a week before their stop date and, when requested, a countdown email to help build up to the big day.

Just before their stop date, the smoker will receive a survival pack with step-by-step support to help them through physical and psychological withdrawal symptoms.

During the first three months after giving up, people receive a series of good luck calls by phone and email, text messages and cards.

To join the Together programme free of charge, call the NHS Smoking Helpline on 0800 169 0169 or visitwww.givingupsmoking.co.uk

Postato 10th April 2003 da Ezechiele

1 Commenti :.

anonimo15 aprile 2003 17:27

Ottima iniziativa, penso possa aiutare anche da noi e un po' lo stiamo facendo su questo blog.

Alfredo

APR 11

Ciampi: "Il fumo fa male sempre e comunque"

10 Novembre 2002, Ciampi riguardo i mali del fumo ha detto"Naturalmente non posso esimermi di dire una parola anche per il tema della prevenzione, [...] E sotto questo profilo ricordo con piacere che proprio pochi giorni fa il Senato ha approvato una nuova normativa, un disegno di legge - che mi auguro completi presto il suo iter parlamentare - sul divieto di fumare nei pubblici locali. E quindi questo è già un fatto importante. Ma per quanto riguarda il fumo ciascuno di noi, anche nelle nostre case e nelle nostre famiglie, non dobbiamo trattenerci dal ricordare continuamente ai nostri figli e ai nostri nipoti che il fumo fa male; fa male sempre e comunque; che non ci sono, diciamo così, delle eccezioni per cui il fumo possa essere considerato qualcosa di neutrale". Si tratta di affermazioni anche banali, ma il fatto che un Presidente della Repubblica le faccia è molto importante: la sua presa di posizione avrà degli effetti nel futuro della riduzione dei danni da tabagismo. Evviva Ciampi !!!

Postato 11th April 2003 da Ezechiele


APR 12

Recentemente ho conosciuto una nuova amica, Cecilia. Anche lei ha perso il papa' da poco.

 Ha visitato questo sito, Le e' piaciuto molto, e mi ha mandato dei suoi pensieri che aveva scritto per il suo papa' non molto tempo fa. Non c' entra col fumo, ma centra con l' amore filiale, la famiglia, la paternita', il senso di responsabilita', l' andare soli per il mondo mantenendo saldi dentro di noi quei principi, quei punti di riferimento che i nostri papa' ci hanno insegnato.

Cecilia mi ha scritto :

" ...Si, anch'io ho dato tanto amore a mio padre nei suoi ultimi periodi, non nei suoi ultimi giorni, perchè per non farmi soffrire non mi hanno avvisato in tempo......Il mio dolce papà, che avrebbe voluto vedermi con "un bravo giovine", così mi diceva sempre e poi di stare attenta agli uomini perchè possono essere dei mascalzoni... e me lo diceva con la timidezza di un padre di altri tempi e con la dolcezza della sua età già matura...a una figlia adolescente.

Quanto ho amato mio padre! e quanto lo amo ancora! Solo un anno fa ancora gli ho scritto una poesia nel giorno del suo compleanno....era su internet ed un papà mi ha risposto che vorrebbe che un giorno anche la sua piccola Alice lo amasse così. Che soddisfazione, è stato come se mi avesse risposto mio padre, anche se lui ha sempre saputo che lo amavo nonostante non mi abbia visto felice.

Ma sono sicura che ancora vede , molte cose...e purtroppo sta assistendo alla mia tristezza non solo del momento, ma ad una mia lunghissima tristezza, nonostante la mia saggezza. Scusami, non mi stò autolodando, è solo che molte situazioni difficili e comunque un grande affetto ricevuto in famiglia, mi hanno fatto affrontare mille difficoltà, piangendo certo, ma andando avanti e senza mai disturbare il prossimo.......

Io parlo con mio padre e non ho paura mai, so che mi guarda e mi protegge, forse. (ho appena fatto una affermazione e la disconfermo! bè, si, è così)

E tutto il resto non so da cosa possa dipendere. Noi usiamo la testa, il cuore ; poi c'è tutto un aspetto mistico dell'esistenza che non ci è rivelato. Bisognerebbe affidarsi e imparare a non soffrire. A presto ... "

Postato 12th April 2003 da Ezechiele

APR 14

FUMARE UCCIDE

di: CRISTINA VATTERONI

Questo è uno dei due messaggi chiari che dovrebbero figurare grandi e in grassetto sui pacchetti di sigarette dal 30 Settembre 2002.

"Il fumo danneggia gravemente te e chi sta intorno a te" è il messaggio che in alternativa potrà essere mostrato sulla facciata principale del pacchetto. Altri avvertimenti saranno stampati sul retro, scelti fra una gamma di 14 messaggi, fra i quali: "I fumatori muoiono prima", "Proteggi i bambini: non fargli respirare il tuo fumo" oppure "Fumare provoca invecchiamento della pelle". Il commissario David Byrne ha salutato con le seguenti parole la conclusione del periodo di attuazione di una nuova forte direttiva che regolerà la produzione, presentazione e vendita dei prodotti del tabacco: "L'Unione Europea ha la ferma consegna di ridurre il dazio di morte pagato al fumo. Si tratta di una parte molto importante della legislazione che contribuirà al raggiungimento del nostro obiettivo di ridurre la percentuale dei fumatori da un terzo a meno di un quinto nella popolazione Europea". Le nuove regole diventeranno più forti in futuro grazie ad ulteriori restrizioni. Dal 30 Settembre del prossimo anno sarà vietato l' utilizzo di denominazioni come "mild" e "light" ("moderate" e "leggere") – parole che possono indurre il consumatore nell' errore di credere che alcuni tipi di sigarette siano meno dannosi di altri. Saranno inoltre stabiliti limiti per la quantità di catrame, nicotina e monossido di carbonio che potranno essere commercializzati nell'Unione Europea.

Fonte: Direttiva 2001/37/EC

Postato 14th April 2003 da Ezechiele

APR 15

Il mio oroscopo di oggi diceva:

" Che ne direste di riposare di piu' e di essere un po' meno nervosi ? "

Ho deciso quindi di prendermi qualche giorno di riposo. Parto oggi e vado alla mia casa al mare, vicino alla citta' dove viveva papa'. Lavorero' al mio giardino, puliro' la mia barca, studiero' musica. Andro' anche a trovare il mio papa' e la mia mamma, che riposano vicini. Guardero' le loro tombe e chiedero' il loro aiuto per uscire dallo stato di prostrazione in cui sono caduto dal 30 Dicembre. Faro' trasportare a casa mia il pianoforte di papa' ed un mobile della mamma. Cosi' me li sentiro' vicini per tutto il resto della mia vita. Lo sapete che papa' si e' comprato un pianoforte ad 80 anni, e che si e' messo a studiare musica sul serio, dopo aver suonato ad orecchio per tutta ala vita ? E che ha casa piena di spartiti classici ? E che ha continuato a suonare, ogni tanto, ma fino a 10 giorni prima della sua morte ?

Basta con questi pensieri.

A voi tutti auguro una Buona Pasqua e do' un arrivederci tra una settimana !

Postato 15th April 2003 da Ezechiele

4 Commenti :

anonimo15 aprile 2003 17:23

ricambio gli auguri che estendo a tutti i frequentatori del blog: buona Pasqua senza fumo.

Alfredo

anonimo16 aprile 2003 06:39

mi dispiace sentirti dire che non stai bene,coraggio.

Voglio anche io ricambiare i tuoi auguri di Buona Pasqua.

Anche se la tentazione è tanta continuo a non fumare e a seguirti con affetto.Grazie. Stefano

anonimo17 aprile 2003 02:19

Tanti auguri di buona Pasqua ma anche di tanta serenità che ti meriti perché nel tuo cuore ci sono i sentimenti giusti che fanno di te una persona speciale.

Con affetto. Francesca

bobregular17 aprile 2003 16:06

anche a te tanti cari auguri di serenità

APR 23

Sono rientrato ieri sera. Il primo pensiero e' stato verificare la posta in arrivo ( 250 e-mail, quasi tutte pubblicita', per fortuna ) e guardare i commenti sui miei blogs. Cari Francesca, Alfredo, Stefano e Bob, mi ha fatto molto piacere trovare un segno della vostra visita e, come al solito, una manifestazione di stima e di affetto.

Ho passato una settimana sostanzialmente da solo: circondato dalla mia collezione di pipe e da scatole di ottimo tabacco Erinmore, che era il mio preferito e di cui mi sono avanzate alcune scatole. Fuori pioveva e faceva freddo. Ero seduto accanto al mio caminetto ... e la tentazione e' stata forte, molto forte. Soprattutto perche' prolungata nel tempo. Ho di nuovo desiderato di riaccendere una delle mie bellissime pipe, e di ricominciare. Questa volta dietro c' era un confuso ma preciso desiderio di ... farla finita. Ed il fumo e' anche una forma di suicidio legittimo e legale, anche secondo la morale cattolica. Devo ridisegnare tutta la mia vita. O riesco a farlo rapidamente, o rischio nell' ordine:

1) di ricominciare a fumare, sia pure con il confuso obiettivo di cui sopra ;

2) di ammalarmi anche io di qualcosa di brutto, cosa giusta d' altra parte, dopo quarant'anni e passa di fumo.

No, non lo faro'. Ho davanti agli occhi il recente esempio di papa', di come ha saputo morire con fede e con dignita'.

E tranquillizzatevi: malgrado le tentazioni ho saputo resistere e NON ho ricominciato a fumare. Proseguiamo per la nostra strada !

Postato 23rd April 2003 da Ezechiele

5 Commenti :

anonimo24 aprile 2003 05:11

Quello che scrive Eze è terribile e, a parte questo mio, non trovo nessun commento alle sue parole e al suo sconforto. Perché? Perché in questo mondo di blogger nessuno ha niente da commentare alle parole di Eze che tanto sta facendo per gli altri?

Ci sono blogs dove, per cose tanto meno importanti, i commenti si sprecano. In questo, invece, ce ne sono pochissimi. Per andare avanti, Eze ha bisogno di sentire la vostra presenza e io sono molto arrabbiata con tutti quelli che, leggendo questo blog e gli altri due di Eze, non hanno niente da dire. Non è possibile! Io non ho un blog mio, ma ne seguo diversi e, per me, il migliore, quello che è nato per il bene altrui, quello che più di ogni altro si impegna a fin di bene,quello che nobilita questa rete, è UNA VITA IN FUMO.

Ma voi dove siete? Voi che avete un blog e siete così bravi a scrivere perché non l'aiutate? Perché non vi fate sentire?

Mi fate passare la voglia di seguirvi e mi viene il dubbio che Splinder sia un mondo di egoisti che, chiusi in se stessi pensano solo a dire la propria opinione, nel proprio blog, senza pensare che anche questo è un modo per dare agli altri. Ribadisco sono molto molto arrabbiata!! Datevi una mossa per favore, e se volete rispondervi personalmente, fatelo pure, accetto anche gli insulti. Amina

anonimo24 aprile 2003 08:47

Ciao, sono nuova di questo mondo di blogger, e spesso, quando qui a lavoro non ho tanto da fare, mi diverto ad andare a visitare i blog di altri.

Il tuo è veramente bello e mi hanno subito colpito le tue parole e il modo che hai di scrivere e lasciare tutto ciò che pensi qua sopra...

Sai, io e il mio ragazzo abbiamo smesso di fumare, e questa è stata la decisione più saggia che io abbia mai preso in questi ultimi anni che ho vissuto..ora ho cambiato vita, mi sento viva e non rintronata dalla nicotina...

Mi dispiace per tuo padre...si respira l'amore e il calore che hai nei suoi confronti, in ogni tuo post...

Ti vengo a far visita presto...anzi, ti linko sul mio blog..ciao lau


anonimo24 aprile 2003 10:12

non sei stato molto carino ne' simpatico sul blog "parole e pupazzi"....mi lasci senza parole....


anonimo25 aprile 2003 17:08

ANCH'IO SONO D'ACCORDO CON AMINA PER I COMMENTI, MA NON E' FACILE DIRE QUALCOSA A PROPOSITO DI QUELLO CHE SCRIVI. COMUNQUE ANCHE SE NON HO MAI FUMATO SONO DALLA PARTE E APPREZZO MOLTO QUELLO CHE STAI FACENDO. CIAO ANTONIO


anonimo26 aprile 2003 17:15

L'unione fa la forza, l'unione E' la nostra forza.

Alfredo


APR 26

Ho deciso per una volta di andare a vedere cosa pensa e scrive LA CONCORRENZA.

Ecco per voi un esempio.


" Noi sappiamo che la campagna contro il fumo è basata su emozioni e non su ragione. Per passata esperienza internazionale, sappiamo anche che mettere evidenza, non importa quanto inconfutabile, davanti a coloro che hanno già deciso di proibire un diritto personale come fumare in pubblico o in privato è un futile sforzo. Parlare con questo tipo di gente è, infatti, solo una perdita di tempo, perché hanno già dichiarato guerra al fumatore, chiuso la loro mente (ammesso che fosse mai stata aperta), e il loro scopo è solo quello di danneggiare l'oppositore (o di raccogliere informazioni per farlo dopo). E' assai meglio che i fumatoriconsolidino le proprie forze tramite associazioni come la nostra, e si organizzino per un confronto ed una lotta continua a difesa dei propri diritti. Purtroppo, di questi tempi è chiaro che la forza è assai più convincente della ragione.

Ma i fatti sono fatti: non esiste pericolo nel fumo passivo, ed i pericoli del fumo primario sono immensamente esagerati. La mortalità del "tabagismo" è un'elaborazione statistica senza alcun corrispettivo nella realtà. I "costi sociali e sanitari" dei fumatori sono una frode. Esiste una montagna di prove che lo dimostra. Se il proibizionismo deve trionfare, che almeno trionfi per quello che realmente è: l'uso di forza superiore da parte dello statalismo, del bigottismo e dell'intolleranza, ma NON il trionfo dell'oppressione giustificata da falsa informazione.

Postato 26th April 2003 da Ezechiele


1 Commenti :

anonimo26 aprile 2003 17:05

R I V O L T A N T E !!!

alfredo


APR 26


INVECE DI FUMARE... RIDI !!!

Ho ricevuto e, poiche' mi pare un' ottima idea, posto per voi :

Cari amici ,

Vi comunico che per domenica 4 maggio, alle ore 11,00 circa, stiamo organizzando un'incontro a Villa Pamphili, per celebrare il

**GIORNO MONDIALE DELLA RISATA**

Si riderà per stare bene, ma soprattutto per la PACE.

Il Dr.KATARIA sarà a Copenaghen con una folla di oltre 8000 persone, appartenenti ai clubdellarisata danesi.

In tutto il resto del mondo, dove ci sono clubdellarisata, si uniranno a KATARIA, così come faremo noi.

Se volete partecipare mandate la vostra adesione a:

Emanuela Sabatini : emanu51@tiscalinet.it

in modo di sapere il numero approssimativo di partecipanti, per le necessarie autorizzazioni.


Entro il 2 maggio vi faremo sapere notizie precise sul luogo di ritrovo( ripeto a Villa Pamphili ) e sull'orario.

L'iniziativa è libera e gratuita, come tutte le risate che faremo, ma se qualcuno di voi può suggerirci uno sponsor, per le bibite, eventuali impianti di amplificazione e gadget, è il benvenuto.

Vi aspettiamo numerosi....e disponibili a pace, amore e risate!

R I D I A M O

2 Commenti :

sprit326 aprile 2003 10:04

Premetto che non sono una persona che critica chi fuma, in quanto sono stata fumatrice anch'io per molti anni (da quando avevo 14 anni, fino ai 23). Il mio fidanzato, che ha perso il papà proprio perchè dopo 2 operazioni al cuore continuava imperterrito a fumare 2 pacchetti al giorno di sigarette, ha cercato in tutti i modi di farmi cambiare idea e di farmi smettere. E non ci è riuscito. Il perchè glielo spiegai io: mi sono sempre detta che se un giorno avrei voluto veramente smettere l'avrei fatto di mia volontà, senza costrizioni o divieti. E così è stato, perchè quando ho voluto non ho più toccato una sigaretta da un giorno all'altro (senza ricadute). Per questo non credo che il proibizionismo serva a far smettere molta più gente di fumare; probabilmente sarà più utile per chi non è giusto che si sorbisca il fumo passivo (credetemi, molto spesso dà fastidio anche a chi fuma). Con questo non sono contro nessuna legge, penso solo che il fumare è una scelta, e per smettere bisogna volerlo e basta. Non perchè fa bene alla salute, e nemmeno perchè c'è una legge che lo impone ;-) Un saluto, e a presto.

gagarin26 aprile 2003 18:43

Ciao .........sono già passati oltre 8 mesi e passo giornate intere senza nemmeno ricordarmi delle sigarette.....ok,bene così. Continua la tua battaglia.

APR 28

La vita mi ha dato pochi veri amici; uno di questi e' Andrea.

Da quando ho iniziato questo blog, Andrea, fumatore come me da una vita intera, ha cominciato anche lui a riflettere sul problema, con tanta onesta' d' animo che decisi di invitarlo a scrivere sul mio blog. Ogni tanto lo fa. Stamane ho trovato con gioia l' e-mail che riporto qui di seguito: e' un po' lunga, ma si legge d' un fiato. C'e l' ha scritta dal Giappone ! E ricordiamoci che a tutt' oggi Andrea fuma ancora.

Grazie Andrea, e ... torna presto !!!

" Caro Ezechiele, io non riesco ad inserirmi nei commenti di unavitainfumo

e non riesco a scriverti dal computer su cui sto digitando (capirai, non

m'intendo molto d' ideogrammi). Percio' lo faccio con la mia casella postale

tradizionale e ti prego di appicicare questo mio sproloquio, se ti piace, al tuo sito.

Be', dovevo una buona volta decidermi a scrivere sul tuo blog.

Ho detto bene, blog? Che cosa sara' poi mai un blog ? Sono proprio diventato
un ignorante. Non so un diavolo di niente della cultura attuale. Forse e'
ora di morire e lasciare il posto ai giovani? Ho 54 anni e, solo 3-400 anni
fa, alla mia eta' si era belli che arrivati al limite della vita. In piu',
ci si mette questa spaventosa velocita' di cambiamento attorno a noi. Penso
che nel passato uno nasceva, trovava un certo genere di Mondo e faceva poi
tranquillamente in tempo a morire senza che in detto Mondo fossero avvenuti
cambiamenti che potessero metterlo in difficolta': un po' per la brevita'
della vita di allora, un po' per la lentezza del progresso. Del resto, dalla
Rivoluzione Agricola di qualche decina di migliaia di anni fa fino alla
Rivoluzione Industriale dell'800, i cambiamenti nella vita umana furono
piuttosto scarsi: i morti di fame (tantissimi) continuavano a morire di
fame, i riccastri prepotenti e loro leccapiedi, continuavano ad accendere
il fuoco con la legna, a viaggiare a cavallo o in carrozza, a subire l'andamento
delle stagioni. Se prendevi un antico romano e lo portavi alla corte di
Cecco Peppe, avrebbe trovato un mollaccione presuntuoso come Caligola, vestito
in modo diverso magari. Ma non si sarebbe meravigliato di un gran che. Che
cosa avrebbe trovato di diverso? MA IL FUMO DI TABACCO! diranno subito i
miei piccoli lettori.


Eccoci arrivati, per tortuoso sentiero, al dunque.

Che facevano gli Europei prima del 1500, in luogo dell'accendere del tabacco
seccato e un po' fermentato ed aspirarne il fumo? Scriveva il nostro vero
amico ottocentesco Giacomo:

" Dimmi: perchè giacendo/ A bell'agio, ozioso,/
S'appaga ogni animale;/ Me, s'io giaccio in riposo, il tedio assale?"

Dico la verita'?, sono subito tentato di rispondere che chi non pensa, come le
pecore, non ha problemi di che cosa fare quando giace a bell'agio. In realta'

il problema e' molto complesso, esattamente come e' complesso, direi quasi

impossibile, il calcolo dell'incidenza del fattore fumo di tabacco sulla

salute umana, a parte (forse) l'enfisema polmonare.


A questo punto di nuovo sono tentato di esprimere un'opinione immediata, spontanea ed incontrollabile,

che e' la seguente: non possiamo sapere esattamente come e quanto il fumo

di tabacco agisca positivamente o negativamente sulla vita della specie

umana; affidiamoci allora a cio' che ci dice il cuore - cuore in senso lato,

cioe' emozione, cioe' cocktail di mediatori chimici incontrollato, incontrollabile

ed assolutamente individuale, diverso per OGNI essere umano - facciamo cio'

che la nostra propria natura individuale ci dice. Soprattutto non ci illudiamo

di essere razionali. E, se ce ne illudiamo, non ci inorgogliamo di esserlo.

La pura razionalita' e' piuttosto squallida e, per fortuna, non esiste.

Tutto cio' che fa muovere l'essere umano - ad esempio per una campagna antifumo

- non si puo' negare che sia ASSOLUTAMENTE di origine emotiva. La nostra

"ragione" poi provvede a razionalizzare (vocabolo tecnico di psicologia)

la nostra pulsione emotiva. Pensiamoci un momentino, soprattutto quelli

di noi che facciamo le Crociate e quelli che ci riteniamo i detentori della

Verita' e della Giustizia. Credete forse che Galileo, quando si arrampicava

sulla torre di Bonanno per buttare giu' gli oggetti piu' disparati - come

i bambini, no? - e quando poi si e' costruito il piano inclinato e mille

e mille volte ci faceva rotolare la palla - come i bambini, no? - lo facesse

con pura razionalita?? Usava certo la ragione, bene come nessuno di noi

sa fare, ma al servizio della sua curiosita', perche' indagare a proposito

di quella sua curiosita' gli dava un'ebbrezza simile, nella qualita', a

quella che provano i mistici in estasi, i rattusi nell'orgasmo, i piloti

nel volare, i Berlusconi ed i Rutelli nel parlare a vanvera alle platee

ed i fumatori nel fumare. Non e' stato forse un fattore emotivo, un click

che e' scattato nella mente di Ezechiele, a farlo partire lancia in resta

e ventre a terra contro il fumo di tabacco, facendolo andare a cercare tutto

il MALE che c'e' in esso?

Ma che cosa e' fatto soltanto di MALE e che cosa

soltanto di BENE? Ben diversi i risultati, ben diverse le conseguenze delle

iniziative di mistici, di Ezechieli, di fumatori, di Galilei e di tutti

noi. Ma la droga - anche qui nominata in senso molto lato - e' droga. E

non tutti possiamo essere Galileo Galilei o Giacomo Leopardi. Percio' dico:

ognuno si dedichi alla sua droga, perche' ognuno sceglie le sue droghe.

E dire "scegliere" e' pure un'errore. Ma questa e' un'altra storia.


Solo due cose, in ultima analisi, sono in grado di mettere in evidenza.

La prima e' che la Liberta' non esiste ma, se uno vuole esercitarne la parte

che ritiene gli competa, non deve dare guai agli altri. Percio' il mio primo

richiamo e' quello all'educazione. Il fumatore, che e' evidentemente piu'

buono dei non fumatori perche' non li odia quanto essi odiano lui, si preoccupi

non tanto di non causare danno fisico agli altri (e' cosi' "fumosa" la quantita'

di danno fisico che fumando si apporta ai vicini! E' talmente piu' fumosa

del danno che si apporta, ad esempio, guidando con imprudenza e prepotenza

la macchina!) quanto di non causar loro fastidio. (E qui dico una cattiveria:

c'e' gente che se non si accorge che qualcuno gli fuma accanto, non ha problemi;

non appena se ne rende conto, comincia a soffrire. Non vi preoccupate: e'

la PAURA, signora degli esseri viventi. Essa ha permesso loro di sopravvivere

nei secoli e, letteralmente, NON SENTE RAGIONI.) Abbiate rispetto per i

nemici del fumo: essi hanno un problema in piu' dei fumatori, un grosso

problema. Aiutiamoli.

La seconda cosa che vorrei mettere in evidenza e' il richiamo alla disciplina,

meglio dire all'autodisciplina. Il fumo di tabacco e' una maledetta bestia

perche', hanno ragione, e' proprio una droga. Vogliamo allora dimostrare

A NOI STESSI che veramente - come spesso diciamo, e non e' vero - noi fumiamo

QUANDO VOGLIAMO e non quando ci prende la frenesia o la distrazione?


Il mio prossimo commento (fra quanti mesi?) avra' il titolo inespresso di

"Le confessioni di un prossimo ex fumatore".

Andrea "

Postato 28th April 2003 da Ezechiele

3 Commenti :

anonimo28 aprile 2003 17:29

Caro Andrea,

Hai dimenticato di parlare dei problemi relativi alla guerra in Iraq, della tratta delle bianche, della Sars, di mani pulite, della stele di Rosetta, degli extraterrestri, l'elettrosmog, Nonna Papera, l'Euro, gli Earth, Wind and Fire e Mussolini.

Non è gettando FUMO sui problemi che si risolvono.

Alfredo.

(io non ho bisogno di 'vedere' il fumatore, purtroppo lo sento e lo soffro a metri e metri di distanza, nel suo menefreghismo totale. Educazione???)

ezechiele200229 aprile 2003 01:45

Alfredo, ti ho presentato Andrea come uno dei pochi amici che la vita mi ha dato. Secondo me non e' vero che Andrea getta fumo sui problemi invece di risolverli. Forse ci gira un po' attorno. Forse quando si relaziona con me il suo vero problema e' che dentro di se' sa che ha gia' deciso di smettere di fumare , ma ancora non trova la forza di farlo davvero. Comunque grazie !

anonimo29 aprile 2003 18:29

Caro Eze,

sono arrivato ad un punto di non ritorno per l'odio contro il fumo e, di riflesso, contro i fumatori.

Mi spiego: io li ritengo portatori sani di un vizio, più forte di loro e che si è impossessato di loro anche se non posso credere che non sapessero a cosa andavano incontro quando hanno incominciato a fumare.

Allora come possiamo combattere questo maledetto, malefico e mortale vizio?

L'unica possibilità è convincere il 'portatore sano'

che è meglio smettere, per lui e per chi gli sta vicino, senza tanti giri di parole: il fumo è schifo è basta. ( agenti della philip morris non ho paura di voi).

Mi figlia Valentina (8 anni) è stata 2 giorni con i nonni materni a Ciampino.

Quando è tornata, mia moglie aprendo la borsa dei suoi vestiti ha detto: 'accidenti, mio padre ha impregnato di fumo le maglie di Vale'.

Mio suocero, che amo come mio padre perchè è uomo di bontà, rettitudine e simpatia rarissime, è l'unico che ancora fuma in tutta la mia famiglia e non riesce a smettere sapendo tutto il male che fa.

Alfredo.


APR 29


Ci ha scritto Vito.


Qui di seguito, nell' ordine inverso come sempre sul web, trovate la sua prima e-mail, la mia risposta e la sua nuova missiva di oggi.

Ritengo opportuno non pubblicare le foto del papa' di Vito, per una forma di dovuto rispetto di fronte alla Morte.

Sai Vito, anche mio padre negli ultimi tempi era molto devoto a Padre Pio.

Ma tu non mi hai risposto: tu fumi ancora oppure hai smesso ?

Chi vuole puo' scrivere a Vito e fargli giungere una parola di conforto.


----- Original Message -----

From: vesposito

To: Ezechiele2002

Sent: Monday, April 28, 2003 9:47 PM

Subject: Re: Una vita in fumo


CIAO EZE MI HA FATTO TANTISSIMO PIACERE RICEVERE UNA TUA RISPOSTA E SONO SICURO HA FATTO PIACERE ANCHE A MIO PADRE. SAI LUI ERA UN DEVOTO DI PADRE PIO, SAI CIRCA QUINDICI GIORNI PRIMA CHE FINISSE HA VOLUTO CHE IO LO ACCOMPAGNASSI A PIETRELCINA, PAESE DI PADRE PIO, E LI SCESO DALLA MIA AUTO E' GIUNTO SU UNA SEDIA A ROTELLE INNANZI ALLA STATUA DI PADRE PIO E LI' E' SCOPPIATO IN LACRIME, SIA AVEVA AVUTO ANCHE UNA METASTASI ALL'ANCA PERTANTO NON CE LA FACEVA PIU' A MUOVERSI. IL GIORNO PRIMA CHE FINISSE, SONO ANDATO A TROVARLO, LUI FORSE A SEGUITO DEL MALE O PER TROPPA DIGNITA' NON PARLAVA QUASI PIU', FORSE SI MORTIFICAVA DI ESSERSI RIDOTTO COSI'; AD UN CERTO PUNTO MI HA STRETTO AL COLLO E MI HA ABBRACCIATO A LUNGO, QUASI VOLESSE SALUTARMI. LA MATTINA DOPO SONO ANDATO AL LAVORO, VERSO LE 6.30 HO TELEFONATO A MIA MAMMA PER SAPERE COME STESSE PAPA' MA LA STESSA IN LACRIME MI HA DETTO CHE FORSE ERA MEGLIO CHE LI AVESSI RAGGIUNTI. HO PARLATO CON IL MIO DIRIGENTE E SONO SUBITO CORSO A BENEVENTO, MIO PADRE HA CAPITO CHE STAVO LI' MI HA STRETTO PER CIRCA MEZZ'ORA LA MANO, POI HA ASPETTATO CHE GIUNGESSE ANCHE MIA SORELLA MARIA E

PRENDENDO LE NS. MANI LE HA MESSE NELLE MANI DI MIA MADRE, DOPO CIRCA CINQUE MINUTI, HA APERTO GLI OCCHI, GUARDANDOSI INTORNO HA ACCENNATO AD UN MOMENTO DI COMMOZIONE E POI E' FINITO, CON MOLTA DIGNITA' E SENZA FARE UN LAMENTO. ANCHE IN PUNTO DI MORTE MI HA INSEGNATO TANTO. GRAZIE PER ESSERCI EZE E SE VUOI PUOI METTERE LE FOTO DI PAPA' SUL TUO SITO, SO CHE ANCHE LUI SARA' CONTENTO DI QUESTO E LO CONDIVIDERA' CON I TUOI GENITORI. UN FORTE ABBRACCIO, VITO!

----- Original Message -----

From: Ezechiele2002

To: vesposito

Sent: Monday, April 28, 2003 10:40 AM


Subject: Re: Una vita in fumo

Mio caro Vito,

ho letto con commozione il tuo messaggio. Se vai nel mio blog al mese di Dicembre 2002, puoi leggere quasi giorno per giorno l' evolversi della situazione che ha poi portato alla morte di papa' . Non so come e' stato nel tuo caso.Nel mio io avevo deciso di stargli al fianco fino alla fine. Sono andato piu' volte da un sacerdote a chiedergli aiuto perche' " volevo aiutare mio padre a morire ed a morire bene "

Il sacerdote mi ha risposto che non avevo bisogno di aiuto: un uomo che aveva condotto la sua vita in modo tale che, al momento della morte, aveva attorno a se' tutti i suoi figli e tutti i suoi amici, era un uomo che aveva vissuto da giusto, da persona per bene. Ci avrebbe pensato il Signore a dargli anche una morte da giusto. E cosi' e' stato.

Nello scriverti ho le lagrime agli occhi, perche' sto rivivendo quei momenti e pensando a te che li hai vissuti qualche mese dopo di me.

Vito, tocca a tutti: lo sappiamo dall' inizio ma non ci rassegnamo mai.

E' solo quando mi ha toccato da vicino, con la morte prima di mia madre, poi di mio padre, che io ho capito che la morte e' una cosa vera e seria. Ed ho capito anche che il prossimo turno sara' il mio. Ed ho cominciato a vivere da giusto. Per prepararmi.


Vorrei pubblicare la tua mail, ed una foto del tuo papa'. ma lo faro' solo se tu mi scriverai che per te va bene.

Scrivimi ancora e dimmi, dicci del tuo rapporto con il fumo. Hai smesso anche tu, come ho fatto io ?

Un abbraccio

Eze

----- Original Message -----

From: vesposito

To: unavitainfumo@virgilio.it

Sent: Sunday, April 27, 2003 9:03 PM

Subject: Una vita in fumo

Ciao mi chiamo Vito Esposito e sono un Ispettore di Polizia. Sai anch'io come te ho perso mio padre il 21 marzo di quest'anno; anch'egli aveva un tumore al polmone, (microcitoma polmonare con metastasi cerebrali) è stato un gran fumatore; si chiamava Silvestro aveva 70 anni e per 43 anni ha fatto il mio stesso mestiere.

Mi manca tantissimo, ancora non riesco a rassegnarmi alla sua scomparsa, ho 39 anni, una moglie, due bambini, ma ancora oggi avevo, ho bisogno di mio padre.

Mi ha fatto grande e non riesco a pensarci, aiutami!

Ti mando qualche sua foto.

Ciao, Vito Esposito!


Postato 29th April 2003 da Ezechiele


APR 30


Abbiamo un nuovo amico, Andrea Galassi (Andrea Galassi ) ,che cercheremo assieme di aiutare.

Ieri Andrea mi ha scritto :

Ciao, mi chiamo Andrea. Ho quasi 27 anni e ho iniziato a fumare a 25 (che stupido!). Volevo solo ringraziarti per questo blog che mi spinge a cercare di smettere o, quantomeno, diminuire. Anche mio nonno é morto di tumore ai polmoni ed era un fumatore. Io ho due blog: uno su Splinder (appena nato e di certo poco notato in giro) e uno su Il Cannocchiale (dove ho una certa visibilità). Ho deciso di linkare il tuo blog in entrambi i miei. Spero di poter contribuire alla tua battaglia, se non per me, almeno per altri.

Andrea Galassi

Io gli ho risposto :

... Aiuta davvero prima te stesso, poi gli altri. Scrivimi e raccontami col cuore, come e perche' hai cominciato a fumare ad un' eta' gia' adulta, e perche' continui. Io lo pubblichero' sul mio sito. Questo e' il bello del blog: che si accende un dibattito, e , mentre si dibatte, maturano dentro di noi le decisioni intime che cambiano una vita . Vorrei il tuo permesso a pubblicare su unavitainfumo la tua mail di ieri e questa mia risposta. E aspetto una tua nuova relativa a quello che ti ho chiesto sopra. Un abbraccio Eze

Ed ho subito ricevuto la storia di Andrea:

Ti invio un piccolo brano che ho scritto come da te gentilmente richiestomi. Puoi utilizzare qualsiasi cosa ti scriva in merito alla tua battaglia, senza alcun problema, non c'é bisogno che tu me lo chieda da oggi in poi. E di nuovo grazie.

Ho iniziato a fumare seriamente all'età di 25 anni. Prima fumavo una sigaretta ogni tanto, ma in maniera davvero rada. Ho iniziato per tre motivi, almeno credo.

•       Spesso e volentieri, nei momenti di solitudine o di riflessione, mi prendeva la voglia di fumare una sigaretta. Non so spiegarmi il perché, ma forse questa voglia era legata alla noia e a uno stato di preoccupazione per il mio futuro lavorativo.

•       Uscendo con amici che fumavano ogni tanto fumavo una sigaretta anche io e così una dopo l'altra si è innescato il meccanismo del bisogno.

•       Il vero salto di "qualità" (di quantità) l'ho fatto quando mi sono fidanzato con una ragazza fumatrice (con due sorelle fumatrici). La prima volta che sono andata a trovarla in casa mi hanno offerto una sigaretta e ho detto sì. Avevo un terreno (vedi sopra) predisposto ad iniziare a fumare in modo serio, ma sicuramente anche il fatto di essermi trovato in un certo contesto mi ha spinto ad accettare quell'offerta. E, naturalmente, come tutti gli idioti, ho fumato anche per darmi un certo "tono", non so se riesco a spiegarmi. E così Andrea ha iniziato a fumare per bene.

Ho provato a smettere un paio di volte, in concomitanza con stati influenzali. Ci stavo quasi, ma appena terminata l'influenza, purtroppo ho ripreso. Insomma, non ho quasi mai fumato sino a 25 anni e ho iniziato proprio quando, solitamente, una persona è già decisamente ancorata ad un certo stile di vita.

Credo che quando avrò un'occupazione fissa (per ora sono un collaboratore giornalistico con formula "cessione diritti" presso un quotidiano) il tentativo di smettere potrebbe andare a buon fine. Per ora sto cercando di diminuire, anche se mi rendo conto che probabilmente ciò non porta a nulla e che ci vuole un atto di volontà forte, tipo alzarsi la mattina e dire (e fare): basta con le sigarette.

Il blog http://unavitainfumo.splinder.it mi ha spronato ancora di più in tal senso e ne ringrazio l'autore. Forse interagendo con persone che parlano della stessa esperienza (anche se credo che poi ognuno abbia un "substrato" psicologico differente) mi aiuterà in questa battaglia. Ne ho vinte di più difficili nella mia pur breve esistenza, spero di vincere anche questa.

Chi ritiene di volerlo fare, scriva ad Andrea e gli racconti la propria storia.

Postato 30th April 2003 da Ezechiele

3 Commenti :.

juliette30 aprile 2003 04:37

Dunque...anche io voglio smettere...tanto per cominciare leggerò attentamente il tuo blog. Grazie


ezechiele200230 aprile 2003 13:20

Benvenuta, Juliette. Leggi pure quanto vuoi, unisciti al nostro forum ogni volta che ne senti l' opportunita' nel tuo cuore. E se alla fine decidi di smettere, sappi che potrai contare sul nostro continuo supporto.

E linkaci sul tuo bel blog nuovo. Sono venuto a trovarti ma non si apriva la pagina dei commenti.

A presto.


anonimo1 maggio 2003 19:11

Juliette, intanto comincia a raccontare le tue motivazioni ed il tuo eventuale programma per smettere. Farsi forza col numero (siamo dei deboli, i fumatori) e con il reciproco appoggio propositivo potrebbe essere risolutivo, almeno per qualcuno.


APR 30


A proposito del duro commento di Alfredo sul post del 28/04, Andrea, dal Giappone, mi ha scritto :

" L`asperrimo commento di Alfredo di primo acchito mi ha rigettato indietro

con l`incontrollabile tentazione di rientrare a far parte di quella maramaglia

dei fumatori. Devo dire che tra loro non ho mai trovato quella determinazione

cosi` accesa, sia nell`iniziativa che nell`aggressione. La determinazione

di chi ti sta di fronte ti mette sempre un po` in ansia e ti respinge da

lui, perche` sai che in caso di necessita` troverai aiuto e comprensione

solo se seguirai la sua strada. Poi ci ho pensato un momentino (e` opportune

che tutti ci pensiamo un momentino, quando abbiamo degli impulsi) ed ora

mi sento di affermare che anzitutto ringrazio Alfredo per la sua attenzione

a cio` che io ho scritto. Ma lo ringrazio ancor di piu` perche` mi ha fatto

capire un sacco di cose. La primissima e` che io non sono capace di odiare

nessuno e credo che, quando avro` smesso di fumare, non odiero` i fumatori,

anzi parteggiero` per loro come ho sempre parteggiato per i perdenti ed i perseguitati. Contemporaneamente ho capito anche di non essere un combattente, che la Crociata e` gia` partita e che io sono rimasto a casa. Infatti sono terribilmente indietro con la preparazione. Possiedo una spada, ma tutto il resto e` a zero. Pensate che sto ancora decidendo se il fumo di tabacco sia un problema o no. Poi dovro` decidere se e` un problema degno di un tentativo di risoluzione. Per fare cio` dovro` conoscerlo. Per conoscerlo ci dovro` girare intorno ed osservarne tutti i lati, compreso il lato nonna Papera, perche` non si tratta di costruire un `semplice` ponte od un pozzo petrolifero o di elaborare un software per computers. Purtroppo nel fare questo saro` impastoiato da tutte le autodomande di verifica che mi hanno imposto i miei studi di medicina e poi addirittura di psicologia. Poi ancora dovro` capire se ci sono soluzioni possibili e soprattutto se tali soluzioni possano causare un danno maggiore del problema preesistente ?Insomma, quando saro` ancora al lavoro per prepararmi, i Crociati avranno gia` conquistato Gerusalemme e saranno gia` tornati. Basterebbe pensare che Gerusalemme dopo alcuni secoli non e` ancora di nessuno e che mio padre era ebreo e quindi io sono stato cresciuto nella quotidiana preghiera che coloro che possiedono certe grandi certezze sul Bene e sul Male non acquisiscano mai il potere per metterle in pratica, per farmi dubitare che la mia presenza in questo sito possa essere del tutto fuori di luogo. Percio` d`ora in avanti non dovrei permettermi piu` di intervenire con insulse ed inutili opinioni. Non mi va di fare la figura di quei poveracci che recentemente marciavano per la Pace. Ma il sito e` di Ezechiele ed egli, nella sua grande bonta`, credo che sia disposto ad ospitarmi ancora. Mi riservo comunque di accedere di tanto in tanto a questo sito per cercare di capire ed imparare tante cose sulla realta` attorno a me, ma soprattutto su me medesimo. Tra l`altro, facendo ancora parte della maramaglia, mi sono commosso (anche i fumatori hanno un cuore?) leggendo il link `esperienze vissute` e mi e` venuta un`idea (forse gia` pensata da qualcun altro e fallita?): e se facessimo un`autoterapia di gruppo via blog? Chi si iscrive si deve impegnare a rendere conto scritto con regolarita` dei suoi risultati o fallimenti, con totale sincerita`.

Tanto chi ci potra` rimproverare se avremo un momento di debolezza: la perdita

sara` sempre individuale. Ma chissa` che sentendoci tutti un gruppo solidale

qualcuno non ce la faccia: allora penso che il guadagno sara` di tutti.

Ehi, voglio essere l`iscritto n. 1! Sono pero` totalmente dipendente dall`abilita`

tecnica di Ezechiele per quanto riguarda la struttura software del luogo

d`incontro: forse meglio ripensarci a Giugno, quando tornero` in Italia,

che ne dici Eze?

Andrea CITONE "

Dico che e' un' ottima idea. Abbiamo gia' due psicologhe che si sono offerte, Andrea come utente iniziale ma soprattutto come medico, io sono naturalmente a disposizione con i due blog sull' argomento. Si dovrebbe definire un piano dettagliato di intervento, ...lasciatemi pensarci per un po. Intanto vorrei indire una pre-iscrizione, per avere un' idea di cio' di cui stiamo parlando. ( Vi rimando anche al post di oggi sul sito http://lifeinsmoke.splinder.it in cui si vede che qualcosa di analogo sta gia' funzionando.) Chi fosse interessato lasci un commento o mi mandi una mail di adesione.

Postato 30th April 2003 da Ezechiele


15 Commenti :

anonimo30 aprile 2003 16:23

Aderisco!

Alfredo 'l'odiatore'

(ma non c'era un semianalfabeta che scriveva "odio e amo"?)


anonimo30 aprile 2003 19:46

Si`, era un cane, un piccolo cane: Odi et amo. Quare id faciam fortasse requiris. Nescio, sed fieri sentio et excrucior. Vorresti affermare che se non si odia il fumo non si puo` smettere? (Andrea)


anonimo1 maggio 2003 15:59

Amo troppo la vita, l'ho già scritto, amo esageratamente la vita, se non altro per rispetto verso i tanti sfortunati, grandi e piccoli in tutto il mondo,

afflitti da problemi di salute e/o sociali che io non ho.

Non sopporto chi non rispetta il mio diritto di goderne al meglio.

Una per tutte: devo evitare i locali, dai ristoranti a quant'altro,dove si fuma.

Faccio ore di sport poi vado al lavoro e, con i polmoni ben aperti, devo respirare il risultato rivoltante di un vizio di altri.

La mia bambina va due giorni dai nonni e torna con gli abiti intrisi di fumo perché mio suocero, sebbene sia uno degli uomini migliori della terra, fuma due pacchetti al giorno.

I deboli, bada bene, sono i non fumatori. Noi non abbiamo multinazionali multimiliardarie che ci difendono e ci coccolano.

Chi cerca aiuto e vuole smettere ha tutto il mio sostegno perché so che è la cosa più difficile e dolorosa al mondo anche se non lo conosco e a me personalmente non me ne torna niente.

Chi vuole continuare a difendere il fumo ad oltranza non posso proprio comprenderlo, se non nel suo diritto di fumare lontano dagli altri, mi raccomando le mamme in attesa.

Ad augusta per angusta (preferisco escludere 'aut mecum aut me contra').

Alfredo


anonimo1 maggio 2003 19:03

Parole sante, non c'e` dubbio. Pero`, visto che siamo cascati nel latinorum, io apprezzo anche quello che scriveva `est modus in rebus`. La stessa strada si puo` percorrere a piedi, in automobile o col carro armato. Io personalmente sono per la bicicletta. Andrea


anonimo2 maggio 2003 17:43

Ben detto! Accostamento azzeccatissimo perchè sai quanta salita ti aspetta. Tu pedala, io invito tutti a fare il tifo per te. Detto da un ciclista, la tua sfida penso sia più importante e dura di tutte le mie scalate in bici. In bocca al lupo. Alfredo.


APR 30


E' continuato il dialogo con Vito Esposito, e si e' chiarito che anche Vito ha smesso di fumare. Questo e' lo scambio di e-mail:

CIAO EZE,

NON SAI CHE CONFORTO MI DAI SCRIVENDOMI DI TANTO IN TANTO, SAI, ORA SONO TORNATO A CASA DAL LAVORO, MIA MOGLIE CON I BAMBINI E' DALLA MAMMA; NON RIESCO A PENSARE CHE PAPA' NON CI SIA PIU' GUARDO E RIGUARDO DELLE SUE FOTO, LA VIDEOCASSETTA DEL MIO MATRIMONIO, DEL MIO GIURAMENTO E NON FACCIO ALTRO CHE PIANGERE...

...POI MI RIPRENDO E PENSO CHE IN QUESTO MOMENTO PAPA' E' CON ME E NON STA PIU' SOFFRENDO.

SAI HA SAPUTO DEL SUO MALE DAL PRIMO MOMENTO, E' VENUTO A MILANO ALL'I.E.O., E' STATO TALMENTE DIGNITOSO DA DARCI CORAGGIO LUI A NOI...E' STATO UN GRANDE.

GRAZIE ANCORA EZE.

P.S. SAI HO UN PACCHETTO DI SIGARETTE NUOVO IN MACCHINA..

...MA HO DECISO CHE NON LO APRIRO' MAI PIU'.

TI ABBRACCIO, VITO!


----- Original Message -----

From: Ezechiele2002

To: vesposito

Sent: Wednesday, April 30, 2003 10:11 AM


Subject: Re:

Ciao Vito, io ho smesso e basta.

Per PAURA !!!

E, sempre per paura, non ho piu' toccato la pipa ( nel mio caso ) dal giorno in cui ho saputo la diagnosi di papa'. E sono sei mesi.

Allora segui il mio consiglio:

Scrivimi che da oggi in poi non fumi piu'. Io lo pubblico tra coloro che hanno smesso grazie anche a noi. A questo punto sei fregato, perche' tutto il mondo sa che Vito Esposito ha smesso di fumare. E' un impegno con tutto il mondo , capisci ? Ma innanzi tutto e' un impegno con te stesso.

Vito, fallo. Dopo sei mesi io ancora sputo catrame. Ma va migliorando.

Spero non ti sia dispiaciuto che non ho pubblicato la foto del tuo papa'. E' stata una forma di rispetto per il tuo dolore. Se vedi bene, non ho pubblicato nessuna foto neanche del mio papa'. Mi auguro che tu sia d' accordo con me.

Un abbraccio

Eze


----- Original Message -----

From: vesposito

To: Ezechiele2002

Sent: Tuesday, April 29, 2003 9:24 PM

Subject: Ciao

Ciao carissimo, circa un anno fà e cioè l'8 aprile 2002, il giorno che seppi del male di mio padre buttai le sigarette e non ho fumato più. Dopo la scomparsa di papà e cioè dal 21/3 ho ripreso a fumare, ma penso di finirla una volta e per sempre di fumare....Sai come già ti ho accennato in una mia precedente ho due bimbi piccoli e ci terrei a vederli uomini, come mio padre ha fatto con me! Un forte abbraccio, Vito.

Postato 30th April 2003 da Ezechiele

MAY 1

Per rasserenarci un po', dato che oggi e' festa, qualche battuta sul fumo :

-Metteteci del tabacco in quello che fumate! (anonimo belga del XV sec.)

-Ho smesso di comprarle! (uno scroccone)

-Gli uomini preferiscono le bionde! (monopoli di stato)

-Ho iniziato accendendole! (un piromane)

-Sigarette alla menta per smettere? Preferisco vivere! (un fumatore incallito)

-Il fumo ammazza lentamente! Non abbiamo fretta!

Postato 1st May 2003 da Ezechiele


4 Commenti :

anonimo1 maggio 2003 04:37

E la sapete quella dell`amico che - avevo appena acceso una sigaretta - mi chiese se poteva fare una tirata? Gli ho dato la sigaretta e lui l`ha tirata oltre la finestra. Andrea


anonimo1 maggio 2003 04:40

Il giorno dopo quello stesso amico mi disse mentre fumavo: ``Dai, per farmi perdonare ti faccio vedere come fuma Frank Sinatra`` E così` ha spento la mia sigaretta schiacciandola nel portacenere e dicendo: ``Frank Sinatra non fuma, perche` deve cantare!`` Sempre Andrea (sono troppo sceme?)


ezechiele20021 maggio 2003 11:36

Per Andrea:

Si !!!! sono proprio sceme !!!Non farmi fare figuraccie, se no ti revoco !!!


anonimo1 maggio 2003 14:10

Grazie Andrea!

Le buone idee per far sparire le sigarette non sono mai troppe!

Alfredo.

MAY 3

Economia della canna

Traduzione e sintesi di CRISTINA VATTERONI

I fumatori di canapa amano stare sul divano e passare delle ore assorti in intrattenimenti domestici consumando Red Bull, pizza, dolcetti, roba da sgranocchiare come Mars e gelatine Haribo, videocassette, videogiochi, TV. Il business dei larghi consumi sa che i consumatori di droghe hanno denaro da scialacquare. Il mercato azionario è incerto e i listini sono sull'orlo del precipizio. Saranno i fumatori di cannabis gli improbabili salvatori dell'economia Britannica? Uno studio-ricerca sta informando i noti marchi e le compagnie di High-Street sui guadagni e perdite alle quali potrebbero andare incontro se fumare cannabis diventasse un comportamento diffuso. La ricerca ha rivelato che l'economia britannica della canna fattura 5 miliardi di sterline l'anno per ciò che riguarda direttamente le vendite, più altri 6 miliardi collegati strettamente a tale mercato in espansione."I giovani fra i 15 e 30 anni seguono molto la moda e sono ambiziosi" afferma Andy Davidson, che ha commissionato l'indagine al Research Business International (TRBI). Lo studio ha rivelato che i fumatori di cannabis, ogni volta che fumano, spendono in media 20 sterline per prodotti vari, conseguenza diretta dell' incremento dell'appetito dovuto alla cannabis, è una spesa extra di 120 milioni di Sterline a settimana, che va ad incrementare gli introiti di una serie di fornitori di vivande da asporto. L'indagine di governo ha confermato che i consumatori regolari sono 6 milioni. Il progetto EDGE del Research Business International è la prima ricerca a fini commerciali e non medici su questo fenomeno di consumo. Le industrie del tabacco hanno lavorato segretamente per anni su progetti mirati a produrre sigarette di cannabis, malgrado il fatto che gli scienziati coinvolti in tali ricerche rischiavano e rischiano l'arresto per possesso di droga. Comunque, compagnie come la Imperial Tobacco affermano ancora che le loro cartine, tipo le king Size Rizla, sono fatte esclusivamente per arrotolare sigarette e non per arrotolare canne.

Postato 3rd May 2003 da Ezechiele

5 Commenti :

anonimo2 maggio 2003 17:48

Chiedo scusa ma volevo sapere qualcosa da Andrea Galassi e da Juliette, a che punto siete ?

Alfredo

anonimo3 maggio 2003 01:06

Non sono Andrea Galassi, ma Andrea Citone, scusa. Voglio dire che ho proposto una terapia di gruppo via blog, ma mi sa che la terapia ce la stiamo   gia` facendo, o meglio ce la stai gia` facendo tu, Alfredo! Grazie! Scusa se mi sono intromesso, ma dato che il frequentare questo sito mi sta alquanto determinando, mi sono permesso. Non diro` pero` nulla finche` non avro` ottenuto risultati che possano essere resi pubblici.

ezechiele20023 maggio 2003 01:09

Andrea Citone, FORZA !!

E mandami un' e-mail con cui mi dici che hai deciso di smettere, grazie anche a questo sito !

Dai !!!!!


anonimo3 maggio 2003 15:42

Non conosco Francois Mauriac ma so che ha espresso un pensiero che dice pressappoco così:

'L'uomo non è capace di grandi ed eroiche imprese se non ha accanto qualcuno testimone del suo ardimento e puntuale cronista delle sue gesta.'

Penso abbia ragione.

Alfredo.


garcinia cambogia29 marzo 2014 04:50

garcinia cambogia... Una vita in fumo...


MAY 3


Da GEA di Aprile :

Neppure in casa

Fumare in appartamenti e condomini potrebbe diventare in California un comportamento soggetto a restrizioni, se sarà approvato un progetto di legge per il controllo del fumo passivo. L'abitazione privata è diventata il prossimo fronte nella battaglia fra il diritto di fumare e il diritto di non respirare fumo di sigarette. Un disegno di legge del deputato Joe Nation (San Rafael) si propone di vietare il fumo negli spazi comuni degli edifici multi-familiari: per esempio lavanderie e cortili. Il 2006 termine ultimo per l' applicazione del divieto di fumare in appartamenti e condomini, tranne quelli esplicitamente "per fumatori". Il disegno di legge di Nation darebbe ai non fumatori più diritti, ribalterebbe il principio per cui è permesso fumare in un appartamento, a meno che da contratto non ci sia uno specifico divieto. Nessuna legge protegge i fumatori da discriminazioni da parte dei padroni di casa che non vogliono affittare gli alloggi o pretendano affitti maggiori per l' odore, le macchie e il pericolo di incendi che il Fumo comporta. Ma la legge attuale non fornisce nemmeno la necessaria autorità ai padroni di casa e associazioni di proprietari di limitare le infiltrazioni di fumo in edifici complessi. I fumatori ribattono che le leggi restrittive della California avevano reso la casa l'ultimo posto dove fumare era permesso. Per Ray

Domkas, il progetto di legge di Nation, è il seguito della filosofia che ha portato al bando del fumo nei ristoranti e bar fra 1994 e 1998.

(Fonte: Times)

Postato 3rd May 2003 da Ezechiele


MAY 3

Il fumo uccide, e se tu sei ucciso, hai perso una parte molto importante della tua vita. (Brooke Shields).

Postato 3rd May 2003 da Ezechiele


MAY 4


Che ne pensano in Svizzera delle nostre problematiche ?

E se smettessi di fumare ?

Se, come la maggior parte dei fumatori, in questo momento lei non provede di smettere di fumare, questo è l' ideale per lei. L'obiettivo di questo scritto è quello di farle prendere coscienza dei vantaggi di une vita senza sigarette e di invogliarla a smettere di fumare. Le informazioni che contiene provengono da inchieste realizzate presso fumatori e ex-fumatori, oltre ad una raccolta delle conoscenze scientifiche più recenti. Vorremmo condividere con lei le prossime informazioni.

I vantaggi di una vita senza tabacco

Ha già pensato a quali vantaggi trarrà da una vita libera dalla sigaretta ? Può utilizzare lo spazio a disposizione per farne l'elenco.

I vantaggi di una vita senza sigarette:


Ecco un elenco di ciò che è stato detto da ex-fumatrici ed ex-fumatori che hanno partecipato ad un'inchiesta realizzata a Ginevra sul fatto di aver smesso di fumare:

- "Mi sono sentita fiera".

- "Ho provato la soddisfazione di avere ottenuto una vittoria". "Si disturbano meno le persone che ci stanno attorno". "Questo fatto mi valorizza agli occhi di chi mi sta vicino". "I miei familiari sono molto soddisfatti".

- "Ho più energia". "Me sento più in forma". "Le mie prestazioni sportive sono migliorate ".

- "Quando mi sveglio la mattina mi sento più fresco".

- "Respiro meglio". "Ho riscoperto i sapori e gli odori".

- "Risparmio 40.-Fr alla settimana (un pieno di benzina) ".

- "Non si è più obbligati di preoccuparsi sempre di avere con sé le sigarette".

- "L'odore sui vestiti è sparito".

- "Ho un aspetto migliore". "Non mi devo più preoccupare dei miei polmoni".

- "Non tossisco più". "Non ho più mal di testa". "Ho mal di gola più raramente".

- "Sono meno nervosa".

Migliori la sua salute smettendo di fumare

Continuando a fumare rischia di ammalarsi seriamente. Smettere di fumare è il gesto più importante che può fare per proteggere la sua salute, indipendentemente dall'età e dal numero di anni durante i quali ha fumato.

• Gli uomini che smettono di fumare tra i 35 e i 39 anni aumentano la loro speranza di vita di 5 anni, mentre le donne della stessa età l'aumentano di tre anni. Anche smettendo dopo i 65 anni, sia per gli uomini sia per le donne, aumenta la speranza di vita.

• Dopo un anno dal momento in cui si smette di fumare, il rischio di malattie cardiache (es.infarti) si riduce della metà. Dopo 15 anni, il rischio è paragonabile a quello di una persona che non ha mai fumato.

• Dopo 10 anni dal momento in cui si smette di fumare, il rischio di cancro ai polmoni si riduce della metà.

• Per gli uomini, fumare la sigaretta aumenta il rischio di impotenza. Smettendo di fumare questo rischio si riduce.

Le donne traggono molti benefici smettendo di fumare

• Fumare è rischioso per chi fa uso della pillola contraccettiva. Smettendo di fumare, le donne che prendono la pillola diminuiscono sensibilmente il rischio di malattie cardio-vascolari.

• Il tabagismo riduce la fertilità. Le fumatrici che desiderano avere figli impiegano più tempo per restare incinte.

• La donna fumatrice corre un rischio maggiore di avere un bambino sottopeso alla nascita che può correre dei rischi. Le donne che smettono di fumare, prima o durante il primo trimestre della loro gravidanza, riducono il rischio di avere un figlio sottopeso alla nascita, al pari di una non fumatrice.

• La nicotina passa attraverso la placenta e attraverso il latte materno, agendo sul sistema nervoso del feto e rispettivamente del lattante.

• La menopausa si manifesta più precocemente presso le fumatrici. Smettendo di fumare la ri ritarda.

• Fumare favorisce inoltre l'insorgere di rughe. Smettendo di fumare si sciupa meno la pelle.

Smettendo di fumare proteggerà anche i suoi figli

• I figli dei fumatori hanno percentualmente il doppio delle probabilità, dei figli dei non fumatori, di diventare fumatori.

- I figli di fumatori sono maggiormente colpiti da infezioni al sistema respiratorio, asma e tosse cronica, in rapporto ai figli dei non fumatori.

- Il rischio di morte improvvisa per il neonato è più elevata quando i genitori fumano.

Inconvenienti dovuti all'abitudine di fumare

Ha riflettuto su altri inconvenienti del tabagismo, oltre ai rischi per la salute? Può utilizzare lo spazio a disposizione per farne un elenco.

Inconvenienti dovuti all'abitudine di fumare:

Ecco alcuni inconvenienti provocati dal tabagismo citati dai partecipanti nelle nostre inchieste.

- "Si convinca, comunque, che questi inconvenienti spariranno (presto per alcuni e gradatamente per altri) quando smetterà di fumare !

- "Fumare rende l'alito cattivo".

- "Dopo aver fumato una sigaretta si ha un cattivo odore".

- "La sigaretta lascia un cattivo odore nell'appartamento e in automobile".

- "Il mio vizio di fumare mi fa spendere molti soldi".

- "Fumare ingiallisce le dita e i denti".

- "E' fastidioso sentirsi dipendente dalla sigaretta".

- "Fumare infastidisce gli altri". "Fumando si ha meno fiato".

- "Fumare genera una sensazione di fatica". "Si ha meno energia".

Sappia che...

- In Svizzera, come nella maggior parte dei paesi ricchi, il tabacco rappresenta la principale causa evitabile di malattia e di mortalità.

- In Svizzera muoiono 10'000 persone all'anno per malattie dovute al tabagismo. Questo dato equivale al crash di 25 Boeing 747. Esso rappresenta più della totalità dei decessi dovuti ad incidenti stradali (700), al consumo di droghe illegali (310), all'AIDS (680), alle cirrosi dovute al consumo di alcol (650) o ai suicidi (1'500).

- Un fumatore su due, muore di una malattia attribuibile al tabagismo. Inoltre i fumatori muoiono in media 8 anni prima dei non fumatori. Smettendo di fumare aggiungete molti anni alla vostra speranza di vita, aumentando la probabilità di vedere i vostri figli e i vostri nipoti crescere.

- I decessi dovuti al tabagismo sono piu frequentemente preceduti da lunghe e dolorose malattie.

- Il tabagismo non uccide solo le persone anziane. In Svizzera il 30% dei decessi degli uomini e l'8% dei decessi delle donne, appartenenti alla fascia d'età tra i 35 e i 69 anni, sono dovuti al tabagismo. (Il tasso di mortalità per le donne è meno elevato in quanto in passato le donne fumatrici erano meno numerose rispetto agli uomini).

- Il rischio di cancro ai polmoni è di 18 volte più elevato per i fumatori rispetto ai non fumatori. Inoltre il rischio di contrarre un infarto prima dell'età di 65 anni è tre volte più elevato. Questo rischio diminuisce sensibilmente se si smette di fumare.

- Solo il 13% delle persone alle quali viene diagnosticato un cancro ai polmoni è ancora in vita 5 anni dopo.

- Il tabagismo è la cause di molti altri problemi di salute: ictus, osteoporosi (diminuzione della densità delle ossa e causa di dolori e fratture), bronchite cronica, ulcera dello stomaco, deterioramento delle gengive, ecc.

- Fumando mettete in pericolo la salute degli altri. I non fumatori che vivono con un fumatore aumentano del 26% il rischio di avere un cancro ai polmoni, del 23% di avere un infarto, in confronto ad un non fumatore che vive in un ambiente senza fumo.

- Il 33% degli incendi è causato da un fumatore (sigarette gettate nella pattumiera, nei boschi, ecc.).

- Numerosi incidenti stradali sono causati dai fumatori, dovuti alla loro disattenzione.


Fumando lei assorbe:

* circa 4'000 sostanze naturali contenute nel tabacco, di cui la nicotina (la sostanza che crea la dipendenza), il monossido di carbonio (che ostacola l'azione dei muscoli e del cervello), l'arsenico e i derivati dal cianuro (composi da cianuro e idrogeno), l'acetone, la formaldeide, ecc.

* additivi chimici quali l'acido silicico, carbonico, acetico, formico, benzoico; il diossido di titanio; i prodotti sbiancanti delle ceneri; gli acceleratori di combustione, ecc.

* catrame, che si deposita nei bronchi e nei polmoni e può provocare il cancro.

* ammoniaca, che i fabbricanti di sigarette aggiungono al tabacco per facilitare l'assorbimento della nicotina e quindi il mantenimento dell'effetto di dipendenza del fumatore.

Molte di queste sostanze e additivi sono estremamente tossici. Vuole veramente assorbire quotidianamente queste sostanze ?

Fumando mette in pericolo anche la salute degli altri:

Diversi studi hanno evidenziato come fra i non-fumatori che vivono con un fumatore il rischio di cancro al polmone è aumentato del 26% e il rischio di infarto del 23% in rapporto a non-fumatore che vivono in un ambiente senza fumo.

L'immagine che da di se stesso

Come sa il gesto di fumare è sempre più mal visto. Rifletta sull'immagine negativa che da di lei stessa alla sua famiglia, ai suoi bambini, ai suoi amici, ai suoi colleghi di lavoro, ai suoi superiori. Smettendo di fumare darà loro un'immagine di una persona forte e responsabile, capace di volontà preoccupato della propria salute e di quella degli altri.

L'esempio dato ai giovani:

Gli adulti che fumano sono in parte responsabili quando gli adolescenti imitano questo comportamento. Smettendo di fumare diventerà, per i più giovani, un modello positivo.

Lei vuole sostenere l'industria del tabacco ?

Comperando le sigarette sostiene un'industria che riconosce di avere quale obiettivo economico i bambini e gli adolescenti, riconosce di manipolare la composizione del tabacco per accrescerne l'effetto di dipendenza e soprattutto che conosce l'esatto pericolo del prodotto che vende. Essa ha riconosciuto anche di aver mentito, poiché contrariamente a quanto ha sempre affermato, sapeva da parecchio tempo che la nicotina crea dipendenza fisica.

Perchè vorrebbe continuare a fumare ?

Si è già chesta per quali ragioni continua a fumare pur conoscendo gli svantaggi di questa abitudine ? Utilizzi lo spazio in basso per farne un elenco.

Le ragioni per le quali vorrei continuare a fumare:

Ecco alcune ragioni dei partecipanti alla nostra inchiesta e le risposte che possiamo dar loro.

"Mi piace fumare"

Il piacere che trova nella sigaretta lo può trovare anche altrove. Esso è legato alla dipendenza nicotinica. Smettendo di fumare proverà un sentimento di conquista, si sentirà più in forma, ritroverà pienamente il gusto e l'odorato, gli alimenti e le bibite avranno un maggior sapore e avrà più fiato. Inoltre, smettendo di fumare, non dovrà più preoccuparsi dei rischi che corre la sua salute e quella degli altri. (www.zyban.com).

"Fumare mi rilassa"

Ci sono altri modi per rilassarsi: facendo dei respiri profondi, oppure una passeggiata o più movimento, praticare una tecnica di rilassamento, dormire di più o ancora fare una siesta (anche solo di un quarto d'ora), ecc. Il piacere e la sensazione di rilassamento che si provano dopo aver fumato una sigaretta, sono legati alla dipendenza generata dalla nicotina. In realtà la sigaretta elimina il cattivo umore provocato dalla mancanza di nicotina.

I non fumatori non provano ne piacere ne rilassamento quando assumono nicotina. Se smetterà di fumare si renderà conto che non avrà bisogno della sigaretta per rilassarvi e per vivere con piacere. Ritroverà la calma e la tranquillità di cui godono i non fumatori. I fumatori hanno dimenticato cosa significa essere completamente rilassati in quanto temono in continuazione di provare i sintomi di astinenza dalla nicotina.

"Una sigaretta mi aiuta a supportare i momenti difficili"

Si chieda se in fondo la sigaretta l'aiuta veramente a superare i suoi problemi. Accendere una sigaretta quando si presenta un problema può impedirle di identificare il vero problema e di risolverlo.

"Fumare mi permette di concentrarmi e di lavorare meglio"

La nicotina facilita la concentrazione in quanto attenua i sintomi di astinenza (agitazione, ansia). Essa le permette di liberare i suoi pensieri per altre cose. In realtà la sigaretta diminuisce le prestazioni intellettuali in quanto diminuisce l'apporto di ossigeno al cervello.

"Prima o poi smetterò di fumare ma non ora"

Non sarà certamente più facile smettere fra qualche tempo. Quindi perché non smettere subito ? Non sarebbe meglio smettere di fumare a partire da subito, prima di essere colpito da una malattia dovuta al tabagismo ?

"Mi manca la volontà per smettere di fumare"

Migliaia di persone sono riuscite a smettere di fumare, quindi anche lei ne avrà le capacità ! Si guardi attorno, conosce sicuramente più di un non fumatore. Pensi che anche lei possiede la volontà che hanno avuto queste persone e che anche lei potete riuscire a smettere di fumare. Contrariamente a ciò che pensano molti fumatori non si tratta solo di una questione di volontà, ma anche di una certa attitudine. Potrà conquistarla leggendo gli opuscoli di questa serie.

"Sono dipendente dalla nicotina"

La nicotina è infatti una sostanza che genera una forte dipendenza fisica. In realtà è la dipendenza la ragione principale che spinge i fumatori a continuare a fumare. Ogni sigaretta alimenta e rinforza questa dipendenza. Vi basterà smettere di fumare per un periodo di 2 o 3 settimane per liberarvene. Smettere di fumare significa uscire dalla morsa della dipendenza. Molti ex-fumatori confessano che uscire dalla dipendenza è stato meno difficile di quanto pensassero e che se l'avessero saputo avrebbero smesso prima.

"Ho paura dei sintomi provocati dalla mancanza della sigaretta"

Questi sintomi spariscono in genere dopo due o tre settimane. I cerotti, le gomme da masticare e lo spray nasale a base di nicotina, attenuano questi sintomi o addirittura li eliminano. Facendo uso di questi prodotti moltiplicherà di due o tre volte la possibilità di riuscita dei tentativi di smettere.

"Se smettessi di fumare ingrasserei"

E' vero che alcune persone aumentano di peso smettendo di fumare. Sappia comunque che l'aumento di peso è moderato (3 o 4 chili) e che esistono tecniche semplici ed efficaci per perdere peso o evitare di acquistarne. L'utilizzazione di cerotti e di gomme da masticare alla nicotina permettono agli ex-fumatori di limitare, o almeno di ritardare, l'aumento di peso dopo aver smesso di fumare.

"Alla mia età il peggio è fatto "

Questo ragionamento è sbagliato. Indipendentemente dalla sua età e dagli anni in cui fuma. Smettere di fumare ha un effetto benefico sulla sua salute. Non e mai troppo tardi.

"Fumo poco, non rischio molto"

Anche questo ragionamento è sbagliato. Molti studi scientifici hanno dimostrato che anche "medi" fumatori corrono seriamente dei rischi. Ad esempio gli uomini che fumano da una a 10 sigarette al giorno, corrono il rischio di contrarre un cancro ai polmoni nella misura di 10 volte maggiore in rapporto ad un non fumatore.

"Fumo sigarette leggere e il rischio che corro è minimo":

Il concetto di sigarette "leggere" è stato inventato dall'industria del tabacco per trarre in inganno il fumatore portandolo a credere di fumare sigarette con un grado di tossicità minimo. I tassi di nicotina e di catrame indicati sul pacchetto di sigarette sono stati stabiliti con degli appositi macchinari, ma le persone non sono macchine ! I fumatori di sigarette leggere non fumano allo stesso modo dei fumatori di sigarette "normali". Essi, infatti, inalano più profondamente, fanno dei tiri più lunghi e più frequenti, lasciano dei mozziconi più corti e tendono a comprimere il filtro per evitare che il fumo sia troppo diluito con l'aria. Di conseguenza il tasso di nicotina e di sostanze tossiche contenuto nel sangue, non è molto diverso per i due tipi di fumatori.

"Se smetto poi temo di ricominciare"

La ricaduta è un fenomeno normale. Mediamente un ex-fumatore fa 4 tentativi seri di smettere prima di liberarsi completamente dalla sigaretta. La ricaduta non è una vergogna, bisogna piuttosto ripetere il tentativo aumentando cosi le possibilità di successo.

E ora?

Perchè non fare il passo ?

Probabilmente non prevede di fumare per tutta la vita. Perché, dunque, non smettere già sin d'ora, prima di essere colpiti da una malattia o di far ammalare le persone che vi stanno vicine. Moltie ex-fumatori hanno affermato che smettere di fumare è stata una delle decisioni migliori prese nella loro vita e quelle che il ha resi più fieri. Cominci rafforzando la sua motivazione. Si informi, ne parli con le persone che le stanno vicine o con il suo medico. Prepari un tentativo e provi a smettere anche a costo di racadere. Tentare più volte è normale.

Noi possiamo aiutarla !

Possiamo darle dei consigli personalizzati per motivarla ed aiutarla a smettere. Dovrebbe compilare un questionario e poi inviarcelo. Riceverà un resoconto basato sulle sue risposte. Se lo desidera potrà ricevere una serie di resoconti diluiti nel tempo. Inoltre, abbiamo realizzato una serie di opuscoli che potranno esserle utili. Può ottenere gratuitamente questo materiale scrivendoci all'indirizzo indicato nell'ultima pagina.

Se ha accesso ad Internet più ordinarlo al seguente indirizzo: http://www.stop-tabac.ch.

Si prepari attivamente

Piuttosto di provare a smettere da solo, si faccia aiutare da un medico o da una specialista o da un gruppo di sostegno (Piano dei 5 giorni). Troverà degli indirizzi utili nelle pagine seguenti.

Dove può trovare aiuto ed informazioni per smettere di fumare ?

Internet

Consigli individuali prodotti dal Sistema Esperto Stop-Tabacco in base al vostro questionario: http://www.stop-tabac.ch.

Swissweb della prevenzione: http://www.prevention.ch.

Centro nazionale di documentazione sul tabacco e sulla salute (Canada): http://www.ccsh.ca/ncth/cndts.html.

Riduzione del tabagismo (Canada): http://www.hc-sc.gc.ca/english/tobacco.htm

Tabac-net (France): http://www-tabac-net.ap-hop-paris.fr/

Metodi che possono aiutarla :

• Piano dei 5 giorni della Lega Vita e Salute (metodo di gruppo): Lega Vita e Salute. Via Cabione 18 - CH 6900 Massagno.Tel: 091- 945.38.54.Internet: http://www.vie-et-sante.ch. E-mail: carprev@iprolink.ch


Postato 4th May 2003 da Ezechiele


1 Commenti :


anonimo4 maggio 2003 17:38

Che bel lavorone, Eze!

Penso proprio di stampare tutto e farlo leggere al mio suocerotto.

Se funziona facciamo un pellegrinaggio a piedi a Lourdes.

Ciao e grazie.

Alfredo.


MAY 5


MA PERCHE' LA FERRARI E' ANCORA SPONSORIZZATA da questa marca di produttori di sigarette e venditori di morte ? Ma non esiste una Legge che vieta la pubblicita' alle sigarette ?

Postato 5th May 2003 da Ezechiele

3 Commenti :

PannaAcida5 maggio 2003 12:53

Non ho mai fumato, e ormai a 24 anni, nn ho intenzione di cominciare, apprezzo tantissimo il tuo lavoro, e quando troverò materiale interessante te lo manderò di vero cuore. Grazie, a nome di tutti quelli a cui hai aperto gli okki...^_^

Lola5 maggio 2003 13:17

La Lola non fuma,o meglio,in occasioni speciali,tipo una sigaretta all'anno,quando vuole sentirsi figa mentre scrive....comunque la butta via a metà. Se c'è un blog intelligente,è il tuo. Sono onorata di essere stata invitata a fare un giro qui e ti manderò tutte le persone che conosco (fumatori e non). Spero di poterti accogliere ancora da me,un grazie enorme a nome di tutte le persone che aiuterai,magari senza saperlo. Buon Lavoro e in bocca al lupo per tutto. Ciao dalla Lo

anonimo5 maggio 2003 19:03

Pannacida, non disperare! Non si sa mai che cosa ti riserva la vita: io ho cominciato a fumare a 33 anni. Che fessacchiotto, eh? lavvocatodeldiavolo

MAY 6

Mi rispondo da solo !! :

La Fia (Federazione internazionale dell'automobile) ha deciso di bandire ogni tipo di sponsorizzazione di marche di sigarette nella F1. Dal 2006 quindi via ogni tipo di riferimento alle "bionde" da auto, tute e da tutto il circuito di F1.

La perdita di introiti per le scuderie sfiorerà i 396 milioni di euro.

Postato 6th May 2003 da Ezechiele

MAY 7

Cosa dice oggi la LEGGE ITALIANA SUL FUMO ?

Potete leggerlo su questa interessante pagina del sito ARIA PULITA :

http://web.cheapnet.it/ariapulita/legge.html

Postato 7th May 2003 da Ezechiele

MAY 7

Tratto da GEA News N° 5 :

Non cominciare, perche ti sarà difficile smettere

Ogni fumatore con cui parlate vi dirà che fumare fa male. Allora perché continuano a fumare?

MITO: Le compagnie del tabacco divulgano che il fumare rappresenta una scelta adulta. VERITA': I fumatori cominciano da ragazzi o da bambini età in cui è difficile operare una scelta in piena libertà.

Più del 70% dei fumatori vorrebbe smettere.

MITO: I produttori di sigarette rinforzano il concetto che i fumatori possono smettere quando vogliono.

VERITA': Fumare è una dipendenza fisica e mentale ad ogni effetto, una volta che cominci è davveri difficile fermarti.

Cosa non ti dicono i produttori e venditori di Tabacco.

- Le possibillità di avere successo al primo tentativo di smettere di fumare sono di 1 a 100.

- I fumatori che smettono sono tutti a forte rischio di ricaduta. - I fumatori hanno successo a smettere non prima di avere effettuato 3 o 4 tentativi precedenti.

Con le loro proprie parole

Sin dagli anni 60 le industrie del tabacco avevano scoperto che questo prodotto crea dipendenza, ma lo hanno taciuto all'opinione pubblica. Ecco l'evidenza pronunciata dalle loro stesse parole:

- "La Nicotina crea dipendenza. Noi abbiamo fatto commercio di Nicotina, una droga." – Addison Yeaman, 'Brown and Williamson', 17 Luglio 1963.

- "Fortunatamente per l'industria del Tabacco la Nicotina crea abitudine ed è unica nelle sue molteplici azioni fisiologiche." – research planning memo by RJ Reynolsd Tobacco Co - researcher Claude Teague, 1972.

- "Pochissimi fra i consumatori sono attenti agli effetti della Nicotina, si tratta di una droga in grado di creare dipendenza, ed è anche un veleno." – Brown and Williamson memorandum signed by HD Steele, 1978.


Postato 7th May 2003 da Ezechiele


1 Commenti :

anonimo26 ottobre 2003 19:03

certo che non poteva essere più interessate un sito come il vostro!!

Quasi mi viene la vergogna a presentarvi il mio gruppo ma ci provo lo stesso.

Finalmente é terminato il sito di Fumettino e la Gioconda. Sarei onorato se anche Lei vorrà visitarlo. distinti saluti

MAY 8

Da Gea News N° 8 :

E i produttori non stanno a guardare. (Ricevuto da GLOBALink)


"I received the note below from one of our smoking cessation counselors."

Ron Davis (rdavis1@hfhs.org)


"Questa settimana ho parlato con un paziente che aveva smesso di fumare 2-3 settimane prima del 1 gennaio del 2000. Mi disse che aveva resistito fino al 3 gennaio. Ma quel lunedì aveva fumato 2 sigarette.


Gli ho chiesto il perche' e mi disse che la Winston (marca di sigarette pubblicizzate dai "Flintstones" di Hanna e Barbera n.d.r.) gli aveva giusto spedito un pacchetto di sigarette gratis arrivato per posta proprio lunedì.


"E' interessante il fatto che queste sigarette sono arrivate nel momento in cui la maggiorparte dei fumatori decide di smettere. Tutto cio' sembra illegale, anche se non sono del tutto sicuro. Ho voluto dirvelo perche' mi sembra che queste compagnie del tabacco stanno giocando sporchi traffici e sono sicuro che molti altri fumatori riceveranno in dono altri magnifici pacchetti GRATIS."

Postato 8th May 2003 da Ezechiele


MAY 8

Da Gea News N° 9 :

Australia: i bambini potrebbero denunciare i genitori che fumano

Un importante avvocato della Difesa Pubblica ha affermato che i figli esposti al fumo passivo da parte dei genitori presto potrebbero essere in grado di denunciarli. Inoltre i genitori che fumano potrebbero essere penalizzati nelle dispute legali per richiesta di affidamento.

In una relazione pubblicata questo mese, Eugene Arocca, socio della Maurice Blackburn Cashman, afferma che l'obiettivo nelle cause per danni da fumo, in Australia, sta spostandosi dall'ambiente di lavoro a quello domestico e alberghiero.

In particolre, egi sostiene che figli di genitori fumatori, lavoratori fissi presso alberghi, ristoranti e locali notturni, soggetti esposti al fumo in prigione, potrebbero in futuro citare per danni i responsabili. "Le cause legali di questo genere", aggiunge Arocca, "potranno estendersi a familiari che fumano, occupanti di immobili residenziali, e perfino madri in attesa".

Nella sua relazione Arocca riferisce di casi, negli USA, di genitori che, se non smettono di fumare, perdono i diritti di affidamento dei minori. Se due genitori sono in causa a tale riguardo, ed hanno caratteristiche equivalenti, quello dei due che non è fumatore ha più diritto ad ottenere l'affidamento del figlio. Arocca sostiene che bambini, giovani e perfino adulti che abbiano contratto asma, tumori o altre malattie fumo-correlate, possono fare causa a genitori, familiari e altri soggetti con cui siano stati in contatto prolungato, come educatori e simili, per danni da fumo passivo. I figli sarebbero certamente restii a intraprendere tali legali nei riguardi dei genitori, ma non se la controparte fosse rappresentata da compagnie assicuratrici dell'abitazione e dei suoi residenti.

Postato 8th May 2003 da Ezechiele

1 Commenti :

anonimo8 maggio 2003 16:40

Ciao amici non fumatori attuali e prossimi, ciao Eze.

Ho stampato e distribuito una dozzina di copie dell'articolo su quella ricerca svizzera pubblicato il 4/5 dal titolo 'E se smettessi di fumare?'.

Nella operazione di stampa si perdono tutte le scritte in chiaro comunque chi vuole capire capisce.

Abusando della tua pazienza ti chiedo di pubblicare ancora un bel lavoro sullo stesso tenore (aiutare a fare smettere) e stampabile correttamente.

Ho la possibilità, a causa del mio lavoro, di centinaia di contatti ravvicinati con fumatori che potrebbero beneficiare di questa operazione.

A presto e....

NON MOLLATE MAI !!!!!!!!!!!!!!!!!!!!!!!

alfredo

MAY 9

Per accontentare Alfredo, il link e':

http://www.stop-tabac.ch/it/brochure/indetermination.html

Postato 9th May 2003 da Ezechiele

1 Commenti :

anonimo10 maggio 2003 17:40

Grazie Eze, spero di mettermi presto al lavoro.

Alfredo.


## MAY 9

Ho trovato un interessante articolo che mi porta a confermare la validita' della mia CAMPAGNA CONTRO IL FUMO IN TV !

Continuate numerosi a mandare le vostre adesioni !

ADOLESCENTI: BACCO, TABACCO E ..... TELEVISIONE

di ALBERTO PELLAI

Uno dei settori in cui maggiormente è dimostrabile la correlazione tra mass media e comportamenti da essi indotti è quello che vede coinvolte le multinazionali del tabacco e dell'alcool, le cui politiche di marketing prevedono una strategia molto aggressiva per conquistare al mercato nuovi acquirenti e consumatori appartenenti alla fascia d'età adolescenziale e giovanile. L'efficacia della comunicazione pubblicitaria in questo ambito è dimostrata dall'entità dell'investimento che ogni anno le multinazionali impegnano in attività promozionali: ben 8.000 milioni di dollari vengono infatti spesi per far comprare prodotti a base di alcool e tabacco e, di questo denaro, soltanto un terzo è impiegato in pubblicità diretta (spazi pubblicitari che invitano all'acquisto del prodotto, situazione tra l'altro vietata per legge in Italia per le sigarette) mentre i restanti due terzi vengono utilizzati per attività di marketing indiretto quali sponsorizzazione di eventi sportivi o concerti rock oppure pubblicità passiva od occulta, striscioni negli stadi o adesivi sui caschi o sulle automobili di Formula 1. Ogni giorno l'industria del tabacco ha bisogno nei soli Stati Uniti di 3.000 nuovi fumatori per garantirsi margini di profitto e guadagno adeguati alle proprie previsioni e valutazioni economiche. Non per nulla, negli U.S.A. l'86% degli adolescenti che fumano, preferisce sigarette di una delle tre marche maggiormente pubblicizzate dai mass media. Effettivamente la presenza di messaggi diretti o indiretti (e quindi con potere di convincimento subliminale) promuoventi l'uso (e abuso) di sostanze ad azione psicotropa è assai ridondante all'interno dei mass media.

L'analisi di un campione di 36 ore di programmi televisivi ha evidenziato come in esso fossero riscontrabili 149 messaggi correlati all'abuso di alcol e sostanze ad azione psicotropa. In tale studio, un messaggio veniva considerato a sostegno di alcol o sostanze stupefacenti quando non era evidenziabile alcun elemento che ponesse una luce negativa su tale comportamento. Dei 149 messaggi analizzati, ben 121 erano a favore di tali comportamenti, non essendo stato possibile rintracciare alcun fattore di condanna o di denuncia. Soltanto in 21 casi la problematicità e le conseguenze derivate dall'abuso di sostanze ad azione psicotropa ricevevano menzione. L'indice a favore di tali comportamenti passava da 6 contro 1 a 10 contro 1 quando, dalla totalità, venivano isolate le sole situazioni che avevano a che fare con il consumo di alcol.

L'aggressività con cui le multinazionali del tabacco si rivolgono ai mass media per uncinare giovani consumatori è legata alla crisi di mercato riscontrata durante gli anni '80, quando le campagne di prevenzione e i gruppi per i diritti dei non fumatori sono riusciti a creare un movimento di opinione e a promuovere una serie di leggi che hanno drasticamente ridotto il numero di sigarette vendute e fumate tra la popolazione adulta, condizione che a tuttoggi non ha, invece, ancora interessato il mercato delle bevande alcoliche. L'industria del tabacco ha, perciò, immediatamente intuito che l'unica possibilità per mantenere elevati livelli di profitto consisteva nell'ampliamento della popolazione dei nuovi consumatori e, quindi, nel reclutamento di nuovi fumatori tra i preadolescenti e gli adolescenti. I risultati non hanno tardato a farsi evidenti: nel quinquennio 1991-95, negli U.S.A. la percentuale di studenti della scuola superiore che fumano è cresciuta del 7%, passando dal 28% al 35%, (anche se fra questi, la percentuale di quelli che dichiarano di fumare con regolarità tutti i giorni è pari al 3.5%) .


In questo stesso periodo di tempo, J.Pierce e il suo gruppo in California hanno monitorato 1752 adolescenti che non avevano mai fumato nel 1993 mettendo in correlazione la loro esposizione a messaggi promozionali con il loro comportamento di fumatori nei successivi tre anni e hanno dimostrato che il 34% di tutte le sperimentazioni di tabacco da parte di individui compresi nella fascia d'età 12-17 anni sono da attribuirsi alle iniziative promozionali promosse dalle multinazionali del tabacco. Rapportato alla popolazione generale, questo comporta che più di 700.000 adolescenti statunitensi sperimentano il fumo di sigarette grazie alle strategie di marketing aziendale. Questo dato è tanto più grave poichè la ricerca dimostra che quanto prima un ragazzo comincia a fumare e tanto maggiore è la sua probabilità di divenire dipendente dalla nicotina, come dimostra il fatto che l'89% dei fumatori abituali ha provato la sua prima sigaretta prima di raggiungere i 18 anni e che 3 adolescenti fumatori su 4 pur provandoci non sono più capaci di smettere di fumare.

La pubblicità diretta ed indiretta, la "glamourizzazione" (effetto che rende socialmente accettabile, desiderabile ed addirittura eleva a status symbol una serie di comportamenti che invece hanno ricadute negative sullo stato di salute individuale e collettivo) del tabacco che da essa ne deriva sono un fenomeno voluto e ricercato dei responsabili di marketing delle multinazionali e risponde a strategie di immagine ben precise. Infatti, mentre per vendere un detersivo o una passata di pomodoro si ricorre ad un prototipo di pubblicità che potremmo definire "FUNZIONALE", che decanta cioè le caratteristiche e funzioni del prodotto in oggetto in modo tale da spingere il potenziale consumatore all'acquisto, alcol e tabacco si servono di spot e messaggi maggiormente basati su un modello di pubblicità "PROIETTIVA" o, a volte, identificatoria. Nella modalità proiettiva, lo spot mostra un luogo, una situazione sociale o un gruppo al quale sarebbe bello appartenere e che presenta caratteristiche assai lontane da quelle dello spettatore. La pubblicità degli alcolici tende, per esempio, a proiettare il potenziale consumatore in un mondo di gente benestante e caratterizzata da elevato tenore di vita, dove tutto è luccicante, bello, elegante. Quasi sempre, perciò, queste pubblicità offrono suggestione, incanto, modelli di uomo e donna verso i quali tendere e ai quali desiderare di assomigliare. Succede, infatti, molto frequentemente che la desiderabilità di una situazione proposta dai media provochi un subconscio meccanismo di identificazione con la situazione proposta, tale da indurre nello spettatore una conseguente ed inconsapevole aspettativa verso se stesso, dalla quale il soggetto riesce a liberarsi soltanto attraverso l'imitazione del comportamento in questione.

La più eclatante delle operazioni pubblicitarie effettuate per promuovere il consumo di tabacco tra i più giovani è quella promossa dalla Camel negli Stati Uniti. La Camel ha "rivoluzionato" la modalità con cui venivano solitamente pubblicizzate le sigarette, affidandola ad un persoanggio dei cartoni, tale Joe Camel, cammellino antropomorfo, con uno stile alla James Bond, sempre ai bordi di una piscina o in sella a moto di grande cilindrata e costantemente in compagnia di bellissime ragazze. Naturalmente Joe Camel fa tutte queste cose con la sigaretta in bocca, e la sigaretta è sempre una Camel. Joe

Camel ha stravolto le regole di marketing delle sigarette. Portando il linguaggio dei cartoni animati dentro alla pubblicità del tabacco, la Camel ha cercato di normalizzare l'immagine della sigaretta fin dall'età più precoce, promuovendo l'induzione di attitudini positive nella mente dei piccoli spettatori. E' in questo modo che ...piccoli futuri fumatori crescono e a conferma di questa affermazione ci sono i dati di profitto e vendita. Rispetto ad un campione di popolazione adulta, più del doppio degli spettatori bambini che avevano assistito allo spot avente come protagonista Joe Camel sono stati in grado di associarlo alle sigarette Camel e hanno ritenuto molto divertente lo spot pubblicitario. In soli tre anni, dopo l'introduzione del personaggio Joe Camel negli spot pubblicitari, la Camel ha ampliato di ben 64 volte la sua fetta di mercato "adolescente". Le preferenze dei ragazzi americani nei confronti delle sigarette Camel è passata dallo 0.5% al 32% e il fatturato delle Camel legato alla vendita di sigarette ai minori è passato, nello stesso arco di tempo, da 6 milioni di dollari a 476 milioni di dollari. E' indubbio che i mass media hanno una capacità non facilmente comparabile nell'influenzare le scelte dei ragazzi, anche (e forse soprattutto) quelle legate ai comportamenti a rischio. Per esempio, due ricerche indipendenti condotte negli Stati Uniti hanno dimostrato che le tre marche di sigaretta per le quali vengono spese le più alte cifre in pubblicità sono quelle che risultano più popolari anche tra gli adolescenti.

Il problema fondamentale è che moltissime volte la trasmissione di messaggi e valori, la creazione di attitudini positive verso comportamenti che dovrebbero invece essere contrastati e allontanati, avviene in modo ambiguo e subliminale, quasi indiretto e toglie allo spettatore la possibilità di porsi con consapevolezza rispetto ai messaggi che lo colpiscono e nei confronti dei quali dovrebbe agire capacità critiche e di pensiero. Non va dimenticato che tale esercizio del pensero critico e logico-astratto che pure l'adolescente possiede, è comunque messo in crisi dal già precedentemente citato fenomeno della "pseudostupidità". E' indubbio: in questi anni le multinazionali del tabacco e dell'alcool stanno cercando di convincere gli adolescenti a "dire sì" alle sigarette e alla birra mentre tutto il resto della società sta cercando di far loro "dire no" a qualsiasi tipo di droga. Si è calcolato che un adolescente per ogni messaggio preventivo contro le sostanze ad azione psicotrope che riceve, viene raggiunto da almeno 25-50 spot relativi a birra e bevande alcoliche. L'alcol, del resto, viene presentato nei media con una frequenza che è almeno tre volte superiore a quella di qualsiasi altra bevanda.

Sono dati che confermano la complessità comunicazionale che un adolescente, crescendo, si trova a dover fronteggiare. Non deve essere facile districarsi in questa giungla di messaggi, che colpiscono forte la mente e la fantasia di chi li percepisce. Si collocano tra conscio e inconscio e hanno spesso facile gioco del proprio bersaglio,

frequentemente abituato a ricevere il messaggio comunicato, ma non a decodificarlo, interpretarlo, relativizzarlo. Di nuovo, in mezzo a questa entropia di messaggi, servirebbero adulti attenti e competenti, capaci di proporre alternative e aiutare il preadolescente a smontare e ricostruire ciò che il piccolo schermo ed i mass media gli forniscono come dato assoluto, non interpretabile e che non può essere messo in discussione. Non c'è dubbio che la desiderabilità e l'appeal con cui i media sanno presentare e proporre comportamenti e prodotti contrari al benessere, agiscono attraverso l'attivazione di processi consci e subconsci, secondo modalità che possono essere sia separate che combinate. Poiché la comprensione degli intenti persuasivi di un messaggio funziona da potente dissuasore, in quanto intacca le variabili cruciali del processo di decision-making, l'educazione ai media può aiutare i giovani spettatori, promuovendo in loro un atteggiamento critico e realista ed aiutandoli a discriminare ciò che è giusto da ciò che non lo è. Ma per fare questo occorrono figure adulte con funzione educativa efficace e presenza attenta e disponibile. Certo che, se pure noi, adulti ed educatori, veniamo travolti e sommersi dal medesimo caos mediatico e spesso non solo non riusciamo a ritrovare la direzione, ma anche ne veniamo ugualmente sopraffatti, allora ancora di più l'adolescente non può che cadere in balia di un processo che può soltanto subire.

(di Alberto Pellai, Istituto di Igiene e Medicina Preventiva, Università di Milano)

-dal libro "Teen Television", Franco Angeli Editore. La promozione del Tabacco rivolta ai giovani dalle multinazionali-

Postato 9th May 2003 da Ezechiele

4 Commenti :

anonimo9 maggio 2003 19:03

Bene. Letto questo bell`articoletto, vi sembra che possiamo fare qualcosa di piu` valido di quello che sempre e` stata la cosa piu` valida? Cioe` a dire i tre fondamentali modi nell`educare i piu` giovani? Cioe` a dire: l`esempio, l`esempio e l`esempio?

anonimo10 maggio 2003 17:55

Se l'esempio si riduce solo a far vedere che mamma e papà non fumano, temo che sia insufficiente. Anzi, il messaggio pubblicitario, che raggiunge, abbiamo visto, capacità di condizionamento totale nei giovani, rischia di far passare i genitori per due 'allocchi' per niente 'fighi'. Allora meglio insegnare, ditemi se sbaglio, che qualsiasi messaggio esterno vada analizzato, criticato e non assorbito passivamente. Filtrare tutto col proprio cervello e respingere segnali di morte dipinti d'azzurro sarà meno difficile con i tuoi cari vicino che ti aiutano a tenere gli occhi aperti.

Alfredo.

anonimo11 maggio 2003 05:09

Perche`? L`esempio lo possiamo dare solo ai nostri figli?

anonimo12 maggio 2003 16:02

Per un genitore il dovere primario è educare i propri figli ma non tralascio certo, se capita l'occasione, di far capire a qualsiasi minore che il fumo è uno degli errori più grandi ed inutili che potrebbe fare nella sua vita. Forse sbaglio ma non riesco a trattenere un evidente segno di disgusto quando incontro un giovane che fuma. Alfredo

MAY 10

Ragazzi che fumano?

Vediamoci più chiaro

di BIAGIO TINGHINO

(SERT di Monza, Progetto Tabagismo Regione Lombardia)

Indagini conoscitive sono state effettuate nel territorio della ASL3 della Provincia di Milano su 665 alunni della scuola elementare, 1520 della scuola media inferiore, e su 300 insegnanti. Un'altra è stata condotta su 500 studenti delle scuole medie superiori. Obiettivo era capire quali sono i fattori interni ed esterni che spingono i giovani a fumare, quale il livello di informazione sui danni da tabacco e quali le attitudini. Questi interventi, finanziati dalla ASL3, fanno parte del progetto di lotta al Tabagismo che sto coordinando per la Regione Lombardia, e che sono stati possibili grazie all'intervento dei ricercatori Alberto Pellai e Luciana Grapelli dell'Istituto di Igiene dell'Università di Milano, nonché di Valagussa, Giovanazzi e Noseda, delle associazioni di volontariato "Brianza per il Cuore" e "Salute Donna". I dati, alcuni dei quali in corso di pubblicazione, sono molto interessanti. Abbastanza elevato è risultato lo standard di conoscenze relativo alla pericolosità delle sigarette: il 92% degli alunni delle scuole medie inferiori pensa che le sigarette siano velenose, contro l'83% delle elementari. Nonostante ciò, i ragazzi delle medie dimostrano maggiore propensione a ritenere che "fumare sia bello" (7%) contro il 2% delle elementari, e una percentuale doppia si dichiara propenso a fumare stabilmente una volta diventato adulto. Quasi un ragazzo su tre sembra avere un'immagine mentale positiva del fumo; il 26% infatti dichiara di non fumare solo perché è troppo piccolo o perché è impedito dai genitori. Le connotazioni positive che i ragazzi attribuiscono al fumo sono rilevabili dal fatto che il 35% degli alunni delle scuole elementari pensa che "le persone importanti che si vedono in TV" fumino molte sigarette. Per confronto, l'idea del benessere legata ad una dieta sana è meno presente. Solo il 20% crede che gli stessi personaggi importanti mangino regolarmente verdure come zucchine e carote. Non è da poco l'osservazione che gli alunni delle elementari denuncino una percentuale del 40% di genitori fumatori e di conoscere degli insegnanti tabagisti (80%). I dati delle scuole medie superiori sono coerenti con quanto è emerso nelle scuole di grado inferiore. Aumenta il numero di fumatori abituali (17%), ma altri hanno comunque cominciato a fumare occasionalmente. Diminuisce la percezione della dimensione del problema, se si pensa che ad una specifica domanda, gli studenti hanno in gran parte risposto che il fumo è la sostanza meno dannosa tra eroina, cocaina, hashish e alcol. Allarmante la situazione tra gli insegnanti. Sebbene sia diffusa una certa informazione sui danni delle sigaretta, molti ritenevano i danni prodotti dal fumo meno importanti rispetto a quelli derivanti dall'inquinamento atmosferico, e circa l'11% dei docenti dichiarava di essere a conoscenza di colleghi che fumavano in classe, alla presenza degli alunni. Un lavoro di sensibilizzazione, infine, è stato proposto attraverso un concorso a premi indotto dalla ASL e che ha coinvolto circa 1400 alunni, 34 scuole di ogni ordine e grado, 71 classi, 172 insegnanti. I lavori prodotti (cartelloni, posters, puzzle, giochi, videotape, testi teatrali) sono stati esposti in una mostra che è stata ospitata dalla sala mostre della biblioteca monzese.

Postato 10th May 2003 da Ezechiele

MAY 10

Da www.palazzochigi.it/bioetica/pareri.html è possibile scaricare un documento (formato pdf) sul tabagismo.

Consiglio a tutti di andare a leggerselo, e' illuminante.


Postato 10th May 2003 da Ezechiele


MAY 10


E se veramente facessimo tutti cosi ?

Forse le cose cambierebbero un po' in Italia.


" Ho inviato la seguente lettera a Trenitalia (e ai N.A.S.)

Saluti. Cinzia.


Oggetto:violazione del divieto di fumare

Con la presente vi segnalo che all?interno della stazione Tiburtina di

Roma non è rispettato il divieto di fumare come ho potuto riscontrare in

data 5 maggio 2003 alle h. 18. Infatti, nonostante i cartelli affissi,

numerosi e ben visibili, molte persone fumavano e il pavimento era ricoperto

di mozziconi di sigarette. Non mi è stato possibile inoltre informare i

signori Giancarlo Damiani e Francesco Lucenti, i cui nomi sono indicati

sui cartelli di divieto quali responsabili del rispetto e dell?applicazione

della legge, poiché al momento non in servizio come riferitomi da un dipendente

di Trenitalia al quale mi sono rivolta.

Invito pertanto Trenitalia ad operare un controllo rigoroso e costante

allo scopo di ottenere il rispetto di una norma in vigore nel nostro paese

da quasi trenta anni ma ancora troppo spesso disattesa e violata. Sottolineo

che la sola presenza dei cartelli, non è sufficiente e che i dirigenti e

i controllori hanno il dovere di far rispettare le leggi e di elevare le

sanzioni.

Distinti saluti. "

Postato 10th May 2003 da Ezechiele

3 Commenti :

anonimo10 maggio 2003 17:34

La crescita di un Paese si misura anche da come i cittadini, invece di arrendersi e subire passivamente, cercano di agire e reagire attivamente quando le cose non vanno nel verso giusto. Fosse solo per le generazioni che verranno. Anche uno solo che grida è un segnale positivo per tutti. Grazie Cinzia. Alfredo.

anonimo10 maggio 2003 20:16

ma che hanno fatto per noi le generazioni che verranno?

anonimo11 maggio 2003 17:07

Riguardo le generazioni che verranno, per ora Valentina, 8 anni, ed Enrico, 3, mi fanno sia dannare per le loro diavolerie che impazzire di gioia per frammenti di inaspettata dolcezza.

Li vedo crescere velocemente ed apprendere, come tutti i bambini di oggi, con estrema avidità.

E' una continua ed impari lotta (sono più forti loro) che però sta dando risultati soddisfacienti.

Formare cittadini responsabili, coscienti dei propri diritti e doveri, non è certo cosa facile.

Se sapranno tanto rispettare gli altri quanto farsi rispettare dagli altri, penso che tutto il resto, famiglia, lavoro, divertimenti, cultura e altre cose pazze saranno più facili da realizzarsi. Alfredo.

MAY 12

NOI LO STIAMO DICENDO DA SEI MESI !!!

FUMO: SIRCHIA COMPIACIUTO PER DIVIETO PUBBLICITA' INDIRETTA

(ANSA) - ROMA, 10 MAG - Un "vivo compiacimento" e' stato espresso oggi

dal ministro della Salute, Girolamo Sirchia, per la sentenza con cui il

Consiglio di Stato ha vietato la pubblicita' indiretta delle sigarette

nei film e programmi di fiction tv.

Il provvedimento, rileva il ministero in una nota, segna "un importante passo avanti con ripercussioni sulla tutela della salute dei cittadini dai danni del fumo e viene incontro agli appelli che il ministro Sirchia ha piu' volte rivolto alle reti televisive senza ottenere finora riscontri effettivi".

La sentenza, rileva il ministero, e' anche in linea con i programmi dell'Organizzazione mondiale della sanita' (Oms), che per il 31 maggio prossimo ha deciso di dedicare la Giornata mondiale senza tabacco al mondo del cinema e della moda. (ANSA)

Postato 12th May 2003 da Ezechiele

1 Commenti :

anonimo12 maggio 2003 15:50

Non voglio fare pubblicità a nessuno schieramento politico (e poi Sirchia è un tecnico) ma mi sembra che il ministro della salute stia prestando molta attenzione al problema fumo. Già Veronesi aveva intrapreso la strada giusta e vorrei sapere se non sia il caso di far conoscere alle persone che hanno le leve del comando (e che alla fine sono quelle che realizzano o no lo spirito di tutte queste nostre battaglie) il nostro apprezzamento. Colgo l'occasione per fare pubblicità (adesso sì) al mio blog (si fa per dire) su Tiscali - Blog - Sport - Altri Sport (questo è il percorso dalla Home Page) riguardo la mia società sportiva di Triathlon.

Grazie, scusate le parentesi e la sfacciataggine.

Alfredo.

MAY 12

ADERIAMO ANCHE NOI !!!

BRAVO GIACOMO !!!

Roma, 15 Aprile 2002

Ai NAS di Bologna

Via delle Berrette Rosse 67,

40100 - Bologna

Oggetto: Pubblicità di sigarette al Gran Premio di Imola.

In occasione del Gran Premio di Formula Uno disputato ad Imola il 14 aprile 2002, si è potuto assistere ad una colossale pubblicità dei prodotti da tabacco vietati dalla legge italiana.

Al di là della evidente pubblicità televisiva ottenuta dai vari marchi di sigarette che compaiono nel corso della gara su auto, tute del personale e sui cartelli distribuiti lungo il percorso, detta pubblicità è senz'altro stata realizzata all'interno dell'autodromo per gli spettatori presenti.

Pertanto si chiede l'intervento di codesta autorità al fine di sanzionare l'illecita pubblicità dei prodotti da tabacco ottenuta in violazione del D.L. n.4/83 convertito in Legge 52/83.

Si ricorda che la Suprema Corte di cassazione, in relazione alla legge sopra citata, ha ritenuto che tale legge intende reprimere non solo l'intento, ma anche l'effetto della propaganda, essendo quest'ultimo ciò che giova alla diffusione del prodotto da fumo, minacciando la salute pubblica, oggetto di tutela della norma di legge (Cassazione a sezioni unite 6/10/95 n.10508).

Dott. Giacomo Mangiaracina

Presidente SITAB

Aderiscono:•

CODACONS•

GEA Progetto Salute - ONLUS•

Associazione ALIBERF -Liberi dal Fumo•

"Aria Pulita" - Associazione Non Fumatori


Postato 12th May 2003 da Ezechiele


2 Commenti :

fanny12 maggio 2003 02:42

L'iniziativa ha tutto il mio appoggio. Io non fumo, non ho mai neanche provato ad accedermi una sigaretta. Mio zio è morto con un cancro al polmone, lasciando 4 figli...


anonimo12 maggio 2003 18:47

Spero mi sia lecita una domanda: tuo zio fumava?


MAY 13


Il tabagismo

Presentazione

Il fumo di tabacco costituisce uno dei maggiori fattori di rischio nello sviluppo di patologie, spesso croniche ed invalidanti, che influiscono negativamente sul benessere e sull'economia di ogni paese: secondo l'Organizzazione Mondiale della Sanità (OMS) rappresenta la principale causa delle morti evitabili nel mondo.

Il fumo di tabacco è coinvolto nella patogenesi di almeno otto tipi di cancro (polmone, vie respiratorie, fegato, pancreas, esofago, stomaco, rene, cervice uterina, leucemie) e di diverse altre malattie non tumorali, ma potenzialmente mortali, quali il cuore polmonare, la broncopneumopatia cronica ostruttiva, le coronaropatie, gli accidenti cerebrovascolari.

Il fumo, inoltre, aumenta il rischio di aborti spontanei, di gravidanze extrauterine, di scarso peso alla nascita, nonché di difetti congeniti del nascituro. Numerose altre condizioni correlate al fumo di sigaretta sono responsabili di una notevole spesa sanitaria (vasculopatie periferiche, cataratte, parodontopatie). I danni causati dal fumo sono legati non solo al catrame (responsabile dei tumori), ma anche alla presenza di oltre 4.000 sostanze nocive contenute nel prodotto della combustione.

L'inalazione passiva del fumo di tabacco da parte di non fumatori è ugualmente associata ad effetti deleteri per la salute, anche se con minori livelli di rischio rispetto al fumo attivo.

Fonte: Ministero della salute

Postato 13th May 2003 da Ezechiele


MAY 13


Ho inviato una nuova lettera per denunciare la violazione del divieto. Saluti.

Cinzia.


Oggetto: Segnalazione violazione divieto di fumare

1) 12/05/2003 h. 18,45 stazione Colosseo Linea B. La stazione è affollatissima,

stracolma di turisti. Un operatore Met.Ro. e uno della Security Service

fumano, il primo all?interno del gabbiotto e il secondo a poca distanza

dai tornelli. Tutto intorno a loro affissi alle pareti, ben visibili e numerosi

i cartelli di divieto.

Evidentemente, nonostante tutti gli sforzi compiuti e gli indubbi risultati

positivi riscontrati nelle stazioni della metropolitana di Roma, ci sono

ancora operatori alle vostre dipendenze per i quali le leggi vigenti in

materia di fumo non hanno alcuna valenza e che si sentono in diritto di non rispettarle incuranti e indifferenti sia del disturbo e del danno che

il loro comportamento procura a tutti gli utenti sia della cattiva immagine

proposta da chi dovrebbe garantire la sicurezza e il rispetto delle leggi

servendo da esempio a tutti i cittadini romani e non che giornalmente utilizzano

e apprezzano il servizio di trasporto pubblico.

Distinti saluti.

Postato 13th May 2003 da Ezechiele


MAY 13

SMETTERE DI FUMARE CON I FIORI DI BACH !!!

Ricevo e posto :


" caro Ezequiel, ( il mio nome e' Ezechiele, ma apprezzo l' intenzione !)

sono una floriterapeuta, il sito che ho creato e a cui lavoro e' www.floriterapia.com ; faccio volontariato per aiutare i giovani a smettere di fumare con la floriterapia. la mia decisione è frutto della collaborazione con giacomo mangiaracina, ho imparato tutto quel che so del fumo vivendogli accanto per 5 anni.

nel mio sito troverai delle curiosita' sui concorrenti del grande fratello 3 e i fiori di bach, articoli che mi hanno pubblicato sul sito ufficiale.

I ragazzi hanno lasciato il giardino pieno di cicche di sigarette, almeno un passo avanti si è fatto: l'anno scorso si fumava anche dentro casa...

spero possiamo collaborare, intanto ti ho linkato alla pagina ww.floriterapia.com/GF3/index.htm

fammi sapere

ciaooooooooooo "

Postato 13th May 2003 da Ezechiele


5 Commenti :


anonimo13 maggio 2003 17:02

Amiche/amici che hanno smesso di fumare o che hanno intenzione di farlo, aggiornateci sulla vostra situazione.

Alfredo

anonimo13 maggio 2003 20:52

Io ho intenzione di farlo, ho fatto anche dei (timidi) tentativi, ho visto che tutto sommato non si muore, ho avuto la netta sensazione di acquistare maggiore energia fisica e direi anche mentale (non e` strano, questo: basta pensare che l`ossido di carbonio ha affinita` per l`emoglobina 210 volte maggiore di quella dell`ossigeno. Come dire che se c`e` UNA molecola di ossido di carbonio e 210 di ossigeno nell`aria respirata, l`emoglobina del sangue si puo` legare indifferentemente all`uno od all`altro!). Percio` penso che al piu` presto concludero` l`azione. Non c`e` dubbio: il tabacco RUBA LA TUA VITA. Andrea Citone


anonimo14 maggio 2003 13:57

Sappiamo tutti che è difficile smettere ma solo chi ci prova e chi, fortunatamente, ci riesce lo può capire veramente. Che sia di monito per chi vuole provare per la prima volta a fumare. A proposito, secondo voi è più difficile smettere o evitare di cominciare? Alfredo.


anonimo14 maggio 2003 18:54

Domanda da un milione di dollari! Andrea


anonimo6 settembre 2003 11:54

adesso iniziamo i corsi di terapia di gruppo per smettere di fumare a Roma, con l'aiuto delle essenze floreali. C'è un servizio di volontariato per i giovani, leggete l'articolo sulla pagina dedicata.

liliana gimenez


MAY 14


Da Gea News di Aprile :

Sotto i 18 niente

Cosiderata paradiso dei fumatori, la Spagna ha adotta con un po' di ritardo un piano di prevenzione per ridurre il consumo di tabacco con un investimento in verita' ci sembra limitato (3,6 milioni di euro per il 2003). Le autorità spagnole hanno osservato che il miglioramento delle condizioni di vita degli ultimi anni ha portato anche ad un consistente aumento del consumo di tabacco. Il piano prevede l'estensione del divieto di fumo nelle scuole, il divieto di pubblicizzazione e misure drastiche per chi non rispetta la legge. La vendita di tabacco sarà vietata ai minori di 18 anni dato che sono i giovani i primi destinatari di questo piano e non sarà più possibile neppure la vendita di singole sigarette né in pacchetti da dieci. Allo stesso tempo aumenterà il prezzo del pacchetto da 20 sigarette, che è stato uno dei meno cari d'Europa.

Postato 14th May 2003 da Ezechiele

MAY 15

Di killer in killer

Il cancro del colon retto è, in Italia, la seconda causa di morte per neoplasia e ha un'incidenza di 30.000 nuovi casi l'anno. Si calcola che un medico con mille assistiti può aspettarsi una decina di casi nell'arco della sua vita professionale (vedi Occhio Clinico 2001; 2: 49 - http://www .occhioclinico.it/occhio/var2001/02num.html). Si capisce, allora, che la sua definizione, largamente accettata, di malattia comportamentale offre importanti implicazioni dal punto di vista della prevenzione. Per ritornare al caso narrato, il ruolo giocato dal fumo è stato valutato, in relazione alla mortalità da tumore del colon retto, in uno studio prospettico cominciato nel 1982, che ha coinvolto più di 700.000 persone: dopo analisi multivariata, la mortalità più alta è risultata a carico dei fumatori, mentre era intermedia negli ex fumatori e più bassa in chi non aveva mai fumato. L'aumento di rischio si rende evidente dopo vent'anni di fumo ed è proporzionale al numero di sigarette; da questi dati, come affermano nelle conclusioni gli autori, sembra emergere che il 12 per cento delle morti da tumore colorettale, in entrambi i sessi, sia da attribuire a questa abitudine e sia quindi prevenibile con la sua cessazione. Se è vero che negli uomini la prima causa di morte per tumore è il cancro del polmone, la seconda è proprio il cancro del colon retto.

Postato 15th May 2003 da Ezechiele


MAY 15

Fumo: Garattini, Escludere Da Ssn Medici Tabagisti Sul Lavoro


Milano, 14 mag. (Adnkronos) - "Escludere dal Servizio sanitario

nazionale (Ssn) i medici che fumano nell'esercizio della loro

professione", in ambulatorio o in ospedale.


Non un licenziamento senza preavviso, bensi' un accordo a priori, regolato da "una clausola che si

potrebbe ad esempio inserire nella prossima revisione del contratto

nazionale di categoria". La proposta, rivolta al ministro della Salute

Girolamo Sirchia, viene dal direttore dell'Istituto farmacologico Mario

Negri Silvio Garattini, oggi a Milano per la presentazione di

un'indagine Doxa sul 'vizio' in Italia, commissionata dall'Istituto

superiore di sanita' (Iss) in vista dalla Giornata mondiale senza fumo

in programma il 31 maggio.

Garattini condanna senza appello la presenza di sale fumatori e di posaceneri negli ospedali, ma ancora piu'

aspramente condanna i medici tabagisti sul luogo di lavoro. La

percentuale dei camici bianchi italiani che fumano "e' pari al 30%

circa - conferma il farmacologo - quindi e' in linea con la diffusione

della sigaretta nella popolazione generale (27,6% secono la ricerca

Doxa)". Ma "i medici che fumano mentre esercitano la professione vanno

contro gli interessi del loro stesso datore di lavoro", appunto il Ssn.

E "come si chiede a questi operatori di non avere conflitti di

interesse con le case farmaceutiche, cosi' si dovrebbe chiedere loro di

abbandonare il pacchetto almeno mentre lavorano".

Pena "il mancato contratto con il Ssn, quindi l'esclusone dal Servizio".

Pur lodando il 'giro di vite' adottato dal Governo (legge sul divieto del fumo nei

luoghi aperti al pubblico e campagne ministeriali, con "interventi di

sensibilizzazione inseriti negli stessi programmi Tv piu' che in spot

durante le interruzioni pubblicitarie"), Garattini ha ribadito che la

strategia migliore per scoraggiare il popolo delle 'bionde' e' quella di

puntare sugli esempi: "Nel caso dei giovani sugli insegnanti e sugli

idoli di sport, musica e spettacolo, cosi' da convincerli che fumare non

e' 'in' ma 'out', e nel caso degli adulti proprio sui medici".

Immediata la replica delle istituzioni. "Una legge che impedisce ai

medici di fumare in ospedale esiste gia', e basterebbe farla rispettare

con multe adeguate - ha osservato Piergiorgio Zuccaro, responsabile del

Dipartimento fumo, alcol e droga dell'Iss - ma certo, e' possibile

pensare a una nuova forma di contratto con il Ssn". Rincara il

farmacologo, secondo il quale "anche in bar e ristoranti sarebbe piu'

giusta la tolleranza zero. Indipendentemente dalla presenza o meno di

impianti di aspirazione o di sale apposite". Non solo.

Per Garattini bisognerebbe agire ancora di piu' sul prezzo delle sigarette. "Perche'

e' dimostrato che a ogni rincaro dell'1% i consumi si riducono dello

0,3%. E perche' - ha concluso - nonostante gli aumenti, se si considera

il 'peso' del tabacco in relazione alle entrate economiche di una famiglia, possiamo dire che da 50 anni a questa parte il costo delle sigarette non e' aumentato ma e' diminuito di una percentuale pari al 50%".

Postato 15th May 2003 da Ezechiele


MAY 15


Ricevo da Cinzia Marini e pubblico con piacere :


" Benvenuto Ezechiele. La tua vicenda personale è stata molto dolorosa e la tua iniziativa è molto apprezzabile. Mi auguro che possa contribuire a far riflettere le persone su quanto sia sciocco sprecare la propria vita e quanto sia importante capire i danni alla salute procurati dal fumo prima che sia roppo tardi.
Avevo visitato il tuo sito già in passato e non capisco la presenza di tutti quei commenti che trattano argomenti che non hanno nulla a che fare con la tua richiesta di contribuire con altre testimonianze.
Ne ho letti alcuni e non capisco il collegamento. Immagino che di persone che hanno amici e parenti che hanno contratto gravi patologie a causa del fumo ce ne siano tante. Perché non farsi raccontare le loro storie?
Saluti. Cinzia. "

Postato 15th May 2003 da Ezechiele


4 Commenti :

anonimo16 maggio 2003 16:24

Sono perfettamente d'accordo con Cinzia sull'inutilità di alcuni commenti.

A proposito, la ricetta giusta dei rigatoni alla pajata potete trovarla su www.dopomagnatofaccioblog.gnam.

Alfredo


ezechiele200219 maggio 2003 12:16

Alfredo, di solito condivido le tue prese di posizione, ma questa volta la tua reazione contro Cinzia mi pare, onestamente, fuori posto.

Anche Cinzia sta dando un importante contributo alla lotta contro il fumo, ed il suo parere va preso in considerazione per la serieta' e la buona fede con cui ce lo espone.

anonimo19 maggio 2003 17:27

Se Cinzia lotta contro il fumo vuole dire che ha una visione positiva ed ottimistica della vita e si sarà fatta, spero, una bella risata che ogni tanto serve a stemperare la 'seriosità' di un discorso impegnativo come il nostro. Non è così Cinzia?

Alfredo.

ezechiele2002 20 maggio 2003 02:23

OK, Alfredo ; ti ringrazio.

MAY 16

Sull' argomento " VIETATO FUMARE " ricevo e posto volentieri:

" La Lega Tumori a seguito della segnalazione fatta a Trenitalia per le stazioni

di Vicenza, Pisa e Roma inviata anche a loro per conoscenza, ha a sua volta

scritto a Trenitalia e a noi per darci man forte sostenendo che il divieto

di fumo deve essere applicato in tutti i locali delle stazioni ferroviarie

a tutela della salute dei non fumatori.

Cari amici della lista non fumatori che usate più o meno di frequente il

treno come mezzo di trasporto, segnalateci le stazioni ferroviarie italiane

dove non sono affissi i cartelli oppure, anche se i cartelli ci sono, il

divieto non è rispettato.

Colgo l'occasione per ricordare a tutti che possono richiedere l'intervento

di Aria Pulita per violazioni del divieto di fumare riscontrate sul posto

di lavoro o in altre strutture che rientrano nella legge vigente. Coloro

che sono interessati possono scrivere privatamente a me o a Cristina Vatteroni.

Cinzia Marini: cinziamarini@excite.it

Cristina Vatteroni: cri.vatteroni@katamail.com

Saluti. Cinzia. "

Postato 16th May 2003 da Ezechiele

MAY 19

Un malato di cancro dal dottore: "Quanto mi rimane? Un anno?".

"Meno!".

"Un mese?".

"Meno!".

"Un giorno?".

"Meno!".

Esce sconsolato e vede passare un carro funebre: "Taxi !".

Postato 19th May 2003 da Ezechiele

2 Commenti :

anonimo19 maggio 2003 08:36

che schifo di barzelletta!!!!tiu con questo blog, fai un "violenza"psicologica. nn verrò più a trovarti

ezechiele200219 maggio 2003 10:29

Caro Anonimo, ognuno e' libero di avere le proprie opinioni. E' vero, la barzelletta e' un po' fiacca, pero' io non faccio nessuna violenza psicologica .

MAY 19

Tratto da Gea News di Maggio :

Scandaloso marketing

di VINCENZO ZAGA'

Tema spinoso e importante quello dell'OMS per il 31 maggio. Si deve riflettere su come e quanto il cinema e la moda abbiano incoraggiato e diffuso il consumo di tabacco, con l'aggravante dello scandalo di una operazione di marketing orientato sui giovanissimi da parte dei big del tabacco. Dai fumetti ai Gran Premi, la promozione del tabacco è indirizzata ai nostri ragazzi. La spiegazione c'è. Ogni anno questo pianeta conta i morti da

Fumo. Su www.nonfumatori.it e' ancora installato e funzionante il contatore delle vittime del tabacco, messo a punto dall'Unione Internazionale contro il Cancro con un algoritmo scientificamente calcolato. L'ecatombe silenziosa spinge l'industria del tabacco ad assicurarsi almeno 4 milioni di nuovi clienti ogni anno, se vuole sopravvivere. La promozione del marchio ha trovato i suoi testimonial. Il Winston-Man, il Marlboro-Man ed l'uomo del Camel Trophy. I primi due testimonial, ironia della sorte, hanno contratto un tumore al polmone. Il Marlboro-Man muore, il Winston-Man sopravvive, si chiama Alan Landers, tutt'ora vivo e vegeto, con una mission speciale, quella di dedicare la vita a testimoniare ai giovani la follia del Tabacco (www.winstonman.com). Naturalmente la censura non è la risposta, né il mondo del cinema e della moda possono essere accusati apertamente di causare il cancro. Ma non devono promuovere un prodotto che senza alcun dubbio il cancro lo induce. L'OMS rivolge dunque un accorato appello all'industria del Cinema e della Moda. Che cessino di pubblicizzare il Tabacco. Nel novembre del 2002 l'OMS è stata affiancata da varie associazioni mediche nel promuovere il progetto "Smoke Free Movies" (www.smokefreemovies.ucsf.edu) presso l'università della California a San Francisco. Le industrie del cinema e della moda in questo modo verranno sensibilizzate verso il loro ruolo sociale, che è commensurato alla loro influenza globale. In particolare Hollywood e Bollywood (la grande industria indiana del cinema che si trova a Mumbai) sono state invitate a sbarazzarsi del loro ruolo di promozione del tabacco. Per cominciare, come affermato in un documento comune, l'OMS, l'associazione dei medici americani ed il dipartimento di salute pubblica di Los Angeles, le industrie del Cinema dovrebbero certificare, tra i crediti finali del film, che la produzione non è stata finanziata dalle industrie del Tabacco per aver mostrato prodotti del tabacco stesso. I cinema e i video dovrebbero inoltre mandare in onda con regolarità delle "comunicazioni sociali" anti-tabacco, e dovrebbero essere completamente eliminate le marche delle industrie del tabacco presenti sia nelle scene che nello sfondo. Il rating board dovrebbe infine identificare con una "R" i nuovi film che mostrano il fumo o utilizzano pubblicità dei prodotti del tabacco o ancora mettono in mostra le marche. Il rating sarà meno severo allorché il film mostra inequivocabilmente i pericoli e gli effetti negativi.

Postato 19th May 2003 da Ezechiele


MAY 19

Dalla Repubblica del 17/5/2003:

Londra. I danni alla salute provocati dal fumo passivo sarebbero sopravvalutati:

ad affermarlo sono due ricercatori statunitensi che hanno analizzato 35.500

persone non fumatrici conviventi con coniugi o partner fumatori. I risultati

dello studio di James Enstrom dell'Università della California e Geoffrey

Kabat dell'Università statale  di New York, pubblicati sulla rivista British

Medical Journal, hanno provocato la furia delle associazioni contro il fumo,

anche perchè le ricerche del dottor Enstrom negli ultimi anni sono state

finanziate proprio dall'industria del tabacco.

Postato 19th May 2003 da Ezechiele

MAY 19

Ricevo da Arianna :

sono da poco riuscita a convincere mio padre a smettere di fumare...

nonostante cio' ho una grande paura...


Le ho risposto :

L' importante sarebbe che fosse convinto lui !

Come ho detto piu' volte, il fumo e' una forma incoscia di suicidio

legalizzato : si fuma , piu' del solito, quando si decide dentro di se che

non vale piu' la pena di vivere. E cosi' ci si ammazza piano piano.

Per mio padre e' stato cosi': malgrado i suoi 89 anni, fino a due anni fa

stava benissimo. Poi, in pochi mesi , sangue nell' espettorato, visite,

analisi, tumore, e...morte.

Ti scrivo questo sperando che tu glielo faccia leggere. Sicuramente tuo

padre e' molto piu' giovane del mio, e la voglia di vivere ancora a lungo

deve essere il vero motore che lo spinge a continuare a NON FUMARE.

Un abbraccio, torna a trovarmi quando vuoi e lascia commenti, cosi' so che

ci sei.

Tienimi informato sugli sviluppi

Eze

Postato 19th May 2003 da Ezechiele


MAY 20


L'uomo piu' felice che io conosca ha un accendino e una moglie, ed entrambi funzionano. (Woody Allen)

Perche' in Inghilterra fumano tutti le Marlboro? Le Diana sono finite!

Se smetti di bere, mangiare, fumare e fare l'amore, non e' che vivi piu' a lungo. Ti sembra piu' lunga

Postato 20th May 2003 da Ezechiele


MAY 20

Arianna mi ha risposto :

"...BE', SI HA 48 ANNI!...

PER ADESSO SONO 4 MESI CHE NON FUMA PIU'...

VORREI TANTO CHE NON RICOMINCIASSE!

GRAZIE, Arianna.

Postato 20th May 2003 da Ezechiele

MAY 20

FUMO

Multe ai fuorilegge

da carabinieri e poliziotti

In arrivo il secondo regolamento della nuova legge anti-fumo che attribuirà solo alle forze dell'ordine e, se delegati, alle guardie giurate, il compito di multare chi fuma nei luoghi vietati

Dal Resto del Carlino di oggi:

http://ilrestodelcarlino.quotidiano.net/art/2003/05/20/4409614

Andate tutti a votare per il sondaggio !!!

- A breve, nel Consiglio dei ministri di questa settimana o della prossima arriverà il secondo regolamento della nuova legge anti-fumo (il primo era quello sui requisiti tecnici per l'aerazione dei locali), che attribuirà solo alle forze dell'ordine e, se delegati, alle guardie giurate, il compito di multare chi fuma nei luoghi vietati.

Lo ha annunciato il ministro della Salute, Girolamo Sirchia, al termine della presentazione a Palazzo Chigi del vademecum anti-Sars per chi viaggia per lavoro.

Nel regolamento, ha spiegato il ministro, ci sarà una netta distinzione fra chi controllerà che le sigarette non vengano accese nei luoghi off-limits (ci sarà un controllore in ogni struttura) e fra coloro che applicheranno le sanzioni. Questi ultimi saranno solo rappresentanti delle forze dell'ordine e su eventuale delega, guardie giurate

SONDAGGIO: SONDAGGIO Cosa ne pensi?

Postato 20th May 2003 da Ezechiele

MAY 22

Il mio amico Andrea mi scrive oggi :

" Mi viene in mente una cosa che diceva la mia maestra elementare, grande personaggio nella vita di ognuno. Beato chi ha avuto un maestro o una maestra elementare. Questa grande donna, ormai quasi cinquant`anni fa, usava dire

ad alcuni suoi alunni ed in determinate occasioni: ``Ma che ci hai i compartimenti stagni?``. Infatti, se capitava una bomba di giovanottino che gli recitava perfettamente la lezione di Storia e, durante l`interrogazione, Lei (colla L maiuscola) si azzardava a domandare ad esempio ``Napoleone e` nato dunque nel 1769 ed e` morto nel 1821. Quanti anni e` vissuto, percio`?``, quello restava a bocca aperta. Se pero` il giovanottino bomba veniva interrogato in aritmetica e Lei gli chiedeva ``Quanto fa 1821 meno 1769?``, quello a mente, in seconda elementare, Le faceva una sottrazione a quattro cifre e rispondeva giusto...

E` vero, sembra che ci giro intorno, agli argomenti. Invece mi permetto di affermare che, essendo io suscettibile, penso che lo siano anche gli altri. Per questo voglio spiegare bene perche` sto dicendo una cosa, cosi` si capisce che non e` un`aggressione gratuita. Altrimenti potrei dire: ``Come si permette, `signora` (si fa per dire) Cinzia Marini, di creare un compartimento stagno tra il blog del mio (troppo gentile) amico Ezechiele ed il resto del mondo? Se Lei non capisce i commenti, invece di giudicarli inutili e pretendere solo le testimonianze, perche` non fa del tutto per capirli?

E perche`, se nonostante tutti gli sforzi, non riesce a capirli, continua a giudicarli inutili? Inutili a che? All`allestimento di forni crematorii per falliti aspiranti smettitori?`` (Ah, no, i forni fanno fumo. Senza fumo, diretto o indiretto, e senza inquinamento, mi sa che esiste solo la decapitazione)

Ora io domando: la lotta e` al fumo od ai fumatori? Perche` se e` ai fumatori, io non ci sto. Mi dispiace, ma io sto con Orazio che, guarda caso, e` un amico di nonna Papera (il marito di Clarabella) e diceva ``est modus in

rebus``. Pero` forse gran parte delle persone preferisce l`aggressione diretta. Cosi` si puo` difendere. Se tu gli spieghi razionalmente e benevolmente il motivo delle tue affermazioni, quelli poi sono costretti a darti ragione.

E allora l`ultima chance che hanno e` quella di fare i professori di scuola media (inferiore o superiore e` lo stesso): ``Citone, sei andato fuori tema! Galileo c`entra col fumo quanto c`entra nonna Papera. Non girare attorno all`argomento. Cerchi di allungare il brodo, eh? Bisogna essere chiari e (cir)concisi.`` Tu diventi chiaro e (cir)conciso e poi ti accorgi che l`interlocutore non ha capito quello che volevi dire perche`, umanamente, gli e` sfuggita qualcuna delle tue (tutte fondamentali) parole. Senza poi contare il santo detto ``non c`e` peggior sordo di chi non vuol sentire``.

Basta! Ce ne avrai abbastanza di queste complicazioni, ... Fatto sta che le persone desiderano certezze. Non accettano

di essere onde del mare, che adesso ci sono e fra un minuto la spiaggia le ha abbracciate e spente. E cosi` si convincono che se non aspirano fumo di sigaretta, ne` attivo ne` passivo (quanto mi sa di fate ignoranti, questa distinzione!), non moriranno piu`. Niente piu` cardiopatie (50% muoiono cosi`), niente piu` tumori (altro 25%) e, se sto attento quando guido

la macchina, rischio di essere il primo essere umano immortale! Anzi, ne sono certo, dato che mi servono certezze.

Scusa il mio sfogo, ma non ce la faccio a frequentare il tuo blog: sono troppo suscettibile e, cio` nonostante, non mi piace la lotta. Per di piu` ritengo che i fumatori, compresi quelli che non smetteranno mai, abbiano pari dignita` degli altri...

Ciao...

Andrea "

Postato 22nd May 2003 da Ezechiele

Commenti : 3

anonimo22 maggio 2003 06:40

concordo Andrea, anche io la penso come te, questo blog sta diventando il braccio di tutte le cinzie e non la voce di ezechiele.

Le informazioni sul fumo le possiamo leggere ovunque, quello che fa un blog è l'autore. in questo caso dov'è finito ezechiele? perché non parla più?

sempre meno interessante se non proprio inutile un blog così!

ciao paola

anonimo22 maggio 2003 07:50

Io invece, Paola, ti devo contraddire. Nonostante le mie affermazioni, sono tornato a sbirciare, mi sono letto le ``testimonianze`` di quelli che si sono ammalati e sono guariti e di quelli che sono rimasti a raccontare la storia di quelli che non sono guariti; mi sono letto le novita`. Non so se dico questo per amicizia verso Ezechiele, ma nulla e` inutile. Per me questo blog forse sara` proprio (oggi?) il motivo del mio abbandono del vizio. Mi ha fatto pensare seriamente a smettere, non come facevo prima, che dicevo ``tanto un giorno smettero` `` e intanto continuavo. C`e`, in questo blog, una raccolta così eclettica di argomenti sul fumo: danni, testimonianze, legislazione, stati d`animo di ogni categoria (non fumatori, non piu` fumatori, smettitori, difensori del fumo); che chi ha un barlume di senso critico riesce a trovare facilmente la sua strada. Che sia quella della Crociata, quella dell`ascesi o quella del Samsara non importa. Questo blog e` un compagno di viaggio per chi non apprezza le troppo semplici certezze. Scusa.

Andrea

anonimo23 maggio 2003 16:41

Bravo Andrea! e bravo Eze per una pazienza infinita.

A.

MAY 22

Ricevo oggi , dalla cara amica Francesca Centenari, questa affettuosa TIRATA D' ORECCHI :

" Ciao,

Ogni tanto rivisito il tuo blog e vorrei, se mi permetti, farti una critica.

Ho letto il post di oggi di Andrea e sono d´accordo con lui. Quando ho iniziato a leggere il tuo blog sono rimasta colpita dalle parole e dagli argomenti che andavano al di là del problema del fumo.

Ho trovato della poesia ,dei sentimenti e della passione.

Cosa che da un po´ non trovo più, adesso non leggo quasi più quello che scrivi perché, scusami se te lo dico, certe cose si possono trovare su tutti i giornali e negli opuscoli delle farmacie. Non mi sembra che possa servire a questo punto rileggere le stesse cose anche su Internet, dove peraltro di siti antifumo ce ne sono anche troppi.

Il tuo mi sembrava nato sì da un dolore, ma anche da testimonianze di altri che, evidentemente, erano tuoi amici e che scrivevano con il cuore. E tu poi sembra che non ci sei mai.

Cosa è successo poi, perché non ci sono più quei post così belli e sentiti e anche unici?

Scusami per le mie domande ma penso che ognuno possa dire la propria e le critiche possano essere costruttive.

Un saluto

tua affezionata

Francesca "


A Francesca, ed a Paola che sempre oggi ha lasciato un commento analogo, desidero rispondere cosi ':

Ezechiele c'e' sempre.

All' onda del DOLORE si sta lentamente sostituendo la necessita' di dover continuare a vivere. Con razionalita'. Come una mamma premurosa, ogni mattino Ezechiele si alza presto e corre a leggere cio' che nel MONDO viene scritto, detto, fatto sul problema del fumo. Tra tutto sceglie quei due o tre articoli che poi costituiranno il post quotidiano. Ed e' qui che Eze c'e', anche se forse non si vede : nella scelta, nel pre-masticare, nel presentare nella forma piu' adeguata. E poi Eze si legge qualcosa come 30-50 mail al giorno, e cerca di rispondere a tutti, e ne fa, di nuovo in modo opportuno, oggetto di posts che vengono messi a disposizione di tutti.

E questo e' diventato un vero e proprio lavoro full time, che viene fatto solo e sempre PER AMORE.

Qualcuno mesi fa defini' questo Blog un bellissimo ed unico Munumento che l' amore di un figlio sta erigendo alla memoria di suo Padre.

Questo e' il mio modo di ricordarti, Papa' e di dimostrarti il mio AMORE .

Postato 22nd May 2003 da Ezechiele

3 Commenti :

anonimo22 maggio 2003 18:24

Hai fatto bene a descrivere l`impegno pratico che richiede questo blog ed a ribadire il motivo della sua nascita. Come tessera di un grande mosaico di cliccatori, ti esprimo il mio sincero ringraziamento: per usare un linguaggio che mi compete, ci hai indicato e rettificato la precisa prora da tenere. Andrea

anonimo23 maggio 2003 08:45

chiedo scusa per quello che ho scritto, non mi sono accorta del vero lavoro, comunque quando Ezechiele interviene il blog diventa più vivo, almeno questa è la mia impressione. Ciao Francesca

anonimo23 maggio 2003 20:47

Verissimo. La voce del padrone, con la sua estrema cortesia, la sua magnanimita` e la sua autorevolezza, e` sempre gradita. Egli e` il reggitore di questo salotto dove tutti ci riuniamo per un dialogo civile e possibilmente di aiuto per migliorare la vita di tutti. Andrea

MAY 23

Oggi Andrea ci segnala:

22 maggio: Florida

La vittoria delle major del tabacco

fonte: Reuters

Mentre l'Organizzazione mondiale della sanità approvava il primo trattato internazionale contro il fumo, in Florida la Corte d'appello rigettava la sentenza che aveva condannato le prime cinque aziende produttrici di tabacco degli Usa al risarcimento record di 145 miliardi di dollari, per i danni causati a 500mila fumatori. La prima sentenza aveva riconosciuto colpevoli la Philip Morris, la Reynolds, la Ligget Group, la Brown&Williamson Tobacco e la Lorillard Tabacco, sul presupposto che i fumatori non fossero stati avvertiti in modo corretto dei rischi connessi al fumo. Il giudice David M. Gersten, motivando l'assoluzione, ha definito il risarcimento assegnato in primo grado "grossolanamente eccessivo", paragonabile al prodotto interno lordo "di parecchi paesi europei". Inoltre ha contestato la legittimità della "class-action", la causa di gruppo presentata dai fumatori, sostenendo che le azioni legali andavano presentate in via singola, dato che dai sei casi accertati di danni causati dalle sigarette non si poteva desumere il compenso per tutte le restanti migliaia di fumatori della Florida. La sentenza del 2000 era stata appoggiata dalla Casa Bianca di Clinton, il cui portavoce aveva accolto la condanna dicendo: "Gli americani vogliono che le industrie del tabacco cambino il loro modo di fare affari". Forse qualcosa è cambiato nei rapporti con le potenti lobby del tabacco, "Sicuramente l'impossibilità di ricorrere alla class action renderà difficile per i fumatori ottenere il risarcimento dalle industrie del tabacco", afferma Marsha N. Cohen, professoressa dell'Hastings College of Law. Il direttore generale uscente dell'Oms, la norvegese Gro Harlem Brundtland, ha commentato l'approvazione del trattato anti-fumo: "Oggi, stiamo compiendo un gesto per salvare miliardi di vite e proteggere la salute delle generazioni future". Intanto l'assoluzione che viene dalla Florida ha fatto schizzare in alto le quotazioni di borsa delle major del tabacco.

La notizia in Rete

L'assoluzione che viene dalla Florida: le motivazioni e i retroscena della sentenza che ha dato la vittoria alle major Usa del tabacco.[Washingtonpost.com]

Postato 23rd May 2003 da Ezechiele

MAY 26

Ricevo da G. Perini , e pubblico con piacere :

LONDRA, 21 Maggio (Reuters) -

Scienziati e medici salutano l'approvazione, mercoledì, di un trattato internazionale contro il fumo come un grande passo avanti per la salute pubblica, che mette la vita umana davanti agli interessi dell'industria del tabacco."Questo trattato è parte di una soluzione globale a un problema globale. Nel mondo, le uniche due cause di morte che crescono rapidamente sono l'HIV e il tabacco" ha detto Richard Peto, un esperto sui pericoli del fumo dell'Università di Oxford in Gran Bretagna

"Ci sono già stati 100 milioni di morti da tabacco durante il 20mo secolo e arriveranno a un miliardo se molti fumatori non abbandoneranno quest'abitudine" ha aggiunto.

La Framework Convention on Tobacco Control, il primo trattato

mondiale sulla salute, è stata approvata al meeting annuale della

World Health Organization (WHO) a Ginevra.

Il trattato include un divieto di pubblicità e richiede alle nazioni

di contrastare l'uso del tabacco e proteggere i non fumaturi dal fumo

di sigaretta. Stabilisce anche gli standard per gli avvertimenti sui

pacchetti di sigarette e tratta anche del prezzo delle sigarette e

del contrabbando.

Entrerà in vigore quando sarà ratificato da 40 stati.

"Ratificandolo invieremo un segnale forte al mondo, che la

protezione della salute pubblica è più importante del profitto

dell'industria del tabacco" ha detto Jean King, dell'organizzazione

Cancer Research UK.

APPELLO PER UNA VELOCE RATIFICA

La Tobacco Manufacturer's Association in Gran Bretagna non ha commentato l'approvazione del trattato, ma il colosso delle sigarette British American Tobacco ha dichiarato di avere una visione "mista" del patto.

"I governi dovrebbero appoggiare con forza il trattato nel combattere il commercio illegale perseguendo il contrabbando, ma dovrebbero anche chiedersi se la spinta del WHO per aumenti crescenti delle tasse sulle sigarette non esacerbi il problema globale" ha detto Martin Broughton, il presidente del gruppo.

Ha anche discusso il divieto di pubblicità, dicendo che sarebbe molto difficile informare i consumatori riguardo ai prodotti potenzialmente sicuri che sperano di sviluppare.

Il trattato è disegnato per affrontare il fumo su base globale, particolarmente nei paesi in via di sviluppo dove vivono 800 milioni degli 1.2 miliardi di fumatori, secondi i dati del WHO.

Il fumo uccide cinque milioni di persone all'anno per le malattie legate al tabacco ed è la più grande causa di morte prevenibile nel mondo. Gli esperti avvertono che la metà dei fumatori abituali moriranno a causa di questa abitudine se non smetteranno.

La WHO prevede che le morti per il fumo potranno raggiungere i 10 milioni nel mondo, entro il 2030, con più del 70 per cento delle vittime nei paesi in via di sviluppo.

"L'epidemia di tabacco deve essere arrestata. La stiamo affrontando nelle nazioni occidentali ma è appena agli inizi in molte nazioni in via di sviluppo. E' un'epidemia che possiamo prevedere e che sappiamo come prevenire." King ha dichiarato alla Reuters.

Ci sono state richieste affinchè ke nazioni ratifichino il patto nel prossimo meeting del WHO nel 2004.

"I negoziati vanno avanti da due anni e mezzo, ma in un certo senso abbiamo cominciato solo adesso a fare qualcosa di concreto. Ciò che dobbiamo fare è incoraggiare e assistere gli stati nell'implementazione delle varie misure", aggiunge King.

Di Patricia Reaney

Postato 26th May 2003 da Ezechiele

Commenti :2.

anonimo26 maggio 2003 05:03

Sì`, il fumo di sigaretta puo` essere considerato proprio un`epidemia, anzi una pandemia, come dicono i dottori. E l`invenzione della sigaretta e` forse stata la causa di una delle piu` grandi imprese schiavistiche della storia. Ritengo ci sia un abisso tra la pericolosita` delle sigarette de quella di sigari, ed un abisso tra pericolosita` dei sigari e pericolosita` della pipa. La prima, piu` importante, e direi doverosa, cosa da fare sarebbe proibire la produzione di sigarette (ma e` un`utopia, diciamo piu` sentimentalmente un sogno). Sigaro e pipa, per la mancanza di carta, per la mancanza di aspirazione, per l`impegno maggiore che richiedono nell`esecuzione del ``gesto`, tutto sommato rappresentano un motivo piu` marginale di cattiva salute ed accorciamento della vita. Sono troppo ``moderato``?
amicoandrea

alzataconpugno26 maggio 2003 06:04

Ciao anch'io ho una storia da raccontare. Da un mese circa mio padre è ricoverato nella rianimazione di un piccolo ospedale del nord. Un uomo intelligente con grandi capacità cui devo gran parte del mio sapere e, soprattutto, della mia curiosità, del mio desiderio di conoscenza. Non abbastanza intelligente però da smettere di fumare i suoi tre pacchetti di sigarette quotidiani... Non abbastanza intelligente da andare da un medico (erano 18 anni he non lo faceva) per il timore che questo gli dicesse che era necessario rinunciare alla quotidiana dose di tabacco...

Ora è sdraiato su un letto, la tracheotomia è l'unico legame che ha con una realtà che ha mandato letteralmente in fumo, le mani sono legate perchè nelle crisi di astinenza più gravi rischia di strapparsi via tutti i tubi che ancora lo tengono in vita.

I medici non sanno cosa dire. Non sanno se vivrà, come vivrà, quanto vivrà... Mio padre ha solo 64 anni e ancora tante piccole e grandi cose da fare... ma forse non ci riuscirà. E solo perchè, nonostante la sua grande intelligenza, non ha saputo dire di no a quel vizio maledetto.Grazie di aver fatto un sito così.

Giulia (alzataconpugno... anche contro il fumo)

MAY 26

Ho ricevuto queste parole come commento al post odierno, ma, per la sua vibrante attualita', ritengo che questa testimonianza di Giulia meriti un post tutto per se':

" Ciao anch'io ho una storia da raccontare.

Da un mese circa mio padre è ricoverato nella rianimazione di un piccolo ospedale del nord.

Un uomo intelligente con grandi capacità cui devo gran parte del mio sapere e, soprattutto, della mia curiosità, del mio desiderio di conoscenza.

Non abbastanza intelligente però da smettere di fumare i suoi tre pacchetti di sigarette quotidiani... Non abbastanza intelligente da andare da un medico (erano 18 anni he non lo faceva) per il timore che questo gli dicesse che era necessario rinunciare alla quotidiana dose di tabacco...Ora è sdraiato su un letto, la tracheotomia è l'unico legame che ha con una realtà che ha mandato letteralmente in fumo, le mani sono legate perchè nelle crisi di astinenza più gravi rischia di strapparsi via tutti i tubi che ancora lo tengono in vita. I medici non sanno cosa dire. Non sanno se vivrà, come vivrà, quanto vivrà...

Mio padre ha solo 64 anni e ancora tante piccole e grandi cose da fare... ma forse non ci riuscirà. E solo perchè, nonostante la sua grande intelligenza, non ha saputo dire di no a quel vizio maledetto.

Grazie di aver fatto un sito così.

Giulia (alzataconpugno... anche contro il fumo)

Postato 26th May 2003 da Ezechiele

2 Commenti :

lullami26 maggio 2003 17:50

Ho trovato il tuo blog tramite una ricerca effettuata con bloggando.. mi chiedevo, infatti, se ci fosse qualche blog che trattasse la questione dei rischi legati al fumo di sigaretta.. ma mai avrei immaginato di trovarne uno interamente dedicato a questo problema.. io, personalmente, ho dedicato tra l'altro qualche riga nel mio blog alla stretta relazione esistente tra fumo e cancro del polmone..e ne è nata una diatriba con Mr. Polemiko...credo proprio che gli consiglierò di fare un salto in questo BLOG!!!

anonimo26 maggio 2003 18:48

Mr. Polemiko puo` fare tutti i polemoi che vuole, ma non puo` negare di essere uno schiavo. andrea

MAY 27

Due parole a Giulia :

Giulia, voglio ringraziarti per aver deciso di condividere con noi la tua disperazione ed il tuo dolore. Che le tue parole possano essere di sprone e di monito ai tanti che ci leggono ma che ancora non riescono a decidersi a dare questa svolta alla loro vita.

Per quanto riguarda il tuo papa', non disperarti. E' ancora molto giovane e ce la fara'. Il difficile sara' impedirgli di ricominciare a fumare. Tu cerca di stargli vicino il piu' possibile; le mie figlie hanno fatto cosi' con me. Coraggio !!!

Puoi contare su questi nuovi amici, e torna a trovarci ogni volta che vuoi e tienici al corrente della situazione.

Un abbraccio forte forte da chi ci e' appena passato.


Postato 27th May 2003 da Ezechiele


6 Commenti :

anonimo27 maggio 2003 05:58

E diglielo, quando vai da tuo padre, diglielo nell`orecchio: `hai ancora tante piccole e grandi cose da fare PER NOI`. Nessun dottore sa esattamente se e quanto vivra` quel determinato malato. Lui, il malato, pero` sa se vuole vivere. E se vuole vivere, e` difficile che la morte lo abbatta. andrea


anonimo27 maggio 2003 07:20

mi associo ad Andrea.Coraggio Giulia l'amore che hai per tuo padre lui lo sentirà senz'altro.

Un abbraccio Stefano


alzataconpugno27 maggio 2003 12:04

E' molto bello leggere le parole di chi ha creato e ha visitato questo sito (a proposito ho deciso di linkarlo al mio...) ed è bello sentire che ci sono persone che possono capire quanto sia drammatico vedere una persona che muore per qualcosa di cui è diventato inutilmente indipendente. Purtroppo in questi giorni i medici non me lo lasciano vedere, temono che si agiti perchè è in crisi di astinenza... A volte mi sembra incredibile sentirli dire che le possibilità che ha di sopravvivere sono appena del 10%... Un uomo di 64 anni che avrebbe potuto fare a meno del tabacco se solo avesse voluto... Uno dei pochi giorni in cui era cosciente (normalmente viene tenuto in coma farmacologico...) ho chiesto a mio padre se volesse una sigaretta. Lui stava per rispondere qualcosa come "qualche volta", poco prima che potesse farlo però è stato squassato dai colpi di tosse e il catarro ha intasato il tubo che gli permette di respirare. Gli infermieri sono corsi a "pulirlol" infilandogli dentro una specie di cannuccia che ha aspirato una piccola parte di quello che mio padre ha fumato in 50 anni. Dopo mi ha guardato e ha scosso la testa... "no ha mimato con le mani... non voglio la sigaretta...". Avrei voluto che qualcuno dei miei amici fumatori potesse assistere alla scena...Grazie per aver ospitato le mie parole. Tornerò spesso a trovarvi. Grazie

Giulia


alzataconpugno27 maggio 2003 12:05

Sai.. la mia più grande paura è proprio che lui non voglia vivere. Non voglia vivere perchè la sua vita avrebbe poco senso senza il fumo.. Che cosa assurda...

ezechiele200227 maggio 2003 13:24

Se non vuole vivere non e' per il fumo. Il problema sta a monte. Tu che lo conosci bene, chiediti perche' non vuole vivere.

la tua descrizione di questi momenti con tuo padre mi fa tornare indietro con la memoria ai recenti giorni di quando mio padre stava per lasciarci. Vai a vedere il mio mese di Dicembre e di Gennaio. Ti abbraccio ancora

Eze

anonimo28 maggio 2003 17:02

Neanch`io posso credere che il fumo possa essere una ragione di vita per chiunque. Qualche volta puo` essere una consolazione. Ma chi ha una figlia come Giulia come puo` anteporle il fumo come ragione di vita? E prendili a male parole, i dottori: ``Se ho il 10% di probabilita` di vederlo ancora vivo per un po`, diavolaccio, fatemelo abbracciare e baciare adesso!`` amicoandrea


MAY 27

Marco Rosella, di GrOucho 3, mi scrive :

" Ciao Ezechiele,

come promesso un pò di tempo fa ti ho dedicato un post.

Si tratta di un racconto surreale che puoi trovare qui:

http://gr0ucho3.splinder.it/1053461697#247929

( guardate al 20 maggio: comincia con "la foto poco sotto...", ed è diviso in due parti da un

"continua qui. " )

Ciao e ancora complimenti per quello che fai.

Marco Rosella


Postato 27th May 2003 da Ezechiele


MAY 28


Il dottore al paziente: "Ho una cattiva notizia per lei: ha il cancro". "E si puo' guarire?". "Temo di no". "Che debbo fare?". "Provi con i bagni di fango". "E posso guarire?". "No, ma si abituera' alla terra...!".

Cosa fuma Bill Gates? MS

Fra donne: "Ma quando fai all'amore fumi?". "Ma, non so, non ci ho mai guardato!".


Postato 28th May 2003 da Ezechiele


2 Commenti :

anonimo28 maggio 2003 03:22

Io la sapevo diversa: Il consulente coniugale domanda alla signora che ha il marito assatanato ``Lei fuma dopo il rapporto sessuale?``. ``No, dottore, ma mi brucia tanto!`` amico andrea


anonimo28 maggio 2003 15:06

Senti questa:

Il dottore: Signora, mentre fa l'amore si è mai accorta se suo marito ha difficoltà respiratorie?

La signora: Non lo so, a quell'ora è in ufficio.

A.


MAY 28

Da Gea News di Maggio :

Sussurri e Grida

di GIACOMO MANGIARACINA

Ernesto vorrebbe gridare ora, ma non ce la fa. Un'altra vittima del tabacco sta lottando in silenzio.... Al San Filippo Neri di Roma gli hanno detto senza possiblita' di equivoci che la macchia al polmone e' per le sigarette. Venti, trenta al giorno fanno 30.000 carcinomi bronchiali ogni anno in Italia. In 30 anni... Perche' SI, occorre guardarsi indietro e fare la somma per capire quanto sia impressionante questo massacro. Si devono moltiplicare le 90.000 famiglie italiane che annualmente subiscono perdite e danni a causa del Fumo, per tutti questi anni che sono trascorsi per sentire col cuore e con la mente la magnitudo di questo disastro. Ma anche l'altro problema "negato", quello di un mondo, di governi e della scienza che assistono quasi inermi all'ecatombe. Qualcuno oggi grida, ma le grida appaiono flebili lamenti davanti all'incedere nesorabile dei colossi del tabacco. Cinema, moda, cultura, arte, hanno colonizzato tutto perche' la gente fumi. Una immensa moltitudine, costretta da inafferrabili poteri, piu' occulti che palesi, DEVE fumare, obbligata a succhiare fumo da un cartoccio di foglie secche per cacciarselo nei polmoni col sorriso sulle labbra. Ancora e poi ancora, niente affatto appagati. Si salva chi ha il coraggio di dire no o anche solamente "ci voglio provare", chi ha il coraggio di comporre un numero e chiamarci (www.tabaccologia.org/centri.html). Piu' di 100.000 fumatori in Italia hanno chiesto aiuto. Eppure ancora quest'anno il tabacco ne ha ucciso 4 milioni. Nel 2020, le stime dell'OMS indicano 10 milioni. C'e' da deprimersi. Esattamente un anno fa, proprio in occasione della Giornata Mondiale senza Tabacco, nel presentare la mia relazione all'Istituto Superiore di Sanita', conclusi in modo inconsueto e paradossale piu' o meno con queste parole: "Il rischio di questi incontri, che hanno come scopo principale quello di aggiornare gli italiani sulla problematica tabagica da una cattedra di alte competenze, e' quello di ritrovarci tra qualche anno a ripetere l'enunciazione grottesca delle stesse identiche cifre. Per non ritrovarmi in questa condizione, mi sono dato una scadenza. Se entro la fine di questo anno non succedera' qualcosa di nuovo in Italia, l'anno prossimo non saro' qui tra voi.". Eravamo a Maggio. A settembre e' partita la prima campagna antifumo della Commissione Europea (www.feel-free.info) per la quale ho ricevuto una richiesta di collaborazione; con la Lega Italiana per la Lotta contro i Tumori e' iniziato un rapporto collaborativo per il coordinamento dell'Area Tabagismo; a Febbraio 2003 ha preso il via la prima campagna antifumo del ministero della salute; e proprio in questi giorni si ha il battesimo della rivista scientifica ed organo della SITAB, "Tabaccologia" (http://gea2000.org/documenti/zip/tab_01.zip), dopo una lunga incubazione forzata per mancanza di fondi. Qualcosa si muove, percio' io non mi muovo. Rimango fermo al mio dovere di uomo di scienza, di operatore della salute pubblica e di cittadino impegnato, con una visione e una mission, ma pure con la gran voglia di gridare. L'urlo della manchette pubblicitaria della Lucky Strike, qui accanto, con un medico sorridente che la propone come "meno irritante" non ha avuto rivali negli anni 40. Per rimuovere il danno che ha fatto, stiamo lavorando e sudando da anni. La voce di questa News raggiunge a malapena i 4.000 fedelissimi, regolarmente autorizzati a farne copie e divulgarle, ma negli ultimi mesi la nostra voce ha circolato sui grandi Media. Dozzine di interviste radiotelevisive ed una diretta di due ore su Raitre con Toni Garrani (Cominciamo Bene). Abbiamo comunicato verita' incontestabili, per buona parte non note, con tutta la forza e la convinzione di cui siamo capaci.

Postato 28th May 2003 da Ezechiele


4 Commenti :

anonimo28 maggio 2003 03:19

1) Fumatori! Avete mai provato a calcolare il numero di cartocci di foglie secche che vi siete ingurgitati in venti o trent`anni? 146.000-219.000 se ne avete fumato un pacchetto al giorno (730-1095 stecche). 2) Fumatori! Avete mai provato a fumare davanti allo specchio? Non vi sembrate un po` ridicoli? 3) Fumatori! Avete mai provato a smettere anche per qualche giorno? Non vi prende un`energia ed un`iniziativa che non conoscevate piu`? amicoandrea


anonimo28 maggio 2003 17:36

Caro amico andrea, cosa aspetti a dirmi che hai deciso di smettere? E' tanto tempo che non aggiungo uno scalpo all' elenco di coloro che " hanno smesso grazie anche a noi "


anonimo30 maggio 2003 02:58

Sai che per cedere lo scalpo ci vuole un po` di coraggio. Ci vuole, anzi, un momento di follia. Sono lento, ma inesorabile.

anonimo30 maggio 2003 02:59

Dimenticavo: dopo non ci sara` nessun dubbio, nessuno, che avro` smesso grazie a voi.

Ho ricevuto da Amina, per Giulia :

" Giulia,

ti sono vicina e vorrei fare un appello a chi legge Una Vita In Fumo.

A chi crede in Dio e anche a chi non crede ma sente il bisogno di esprimere solidarietà a te, a tuo padre e alla tua famiglia in questo momento difficilissimo.

Vorrei che noi, che passiamo di qui, da questo blog, e leggiamo di te, dicessimo una preghiera , tutti insieme ad un'ora stabilita, un momento di unione che non può non salire a Dio e che, sono sicura, verrà ascoltato. Anche solo un Padre Nostro ma tutti insieme

Affidiamo a Dio tuo padre, le sue sofferenze e la sua vita, e preghiamo secondo le Sue intenzioni.

Per me andrebbe bene il pomeriggio alle 18, so che quella è un'ora in cui i gruppi di preghiera si riuniscono.

Un bacio, Giulia, dalla tua amica

Amina    "Postato 28th May 2003 da Ezechiele

3 Commenti :

anonimo28 maggio 2003 16:54

Io mi unisco. Alle 18 di ognuno dei prossimi giorni preghero` per il padre di Giulia. amicoandrea

anonimo29 maggio 2003 03:15

Grazie ragazzi, quello che state facendo per me è bellissimo e mi lascia senza parole... La vita di mio padre non può non significare nulla. Così come la vita di Andrea deve diventare un simbolo per spiegare a tutti che bisogna reagire non solo al fumo ma a tutto ciò che ci porta ad arrenderci. Mio padre soffriva di una grave forma di depressione, e questo certo ha contribuito ad aumentare la sua dipendenza dal fumo... Sono contenta di aver trovato persone come Andrea, come Amina, come chi lascia un segno in questo blog perchè vuol dire che siamo in tanti. E alle bellissime parole di Amina direi che alle 18.30 ognuno di noi potrebbe pregare il suo Dio, qualunque esso sia e in qualunque forma preferisca farlo, non solo per mio padre, ma per ciò che lui rappresenta: un uomo buono che si è arreso al fumo e alla vita, come ce ne sono tanti in tutto il mondo, tanti che magari leggendo queste parole possono trovare la forza per alzarsi e dire "ho ancora tante cose da fare, piccole e grandi... non posso arrendermi".

Grazie a tutti, mi fate sentire davvero molto meno sola.

anonimo30 maggio 2003 06:43

Va bene! 18:30.


MAY 28


Fumo. L'abitudine comincia a scuola

Al via la II edizione del Concorso Europeo promosso dall'Istituto Regina Elena

per far smettere di fumare i giovani delle scuole superiori

Scuola italiana maestra di vita ma anche di vizio. Secondo i dati del Servizio di Fisiopatologia Respiratoria dell'Istituto Regina Elena di Roma infatti, il 28% delle ragazze e il 24% dei ragazzi tra i 14 e i 16 anni (rispettivamente 240mila e 215mila nel nostro Paese) fumano e imparano a farlo proprio a scuola. Ma dal 15 aprile al 15 maggio gli alunni di 26 scuole superiori di Roma e provincia che hanno aderito al concorso europeo "Quit & Win! Smetti Di Fumare e Vinci" avranno 10 buone ragioni (all'indirizzo http://crs.ifo.it/Quit&Win/10Motivi.htm) e soprattutto 4 premi straordinari per smettere: 3 computer super accessoriati ai primi classificati e una settimana di vacanza in un paese europeo al vincitore assoluto. A controllare che i ragazzi spengano le 'bionde' per il prossimo mese, genitori, insegnanti e compagni, giudice finale il prof. Vincenzo Cilenti, responsabile del Servizio di Fisiopatologia Respiratoria dell'Istituto Regina Elena di Roma e coordinatore di 'Quit & Win!'. "L'iniziativa – spiega Cilenti – affronta il problema del tabagismo a partire dall'esordio che quasi sempre avviene proprio a scuola. Per questo abbiamo programmato conferenze e dibattiti in classe in cui metteremo in guardia gli adolescenti sui rischi a cui vanno incontro, cercando di sensibilizzare chi non fuma a non iniziare". "L'iniziativa – aggiunge il prof. Francesco Cognetti, Direttore Scientifico del Regina Elena - si aggiunge a quelle di tipo scientifico ed assistenziale già in corso presso il nostro Istituto volte a informare, prevenire, diagnosticare e curare le conseguenze del tabagismo e che si collocano nel più ampio impegno avviato dal Ministero della Salute".

Al Regina Elena è attivo da qualche anno un 'Ambulatorio per la cessazione della dipendenza dal fumo e per la cura delle patologie causate o aggravate dal fumo' (aperto mercoledì e venerdì, con appuntamento, tel. 06.52666904). All'Ambulatorio giungono persone che hanno in media 28 anni di fumo e 25 sigarette giornaliere alle spalle; dai dati risulta inoltre che il 40% dei fumatori italiani vorrebbe smettere di fumare ma non ci riesce, mentre solo il 5-6% di coloro che smettono senza alcun aiuto riesce a rimanere lontano dal tabacco per un anno.

"Per smettere – spiega ancora Cilenti - è indispensabile la forte motivazione del fumatore, noi possiamo offrire un supporto con un approccio terapeutico che è sia farmacologico che comportamentale".

Al progetto 'Quit & Win!' aderiscono10 Paesi europei tra cui l'Italia. L'iniziativa è finanziata dalla Commissione Europea sotto l'egida dell'ENYPAT, Ente europeo che combatte il problema fumo nei giovani e vede quest'anno la partecipazione nel nostro Paese della Lega Italiana per la Lotta contro i Tumori.

Postato 28th May 2003 da Ezechiele

MAY 29

Dal sito Cosapevolezza, visitato su consiglio di amicoandrea, traggo questa riflessione :

La morte ....la vita?

La morte è la nostra eterna compagna.

É sempre lì, alla nostra sinistra,

ad un passo di distanza da noi.

Ci osserva, ci sussurra all'orecchio,

a volte ...sentiamo il suo gelo.

É lì accanto a noi, ci osserva,

ci osserverà sempre,

sino al giorno in cui ci toccherà.

La morte è il nostro più vicino saggio consigliere,

ogni volta che ne senti il bisogno,

voltati e chiedi consiglio a lei,

la troverai lì, alla tua sinistra, disponibile.

Se imparerai a farlo senza vani timori

ti sbarazzerai delle maledette meschinità

proprie degli uomini che vivono

senza mai cercare di capire

cosa sia la morte e così tirano avanti,

come se la morte non dovesse mai toccarli

Postato 29th May 2003 da Ezechiele

1 Commenti :

anonimo29 maggio 2003 05:20

Non è come nasci, ma come muori, che rivela a quale popolo appartieni.

(Alce Nero, 1890)

MAY 29

Ricevo da Cinzia Marini:

Dalla Repubblica di oggi:

I distributori automatici di sigarette  funzioneranno a partire dal 1° gennaio

2004 solo di notte. E le nuove macchine saranno dotate di un lettore di

banda magnetica nel quale introdurre la carta d'identità, limitando così

ancora di più l'accesso ai più giovani. Le macchine per lo smercio automatico

di tabacchi dovranno essere disattivate, attraverso un temporizzatore, nella

fascia oraria dalle 7 alle 23, consentendo così la loro operatività solo

di notte, in una fascia oraria nella quale i giovani dovrebbero avere meno

accesso. L'Amministrazione dei Monopoli di Stato ha emesso una circolare

accettando l'invito del Ministro Sirchia.

Saluti. Cinzia.


Postato 29th May 2003 da Ezechiele


1 Commenti :


anonimo30 maggio 2003 02:56

Be`, e` gia` qualcosa. Speriamo che non ci siano i soliti rinvii indefiniti.


MAY 29


Come fuma la TV

Una sigaretta ogni 30 minuti Continua la pubblicità sommersa, nonostante gli appelli di Sirchia

DI PIERGIORGIO ZUCCARO *

Gli ultimi dati Doxa riguardanti le vendite delle sigarette consumi in leggera ripresa negli ultimi tre anni e la prevalenza dei fumatori invariata nello stesso periodo dicono che in Italia, dopo la diminuzione del numero dei fumatori negli anni '90, non ci sono sostanziali progressi nella lotta al fumo. Ciò malgrado l'impegno dei Ministri della Salute e l'azione coordinata dell'ISS, della Lega per la Lotta Contro i Tumori e dell'Istituto Mario Negri.

Si dice che la pubblicità influenza i comportamenti. L'Italia ha le leggi più avanzate in Europa per quanto riguarda il divieto di pubblicità: è proibita la pubblicità sia diretta che indiretta. Il fatto che la percentuale dei fumatori in Italia sia paragonabile a quelle degli altri paesi europei, dove i vincoli sulla pubblicità sono più blandi, trova una spiegazione nel fatto che fino a qualche tempo fa si è data poca importanza ai messaggi che vengono dalla tv e dai film e che non sono soggetti a restrizione.

Una nostra indagine del 2001 sulle sei principali reti televisive aveva dimostrato che nelle fiction e nei film c'era un atto fumo ogni 26 minuti. Il ministro della Salute scrisse ai responsabili delle tv sollecitandoli ad una maggiore attenzione. Il richiamo non è servito: dopo due anni l'ISS ha rifatto la medesima indagine e si è visto che la situazione non è cambiata: siamo passati da una frequenza di un atto fumo ogni 26 minuti ad uno ogni 32.

Intanto un'indagine Doxa commissionata dall'Osservatorio Fumo, Alcol e Droga dell'Iss e realizzata tra febbraio e aprile 2003 sull'incidenza dei fumatori e il livello di dipendenza ha rivelato: il 71,4% ha una bassa dipendenza, per il 28,6% è media o alta. Dai 18 anni l'incidenza con forte dipendenza aumenta ma è inferiore rispetto alle fasce di età più mature. Visto che negli ultimi tre anni nella fascia d'età 1524 i maschi sono passati dal 37,7% al 32,6% e le donne dal 30,4% al 20,7% si presumono buone possibilità di successo nella lotta al fumo tra i giovani.

Intanto l'Oms ha adottato una convenzione che impone norme restrittive sulla pubblicità del tabacco e sui controlli dell'aria per ridurre l'inquinamento.

* Direttore Osservatorio fumo, alcol e droghe,

Iss, Roma

Postato 29th May 2003 da Ezechiele


2 Commenti :


ezechiele200229 maggio 2003 10:30

Nel rileggere questo post , ho deciso di dare maggior risalto alla nostra " Petizione contro il fumo in TV " e l' ho ricopiata in modo che resti fissa, in apertura del blog. Attendo numerose adesioni !!!

Eze

.

anonimo17 gennaio 2005 12:44

Permettimi un commento:

in Italia siamo stati all'avanguardia con la legge del '75.. mi ricordo nel '78 in USA cinema (Haravrd Theatre) dove non soltanto fumavano il tabacco ma fumavano l'erba!

Allora la legge fu introdotta morbidamente e funziono' a meraviglia.

Purtroppo pero' ho l'impressione che il nostro ministro Sirchia sia riuscito a introdurre una legge che condivido al 100% in principio (pur essendo un fumatore) in una maniera veramente becera e stolida. Il Ministro Sirchia ha introdotto la legge come una crociata che che non si e' mai vista nemmeno negli USA! Cosi' facendo rischia di creare un effetto boomerang (e ci sono gia' le avvisaglie) che costringeranno a una possibile abrogazione della legge ! Da questo punto di vista mi sembrava molto piu' intelligente la legge Veronesi.

Una abbraccio e avanti.. ma con intelligenza.. che sicuramente a te non manca!

Marco

MAY 29

Oggi Stefano mi ha scritto :

" Torno a scriverti, commosso per il caso Giulia e l'iniziativa di Amina.

Aderisco, anche se non sono un fedele fervente, ma non posso non sentirmi

vicino a voi e a quello che state facendo. Siete grandi!!

Sto facendo di tutto per non superare le quattro sigarette al giorno e aspetto

un momento migliore per smettere. Lo sbaglio che ho fatto prima o poi smetterò

di pagarlo. Adesso se non altro non mi illudo più su certe situazioni.

Spero che tu mi capisca e che a te le cose vadano nel migliore dei modi.

Un caro saluto

Stefano    "

Postato 29th May 2003 da Ezechiele

2 Commenti :

anonimo30 maggio 2003 02:54

Stefano, prova a smettere solo per due tre giorni. So che chiedo tanto, ma prova. La liberta` e` una cosa meravigliosa! amicoandrea

anonimo18 aprile 2004 17:32

SMETTERE DI FUMARE E' LA COSA PIU' FACILE DEL MONDO:BASTA VOLERLO VERAMENTE!

RACCONTO LA MIA PERSONALE ESPERIENZA: FUMAVO 30-40 SIGARETTE AL GIORNO FINO ALL'ETA' DI 47 ANNI (NE HO 62) ED HO DECISO DI SMETTERE ALL'IMPROVVISO, GETTANDO QUELLO CHE RESTAVA DEL PACCHETTO INIZIATO.I PRIMI GIORNI E' STATA DURA, MA, OGNI VOLTA CHE AVEVO L'IMPULSO DI UMARE

MI DICEVO: SCEMO, CHE FAI? NON DOVEVI SMETTERE?DOPO ALCUNI GIORNI DI QUESTA LOTTA, A POCO A POCO IL DESIDERIO SI AFFIEVOLI' FINO A SCOMPARIRE DEL TUTTO. L'IMPORTANTE E' NON MENTIRE A SE STESSI.

RINUNCIA ANCHE ALLE 4 SIGARETTE, IN QUESTO MODO NON CI SI STACCA DALLE ABITUDINI ED E' MOLTO PIU' FACILE RICADERE NEL VIZIO. TRONCA DI NETTO E VINCERAI!


MAY 29

Giulia ha lasciato questo commento al post di ieri di Amina. Come per l' altra volta, dopo averlo letto ho deciso che le parole di Giulia meritano maggiore visibilita', e ne faccio un post a parte. Grazie a te, Giulia.

" Grazie ragazzi, quello che state facendo per me è bellissimo e mi lascia senza parole...

La vita di mio padre non può non significare nulla. Così come la vita di Andrea deve diventare un simbolo per spiegare a tutti che bisogna reagire non solo al fumo ma a tutto ciò che ci porta ad arrenderci.

Mio padre soffriva di una grave forma di depressione, e questo certo ha contribuito ad aumentare la sua dipendenza dal fumo...

Sono contenta di aver trovato persone come Andrea, come Amina, come chi lascia un segno in questo blog perchè vuol dire che siamo in tanti.

E alle bellissime parole di Amina direi che alle 18.30 ognuno di noi potrebbe pregare il suo Dio, qualunque esso sia e in qualunque forma preferisca farlo, non solo per mio padre, ma per ciò che lui rappresenta: un uomo buono che si è arreso al fumo e alla vita, come ce ne sono tanti in tutto il mondo, tanti che magari leggendo queste parole possono trovare la forza per alzarsi e dire "ho ancora tante cose da fare, piccole e grandi... non posso arrendermi". Grazie a tutti, mi fate sentire davvero molto meno sola.

 Giulia. "

Postato 29th May 2003 da Ezechiele


6 Commenti :


alzataconpugno29 maggio 2003 12:19

Carissimo Stefano, (e carissimo Andrea e carissima Amina) quello che si sta creando in questo blog è un gruppo di persone consapevoli o in cerca di una maggiore consapevolezza di quello non solo di quali siano i danni del fumo, ma di cosa significhino, di quale mondo siano figli, di quale malessere personale e disegno economico internazionale siano indice...Forse la sto mettendo su un piano troppo ampio. Io non ho mai fumato e sono sempre stata contraria al fumo, ma tollerante... troppo. Mia madre ha fumato per molti anni, poi per fortuna ha smesso. Mia sorella fuma da quando aveva dodici anni ed ha smesso l'anno scorso a 30. Io non sono mai stata attratta dal fumo (forse perchè ho fatto sport a livello agonistico, forse perchè ho preferito mangiarmi le unghie, forse senza un motivo specifico) ma non mi ero mai soffermata veramente su quello che signicasse per gli altri - a cominciare naturalmente da mio padre...

alzataconpugno29 maggio 2003 12:20

continua dal post precedente...

A volte trovo ipocrita anche le campagne istituzionali contro il fumo... Belle parole, belle immagini, buoni sentimenti... poi però la Philiph Morris ha imposto alle compagnie aeree e ai governi di riferimento (anche il nostro) che gli accendini non vengano considerati una arma pericolosa da imbarcare sugli aerei con il bagaglio a mano. E sapete perchè? Perchè è vero che sulla maggior parte dei voli non si può fumare... ma prima di salire e appena sbarcati si... e allora perchè negare questo "piacere" ai fumatori e questo introito alle compagnie del tabacco... E con un accendino e un poco di polvere da sparo, nascosta nei tacchi delle scarpe e che non viene rilevata dai metal detector, si può "tranquillamente" far esplodere un aereo in volo...

Ecco perchè sto cominciando a pensare in grande. Ecco perchè mi fa paura il fumo. Non solo perchè sta uccidendo mio padre, ma perchè uccide un pochino ognuno di noi con la logica perversa delle multinazionali....

Ogni giorno abbiamo il bollettino dei morti per Sars via sms, televideo, giornali e telegiornali. A quando l'aggiornamento delle decine e decine di persone che muoiono per il fumo solo in Italia. E chi pensa di doversi limitare al tumore ai polmoni si sbaglia... il caso di mio padre è più che eclatante...

Ma chissà che proprio partendo da qui non si possa fare qualcosa di concreto.

Giulia


anonimo29 maggio 2003 15:46

Oh Grande Spirito, concedimi la serenità di accettare le cose che non posso cambiare, il coraggio di cambiare le cose che posso cambiare, le la Saggezza di capirne la differenza. (Preghiera Cherokee)


ezechiele200230 maggio 2003 11:11

A Giulia:

Hai notato che sul lato sinistro di questo blog c'e' l' aggiornamento costante del numero di morti per il fumo ?Cerchiamo assieme di fermare la strisciante pubblicita' nei Films ed in TV. Qualunque cosa ne dica Giuliano Ferrara.

Perche' non usi anche il tuo blog ?

Eze


anonimo30 maggio 2003 18:17

Non e' un po' macrabo, in un blog ``normale``? Scusa la protesta, ma io vorrei vedere un nuovo, grande ``branco`` di non fumatori FELICI di non fumare, non colla sigaretta nel pensiero ma terrorizzati dalle conseguenze. Non fumare e' VITA, non e' NON MORTE. E scusa anche questo pensiero un po' buddhano. amicoandrea anonimo26 gennaio 2005 11:38

Carissima Alzatacolpugno

Non so se credi ma io ho offerto le mie preghiere per tuo Padre, a quanto pare un vero maestro di vita. Spero che in un modo o un'altro tu abbia ancora la sua presenza che ti aiuta nei momenti piu' difficili.

E ora un argomento che sembra dissonante, ma questa legge te la ha data un governo e un ministro della salute che il pugno non lo alzeranno veramente mai!

Vedi che c'e' del buono anche da opposti schieramenti?

Un abbraccio,

Marco


MAY 30

"Disturbo se fumo?". "Le dispiace se muoio?". (da uno slogan della campagna antitabacco in California)

Dai fumatori si puo' imparare la tolleranza. Mai un fumatore si e' lamentato di un non fumatore. (Sandro Pertini)

Il maresciallo sta ispezionando la caserma. Vede una cicca per terra e chiama il carabiniere piu' vicino: "E' tua quella cicca?". "No, maresciallo, l'avete vista prima voi!".

Postato 30th May 2003 da Ezechiele


4 Commenti :


anonimo30 maggio 2003 02:51

Che i fumatori siano piu` tolleranti dei non fumatori, be`, e` innegabile.


anonimo30 maggio 2003 16:32

Non solo! Sono anche molto altruisti! Quando fumano loro, fanno fumare anche tutti quelli che gli sono vicini! Grazie veramente! NemicoA.


anonimo30 maggio 2003 18:11

Scusa eh, ma a me per esempio, a tavola, da` molto fastidio che gli altri MANGINO mentre io fumo, pero` non protesto. Piu` tollerante di cosi`! (hai capito che e` per ridere e sdrammatizzare, vero?)

anonimo31 maggio 2003 18:00

Ma cerrrrto! Come ti capisco. Deve essere proprio rivoltante avere intorno gente che azzanna tranci di pizza fumante mentre non si riesce quasi a sentire il fumo della propria siga.( sempre per s-drammatizare).Nemico(del fumo)A.

MAY 30

OFFENSIVA CONTRO IL TABAGISMO

No global smoking

Il Buthan è il primo Stato dove è vietato fumare. L'Oms lancia una nuova campagna. La Ue mette al bando le light. L'Italia vara l'attesa legge antifumo

di Letizia Gabaglio

All'angolo, senza scampo. Così cominciano a sentirsi i fumatori. E così si sentiranno ogni giorno di più grazie a campagne di informazione condotte in televisione, alla radio, sui giornali e persino sulle confezioni delle sigarette. A criminalizzare, non senza ragione, il fumo ci si sono messi in molti.

Capofila è l'Organizzazione mondiale della sanità che ha appena pubblicato la prima convenzione sul controllo del tabacco: dopo quattro anni di negoziazione i rappresentanti di 171 paesi hanno trovato un accordo sull'importanza di tassare in misura sempre maggiore sigarette, tabacco e sigari, introdurre scritte o immagini dissuasive almeno sul 30 per cento della superficie dei pacchetti, eliminare qualsiasi forma pubblicitaria delle multinazionali del tabacco, finanziare i programmi nazionali di controllo. "Una vera pietra miliare nella storia della salute pubblica mondiale", ha dichiarato orgogliosa Gro Harem Brundtland, direttore generale dell'Oms che ha portato avanti per quattro anni i negoziati e ha ottenuto l'approvazione di tutti i paesi membri tranne, e sembra quasi un paradosso, Stati Uniti e Germania.

La seconda stoccata all'impero del fumo l'ha affondata la Corte europea di giustizia che ha riconosciuto la legittimità di uno dei provvedimenti più fastidiosi per le multinazionali presi dall'Unione europea: eliminare le scritte "light" o "mild" dai pacchetti delle sigarette entro il 20 settembre 2003. Non è vero, infatti, che fumando leggero si diminuiscono i danni alla salute: a causa di filtri areati, e dei livelli sia di nicotina che di catrame (che contiene le sostanze cancerogene del fumo) teoricamente più bassi, il fumatore, per soddisfare il bisogno di nicotina e poiché sperimenta un livello minore di irritazione, tende a inalare più profondamente, così da far depositare i cancerogeni alla periferia dei polmoni. Là dove è poi più difficile eliminarla. Sempre per la stessa data di settembre, i ministri della Sanità dei Quindici hanno fissato l'entrata in vigore di nuovi limiti sulla percentuale di catrame, nicotina e monossido di carbonio contenuti nelle sigarette.

E in Italia? Il ministro Girolamo Sirchia ha inaugurato la sua personale crociata contro gli oltre 13 milioni di fumatori stimati nel paese. Una campagna di sensibilizzazione (in attesa dell'entrata in vigore della legge italiana antifumo nel luglio 2004) che durerà fino a giugno e coinvolgerà tutti i mezzi di comunicazione, per una spesa di circa 10 mila euro che il ministero pensa di poter affrontare anche grazie al coinvolgimento di aziende interessate ad abbinare il proprio marchio alla tutela della salute. Un impegno massiccio per contrastare quella che in Italia sta già assumendo i contorni di un epidemia: secondo la Lega italiana per la lotta contro i tumori, il fumo di sigaretta non si limita a causare circa 45 mila morti per tumore ogni anno in Italia, ma produce oltre 10 mila morti per bronchite ed enfisema polmonare, e un numero difficile da stimare con precisione, ma sicuramente non trascurabile, di morti per infarto miocardico e altre patologie cerebro-vascolari. In tutto circa 90 mila decessi l'anno. Se in più consideriamo anche i fumatori passivi, il 26,5 per cento degli italiani è minacciato dagli effetti nocivi del fumo. E che il fumo faccia male a chi lo subi-sce è stato riconosciuto anche dal tribunale di Roma dove Annamaria Lupo, un'impiegata di 50 anni, ha ottenuto il primo riconoscimento di danno da fumo passivo, per una somma di 15 mila euro. Quello del fumo subito è un danno ancora più grave se si tiene conto che, tra quanti lo subiscono, ci sono oltre 4 milioni di bambini: precisamente, come sottolinea l'Istat, il 27,6 per cento dei fumatori passivi ha meno di 14 anni.

"Lo Stato si deve impegnare a tutelare gli indifesi e i deboli, quindi i bambini, i neonati, il feto", afferma Bruno Silvestrini, ordinario di Farmacologia all'Università La Sapienza di Roma e coordinatore del gruppo di lavoro del Comitato nazionale di Bioetica sulla questione fumo. La consulenza che Sirchia ha chiesto al Comitato si è concretizzata in un documento, che "L'espresso" è in grado di anticipare, da presentare al ministero il prossimo 21 marzo. Il documento del Comitato si preoccupa della tutela degli indifesi e dedica ampio spazio alle conseguenze per il feto, sia dell'abitudine al fumo della madre, argomento ampiamente trattato da diverse campagne di informazione, sia dal vizio del padre. "Occorre richiamare l'attenzione, inoltre, su un aspetto precedentemente ignorato o sottovalutato della nocività del fumo: i danni a carico della riproduzione, che coinvolgono i gameti maschili e femminili, la fertilità e lo sviluppo embrio-fetale", si legge nella sintesi del documento.

Considerazione avallata dall'ultimo manuale dell'Oms sulla fertilità maschile (ed. it. Editoriale Fernando Folini): "Recenti meta-analisi in letteratura hanno dimostrato che il fumo è associato a riduzioni modeste della qualità seminale, a un maggiore stress ossidativo del Dna del seme e ad alterazioni dei livelli del siero ormonale. È stato riportato che il fumo eccessivo può aggravare gli effetti deleteri di alcune malattie genitali o di altri fattori ambientali sulla spermatogenesi. I fumatori presentano inoltre un numero maggiore di globuli bianchi nel seme, un rischio di uretrite e la compromissione della funzione secretoria delle ghiandole accessorie maschili". Insomma, un panorama sconfortante. Per la salute dell'uomo e per la sua possibilità di concepire.

Il documento del Comitato di Bioetica introduce un concetto nuovo: "Il fumatore è una persona da aiutare perché la sua dipendenza non gli permette di tutelare la propria salute", commenta Silvestrini: "Per questo il Sistema sanitario nazionale deve prendersi carico della sua disassuefazione". Un bel costo aggiuntivo, che difficilmente le casse dello Stato potranno affrontare. "Banalmente però è molto meno costoso aiutare a smettere chi fuma oggi piuttosto che curare chi si ammala a causa del fumo domani", conclude il farmacologo.

Perché l'unica strategia vincente, concordano i tecnici, è la prevenzione primaria, appunto quella fatta a suon di campagne informative. "Il precedente Piano sanitario nazionale, e poi ancora quello presentato dal ministro Sirchia, coinvolgono nell'azione di prevenzione le scuole primarie e secondarie", spiega Alberto Cavalli, della divisione di pneumologia dell'Ospedale Sant'Orsola Malpighi di Bologna: "Non si fa cenno però ai ragazzi che vanno all'Università e in particolare a quanti studiano medicina, i giovani che dovranno poi dissuadere i loro pazienti dal fumo".

Una constatazione che ha portato lo pneumologo a istituire insieme alla preside della Facoltà di Medicina dell'Università di Bologna, Maria Paola Landini, il primo esame di tabagismo per gli aspiranti medici. "È un esame complementare gestito a metà fra l'ateneo e il Centro antifumo del dipartimento di malattie respiratorie del Sant'Orsola", dice Cavalli. Fino a maggio prossimo gli studenti seguiranno le lezioni sui danni provocati dal fumo all'Università, poi saranno ospiti del Centro dove prenderanno parte a delle sedute di counseling psicologico. "Assistere alla terapia di gruppo aiuta i ragazzi a entrare in contatto con il paziente in maniera diversa, ad acquisire un modo di fare che può essere adottato con successo anche nella cura di altre patologie", prosegue lo pneumologo.

La sfida contro il fumo, quindi, si comincia a combattere a scuola e nelle università. Ma non è mai troppo tardi, anche da adulti. La pensano così le imprese che decidono di incentivare i loro dipendenti a smettere di fumare. L'ultima in ordine di tempo a farlo è stata Ethicon, un'azienda di produzione e commercializzazione di suture chirurgiche. Che ha promesso di premiare i dipendenti fumatori che aderiranno all'iniziativa "No smoking people" e che riusciranno a smettere di fumare. A dare il buon esempio sul versante dell'amministrazione pubblica arriva invece l'iniziativa della Regione Liguria: i dipendenti potranno seguire durante l'orario di lavoro i corsi per smettere di fumare promossi dalla Lega italiana per la lotta contro i tumori.

Insomma, la Repubblica è impegnata in una guerra capillare e, per la prima volta, dopo anni di discorsi sui danni da fumo, pare intenzionata a fare seriamente. Mai, però, quanto i monaci-ministri del lontano Stato himalaiano del Buthan: la prima nazione al mondo dove è rigorosamente vietato fumare su tutto il territorio.


Postato 30th May 2003 da Ezechiele


4 Commenti :


anonimo30 maggio 2003 02:49

E` vero! Il fumatore e` una persona da aiutare! Aiutateci! Aiutiamoci! amicoandrea


anonimo9 gennaio 2005 10:08

Ho smesso di fumare ben tre volte ed ogni volta per un periodo di sei anni! Ogni volta che ho ripreso è stato per fatti gravi e la sigaretta mi ha aiutato a superarli. L'ultima volta sono cresciuto di peso di ben 16 chili, diventando obeso! Poi ho ricominciato a fumare e sono rientrato in peso ed oggi ho analisi del sangue eccellenti (colesterolo e trigliceridi sono molto al di sotto dei valori raccomandati). Mio padre fumava ma è morto di leucemia a 57 anni; Mia madre fumava ma è morta a 54 anni di cancro al seno. Erano sei anni che non fumavo ed a 54 anni sono stato colpito da cancro al rene! Io ho il massimo rispetto per gli altri e già da tempo non fumo in locali chiusi in cui sono presenti altre persone. Ma oggi, a 57 anni, non ho più nessuna intenzione di smettere di fumare: il fumo mi piace, mi aiuta a concentrarmi e mi dà tante altre cose. Ma, Vi prego, smettetela di criminalizzare i fumatori: non siamo sottosviluppati (io, ad esempio, sono laureato). Vi chiedo solo di riservarmi una parte del rispetto che io riservo agli altri. Non guardatemi dall'alto in basso: non ne avete diritto! Con la stessa logica fondamentalista dovremmo, allora, ridurre a 50 Km/ora la velocità sulle Autostrade (gli incidenti stradali provocano ogni anno più vittime del fumo), vietare di consumare alcoolici (i danni dell'alcool provocano quasi lo stesso numero di vittime del tabagismo ogni anno) ecc. Due citazioni per sorridere e sdrammatizzare:

1) Smettere di bere, smettere di fumare e smettere di mangiare ciò che ci piace, non ci allunga la vita...ce la fa sembrare solo più lunga!

2) Da Woody Allen: ho smesso di fumare. Vivrò una settimana di più. Sono sicuro che in quella settimana pioverà sempre.

Un saluto.

Fausto


anonimo19 gennaio 2005 14:51

Bravissimo!

Hai centrato in pieno il problema.. non aggiungo altro...


Elizabeth9 dicembre 2014 11:38

You share interesting things here. I think that your website can go viral easily and i know how to do it, just search in google - mimesis content advices


MAY 30


da IL GIORNALE, cronaca di Milano, 29 maggio 2003:

"NUOVE NORME, SIGARETTE VIETATE AI GHISA IN PATTUGLIA":

I ghisa (i vigili urbani così chiamati a Milano) in mezzo al traffico, di

fumo ne respirano davvero tanto. ma non quello delle sigarette: da poco

sono state vietate in pattuglia. una restrizione che i vigili urbani non

si aspettavano assolutamente dal loro comandante, Antonio Chirivì. lo conoscono,

infatti, come accanito fumatore.

Il divieto non è stato visto da tutti di buon occhio, a gradirlo sono stati

più che altro gli agenti che non fumano. Ora non dovranno più subire le

boccate di nicotina dei colleghi. Le circolari non lasciano spazio ad alcuna

trasgressione, come del resto prevede la Legge del 16 gennaio 2003 per la

tutela della salute dei non fumatori.

I vigili urbani si rassegneranno a reprimere la voglia di tabacco durante

le perlustrazioni, magari consolandosi pensando ai vigili di Arezzo. Loro

dovettero dire addio al tabacco già nell'ottobre del 2000 quando venne lanciato

il decreto antifumo del ministro della sanità Umberto Veronesi. Tre anni
dopo i ghisa devono rispettare la nuova normativa voluta dal ministro della
salute Girolamo Sirchia.

Le auto di servizio vengono pertanto equiparate a qualsiasi luogo di lavoro,
riprendendo anche l'articolo 7 della legge del 1975 che vietava il fumo
sui mezzi di trasporto pubblico.

Il discorso non fa una grinza: le vetture dei vigili non possono essere
certo considerate alla stregua delle auto private. Le recenti disposizioni
del comandante Chirivì erano state precedute nel marzo di due anni fa da
una circolare emanata dal ministero della sanità. Allora si leggeva esplicitamente:
consapevole dei danni che alla salute può arrecare il cosidetto fumo passivo,
il legislatore ha posto un generico ed assoluto divieto di fumo negli autoveicoli
di proprietà dello Stato, di enti pubblici e di privati concessionari di
pubblici servizi per trasporto collettivo di persone".

Una disposizione che forse non veniva considerata come tassativa.

L'ulteriore giro di vite ha trovato probabilmente sostegno da parte dei
sanitari dell'Istituto Nazionale dei Tumori di Milano a cui si è rivolto
un dipendente del Comune di Milano che lamentava di essere vittima del fumo
passivo."


Postato 30th May 2003 da Ezechiele



1 Commenti :

anonimo30 maggio 2003 18:07

Certo, per un non fumatore, trovarsi dentro un'automobile dove si fuma dev'essere piu' o meno come l'inferno! Eppoi non si diceva una volta ``non bevo, sono in servizio`` oppure ``non fumo, sono in servizio``? amicoandrea


MAY 30


Ci ha scritto oggi di nuovo la cara Francesca Centenari, e questa volta non per tirarci le orecchie:

" Ciao Ezechiele,

questa volta non ti scrivo per tirarti le orecchie, anzi, per quella mi scuso ancora.

Ho trovato bellissima l'iniziativa di chiedere di pregare, alla stessa ora, per una persona tanto malata e mi ha commosso il sapere che esistono persone che, come Amina, hanno tanta sensibilità d'animo.

Vorrei esprimere tutta la mia ammirazione per quello che fate, a te Ezechiele, ad Amina, ad Andrea: vi seguo e sono con voi.

GRAZIE per il vostro esempio, torno comunque a ribadire che la tua presenza, oltre alle informazioni che dai, è importantissima. Come dice Andrea la voce del padrone è fondamentale.

Un augurio di tanto bene, vi meritereste un premio.

Tanti cari saluti E GRAZIE ANCORA

Francesca "


Postato 30th May 2003 da Ezechiele


1 Commenti :


anonimo30 maggio 2003 18:03

Ci meriteremmo un premio da Francesca? 1) Risposta spiritosa: qual e`, qual e`? 2) Risposta sincera (e presuntuosa): ritengo di essere stato ben abbondantemente premiato in anticipo per quello che faccio e che faro`. amicoandrea


MAY 30


Stamane alle nove sono passati  esattamente 5 mesi dal momento della morte di Papa'.

"  Come vedi, Papa', un pochino di bene col tuo aiuto riusciamo a farlo.

Continua a starci vicino da lassu', ed a guidare coi tuoi consigli i nostri pensieri e le nostre opere. Ciao, Papa' : sei sempre presente dentro di me.  "

Postato 30th May 2003 da Ezechiele


1 Commenti :

anonimo30 maggio 2003 17:59

Che GRANDE COSA i padri e le madri, eh? amicoandrea

MAY 31

Ieri mi e' capitato di andare a visitare il sito di Giulia. A parte il piacere di trovarvi una sua foto e di scoprire cosi' che la nostra nuova amica e' una splendida ragazza, nonche' affermata giornalista, vi invito tutti ad andare a leggere il post di Giulia del 29 Maggio , e soprattutto i tanti commenti che questo post ha avuto.

Oltre a pregare tutti assieme alle 18.30, che altro potremmo fare per il Papa' di Giulia ?

Postato 31st May 2003 da Ezechiele


5 Commenti :


anonimo31 maggio 2003 04:23

A ME piacerebbe (piacerebbe non e` la parola adatta, ma ...) che ella ci tenesse informati su come va suo padre, per poter dividere un po` il dispiacere. Dal punto di vista tecnico e pratico ritengo che sia nelle migliori mani possibili. Che altro fare, se non pregare? Ma io so che Egli sa gia` che cosa Gli vogliamo chiedere. ``Chi da` a voi tanta giocondita` e` per tutto, e non turba mai la gioia dei suoi figli, se non per prepararne una piu` certa e piu` grande``. Sono un illuso? amicoandrea


anonimo1 giugno 2003 06:34

Finalmente lo sfondo si illumina un po`! amicoandrea (ormai, mi pare, povero e solo. Dove siete, tutti quanti?)


alzataconpugno2 giugno 2003 05:55

Innanzitutto complimenti per lo sfondo... Da un senso di pulito e di voglia di fare... Poi grazie per il "bella ragazza" e per "l'affermata giornalista"... In realtà non lo sono poi così tanto. Mi piace molto scrivere, questo si, e mi sarebbe piaciuto farla diventare la mia professione principale. Ma è un mondo molto difficile, soprattutto quando non hai voglia di scendere a compromessi e ti sei messa in testa l'assurda idea che si tratti di un lavoro non di autocelebrazione ma utile agli altri e per gli altri (sarà per questo che preferisco i blog e queste forme alternative di comunicazione?)... Grazie ancora per l'appoggio che sto ricevendo in un momento tanto difficile della mia vita, per tutta la solidarietà che viene da ogni parte. In questo periodo mio padre sta attraversando la fase in cui si potrebbe decidere la sua sorte. I medici danno la percentuale di sopravvivenza al 10% perchè i polmoni sono gravemente compromessi e ripetono naturalmente la parola "sigaretta" (io aggiungerei anche "trascuratezza" e "depressione" ma questo non cambia il risultato e il ruolo del tabacco nell'intera vicenda).


alzataconpugno2 giugno 2003 05:55

continua dal post precedente

A volte mi chiedo se si rende conto che è ormai dal 2 maggio che non fuma più? Uno dei giorni in cui era cosciente e gli sono stata accanto gli ho chiesto se voleva una sigaretta, lui stava per rispondere (a gesti perchè la tracheotomia non gli permette di parlare) "quasi quasi", quando un terribile accesso di tosse lo ha letteralmente sconquassato... Dopo ha fatto di no con il dito, chissà se era un no sincero...

Vi terrò sicuramente aggiornati su come vanno le cose, nel frattempo credo che invierò un estratto dell'ultimo capitolo di White Stupid Men di Michael Moore illuminante sul peso politico delle multinazionali del tabacco. Ah quasi dimenticavo una mia studentessa (sono anche assistente a Sociologia Politica) farà una tesi sulla campagna istituzionale contro il fumo. Ha in mente un sondaggio. Vi farò sapere i risultati. Cari saluti e, ancora e sempre, grazie.

JUN 2

"Scusi, signore, cerino?". "No, e' uscito!".

Come si chiama il ciclope che fuma due o tre sigarette per volta? Polifumo.

Colmo per un fumatore: girare tutta Firenze per trovare un toscano!

Postato 2nd June 2003 da Ezechiele

1 Commenti :

anonimo2 maggio 2005 11:11

Ho visitato con entusiasmo il vostro sito;purtroppo ce ne fossero di così ! Io sono abbastanza interessata, perchè aiuto a smettere di fumare con l' auricoloterapia. per un colloquio potete venire agli studi medici Airone in via Pasqui 12 ad Arezzo. Pensateci!

JUN 2

Da Gea News di Maggio:

La morte puo' attendere

di CRISTINA VATTERONI

Nell'ultimo film di 007 "La morte puo' attendere", Bond fuma sigari Havana e ne discute la qualità con un gangster cubano. Ian Fleming morì per problemi cardiaci legati al fumo a 56 anni e il suo 007 è un fumatore, ma dopo una storia giudiziaria costata 200.000 dollari per la pubblicita' delle sigarette Lark in "Licenza di uccidere" del 1989, l'industria dello 007 è diventata molto attenta alla questione. Secondo il produttore del nuovo film, Michael Wilson, l'attore Pierce Brosnan aveva assunto una posizione decisa, e Bond non aveva più acceso sigarette nei film degli ultimi 13 anni. Ma ora avrebbe lui stesso suggerito il sigaro a causa dell'ambientazione cubana della storia. La cosa ha prodotto la reazione della Fondazione Britannica contro il Cancro, promotrice del film nell'ambito di una raccolta fondi, ma anche per una intervista pro-tabacco alla rivista americana "Cigar Aficionado". La presenza del tabacco nella cinematografia è aumentata negli ultimi anni, come compensazione ai divieti di pubblicità, ma in Inghilterra, dal prossimo anno una legge vieterà ogni forma di propaganda, anche da film e tv, e si stima che salverà 3.000 vite e milioni di sterline. In un film su quattro nell'ultimo anno si e' avuta la promozione di una qualche marca di sigarette. In genere i protagonisti maschili fumano sempre (v. Independence Day, Pulp Fiction, Die Hard, The Perfect Storm,...). In "007 - La morte puo' attendere" i ricavi da pubblicità ammontano a 70 milioni di sterline.

Link: http://smokefreemovies.ucsf.edu/

Bond che fuma: http://www.ash.org.uk/html/advspo/pdfs/bond.pdf

Postato 2nd June 2003 da Ezechiele

JUN 3

Bugie in etichetta

L'industria del tabacco nuoce gravemente alla verita'. Nulla di nuovo. Ma grazie ai processi vinti dalle vittime negli USA, le multinazionali del Fumo sono state obbligate ad aprire i loro archivi (http://tobaccodocuments.org, www.pmdocs.com) e a rendere pubblico ogni documento, anche il piu' riservato. E' stato proprio spulciando fra migliaia di documenti che si comincia a capire com'e' stata costruita la cultura lucrativa della menzogna. Effettuando i test che i fabbricanti si rifiutano di fare, ABE ha verificato che le indicazioni che figurano sui pacchetti su catrame e nicotina danno valori inferiori del reale e che le sigarette "leggere" non sono meno cìnocive di quelle "forti". Tutti i parametri valutati dalla macchina fumatrice sono fissati da un regolamento internazionale, la norma ISO 3308. Questo significa che ovunque nel mondo questa macchina "fuma" e "aspira" alla stessa maniera. Tuttavia e' necessario moltiplicare i valori ottenuti per 2 o addirittura per 7 per ottenere i valori effettivamente inalati dai fumatori. Un articolo svizzero (in francese) ne spiega il motivo: www.tsr.ch/emission/abe/archive/99/991026.html .

Postato 3rd June 2003 da Ezechiele

JUN 3

Da Gea News di Maggio:

Una vita in fumo

@ E' un blog che nasce dal dolore ma che sembra guardare lontano, alimentato dalla consapevolezza e dalla speranza di potersi rendere utile a tutti coloro che vogliono, fortissimamente vogliono, liberarsi dalla schiavitù mortale del fumo. (Marco Traferri)

@ Segnalo a tutti un nuvo blog d'informazione sociale e medica: "Una vita in fumo", che redarguisce sui rischi da fumo e su tutto ciò che bisognerebbe sapere ma che nessuno ci ha mai raccontato. Per fumatori e non. (Ocurrencia)

@ Sono (purtroppo) un fumatore passivo; a tutti i fumatori attivi segnalo un blog e mi permetto di dare un consiglio: non gettate in fumo la vostra vita! (La sensa)

@ Un Blog che mi è stato segnalato, e che ho visitato. Nato da una dolorosa esperienza personale, vuole puntare l'attenzione sul fumo. A casa mia nessuno di noi fuma, nemmeno i figli. Mio suocero è morto per un cancro ai polmoni: era un fumatore incallito. (Alchimie)

@ "Tanto prima o poi dobbiamo morire tutti". La mia professoressa d'arte del liceo era un po' pazza, ma l'unica cosa sensata che abbia mai detto è stata: "il fumo è un cancro pagato". (Billiejoe)

Visitatelo anche voi: http://unavitainfumo.splinder.it


Postato 3rd June 2003 da Ezechiele


JUN 3


Ricevo da meme e posto con piacere :

Venerdì 30 Maggio 2003, 19:02

FUMO: INQUINA PIU' LA SIGARETTA DELLO SCARICO DI

MOTORINO

(ANSA) - MILANO, 30 MAG - Un ciclomotore 4 tempi,

nuovo, con marmitta catalitica, inquina molto meno di

una sigaretta. All' Istituto Nazionale dei Tumori

(INT) di Milano lo hanno provato scientificamente,

prima riportando i risultati di uno studio pilota, poi

anche con una dimostrazione pubblica in aula magna.


Nel corso dell'annuale convegno organizzato dall'INT

in collaborazione con l'Associazione Ambiente Lavoro

in occasione della Giornata Mondiale Senza Tabacco,

sono stati infatti divulgati i risultati di uno studio

pilota che ha confrontato l' inquinamento di un

motorino con quello delle sigarette. Lo studio e'

stato condotto in un' autofficina di 80 metri quadri

dotata di banco prova e completamente chiusa.

Strumenti di misurazione sono stati un analizzatore a diffrazione laser per la misura del PM10 in microgrammi per metro cubo e un contatore di particelle/litro comprese tra 0,7 e un millesimo di millimetro.

In questo ambiente un motorino nuovo dotato di marmitta catalitica e' stato tenuto al minimo per un certo tempo, poi fatto girare a circa 40 km l'ora per 2 minuti. Dopo aver aperto porte e finestre per ricambiare l'aria e' stato ripetuto l' esperimento, ma al posto del motore c'era una persona che ha fumato, una dopo l'altra, sei sigarette.

Mentre il valore di concentrazione del particolato espresso in PM10 generato dalle sigarette e' risultato solo leggermente superiore a quello generato dal motorino, i valori espressi in numero di particelle per litro sono risultati essere ben quattro volte superiori, da 3200 a 12.200. E si tratta di particelle equivalenti a PM1 (dell'ordine di 1 millesimo di mm, 10 volte piu' sottili del PM10) che sono quelle che si fermano negli alveoli polmonari e sono molto piu' pericolose per il cancro.

Ma la concentrazione degli inquinanti dipende moltissimo dalla grandezza dell'ambiente. Cosi' nell'aula magna dell'INT, stamattina l'esperto in misurazioni di inquinanti Ario Ruprecht ha misurato con un contatore di particelle/litro da 0,7 a 1 millesimo di millimetro (PM1) la quantita' di particelle emesse dal ciclomotore la cui marmitta emetteva i gas di scarico in un ambiente grande circa tre metri cubi. La relativa funzione apparsa in tempo

reale sul video del computer, partita da un
inquinamento di fondo pari a 200-300 particelle per
litro d' aria, in pochissimi minuti e' salita a un
valore di picco di 2000, per poi scendere al
riscaldarsi della marmitta catalitica.

Dopo aver arieggiato l' ambiente, negli stessi 3 metri
cubi (equivalenti all'abitacolo di un'auto media) e'
entrata una ragazza che ha acceso una sigaretta. Dopo
le prime boccate la funzione apparsa sul video,
partita dallo stesso livello di 200-300 particelle per
litro, ha avuto un'impennata raggiungendo in breve un
picco di 107.000 particelle per litro. Esattamente 50
volte l'inquinamento del motorino.

Nel corso del convegno Giovanni Invernizzi,
responsabile delle campagne antifumo in seno alla
Societa' Italiana di Medicina Generale (SIMG), ha
comparato il fumo attivo e quello passivo. "Nel primo
- ha osservato - la temperatura raggiunta nel tabacco
reso incandescente (800 gradi C) dall'aspirazione,
degrada molte delle sostanze contenute (sono 4000
quelle riscontrate, di cui solo 900 conosciute). In
quello passivo, generato dalla sigaretta sul
posacenere (a 600 gradi C) molte sostanze, ad esempio
la nitrosodimetilamina, che e' sicuramente
cancerogena, non viene degradata. Questo per
dimostrare - ha detto - come il fumo passivo puo'
essere ancora piu' pericoloso di quello attivo".

Secondo i dati esposti da Negri, che ha illustrato i
casi delle concentrazioni di fumo passivo misurati in
pizzerie, ristoranti (con e senza divisori fisici tra
ambienti fumatori e non fumatori), in Italia ogni anno

"si verificano 200 morti di cancro, per il fumo
passivo tra le mura domestiche; 324 morti di cancro
per il fumo passivo sui luoghi di lavoro. A questi
vanno aggiunti i 2200 morti per cardiopatie la cui
causa e' sempre il fumo passivo".

Nel corso della mattinata il Commissario Straordinario
dell' INT, Andrea Matiussi, ha consegnato il premio
del concorso 'Aziende senza fumo', in collaborazione
con la Fondazione Carlo Erba, ai tre vincitori: Comune
di Milano (per alcune scelte esemplari), a Reed
Business Information (societa' editoriale diventata
'no smoking') e alle Iene di Italia 1 (per una
comunicazione chiara ed efficace). Nella stessa
occasione l' Associazione Ambiente Lavoro ha
comunicato di aver inserito nel proprio sito Internet
(www.amblav.it) una mail contenente informazioni e
slogan che invitano a smettere, che puo' essere
stampata e affissa sui luoghi di lavoro o inviata a
conoscenti fumatori. (ANSA).
Venerdì 30 Maggio 2003, 19:01

FUMO: AUMENTANO I CONSUMI, SI TORNA AI LIVELLI ANNI 80
(ANSA) - ROMA, 30 MAG - I consumi di sigarette tornano
ai livelli degli anni 80 e neanche l'aumento dei
prezzi che si e' verificato negli ultimi dieci anni
riesce a scoraggiare i fumatori. Questi dati sono
stati presentati da Roberta Pacifici dell'Istituto
Superiore di Sanita' durante il V Convegno nazionale
su tabagismo e Servizio Sanitario Nazionale tenutosi
oggi a Roma all'Iss.

Dallo studio dell'Osservatorio su fumo, alcol e droga

(Ossfad) dell'Iss sul fumo in Italia riferito al 2000

i consumi di sigarette hanno avuto una grossa crescita

dal 1960 al 1986, una riduzione (-14%) negli anni dal

1986 al 1991 ed hanno registrato una fase di consumi

stabili fino al 1998. Nei due anni dal 1998 al 2000, i

consumi delle sigarette sono di nuovo cresciuti

riportandosi quasi agli stessi livelli raggiunti nel

1986, nonostante sia stato registrato un aumento

parallelo nei prezzi.

Tra le caratteristiche dei consumi dei fumatori

italiani negli ultimi anni anche uno spostamento della

scelta verso le marche estere e verso le sigarette con

un basso contenuto di condensato. (ANSA).


Postato 3rd June 2003 da Ezechiele



JUN 4


Abbiamo un nuovo amico. Si chiama Emanuele e ieri mi ha scritto :

" Mi chiamo Emanuele ho 27 anni e fumo da 13 anni, una media di 10/15 sigarette al giorno.

I problemi che noto su di me sono un respiro imperfetto e una soglia della fatica molto limitata considerando che sono alto 1,82m e peso 85Kg.

Per di più ho smesso per circa 6 mesi l'anno scorso ma poi per colpa di un mio amico ho ripreso (pensa voleva che gli facessi compagnia! quanto sono pirla!).

Il problema di smettere in me è trovare gli stimoli giusti e non pensare più alla sigaretta.

Come diavolo posso fare?

P.S. Complimenti al sito, è davvero completo.

Un saluto

Emanuele "

Caro Emanuele, comincia col seguirci regolarmente per qualche giorno. Ed ogni tanto, dai anche un' occhiata al sito in Inglese ! ( Subito sotto al titolo )

A presto

Eze

Postato 4th June 2003 da Ezechiele


JUN 4

Ieri sera rientravo in auto a casa dopo una cena di compleanno a casa di amici. Era circa l' una di notte, faceva ancora molto caldo ed ho abbassato ambedue i finestrini. ...L'aria entrava liberamente... e, per la prima volta da tantissimi anni , ho risentito, all' improvviso, ... I PROFUMI DELLA NOTTE.

La notte era tutto un susseguirsi di profumi incredibili : gelsomini, rose, prati appena tagliati ....

Per un' intera vita questa sensazione meravigliosa, che avevo completamente dimenticato, era stata annullata dall' invadente odore del fumo e, sicuramente, da una progressiva perdita di sensibilita' dell' olfatto causata dal fumo stesso.

Una parte di me torna a vivere grazie al fatto che, ormai 8 mesi fa, proprio oggi ( era il 4 Novembre 2002 ) ho deciso una volta per tutte che era ora di smettere di fumare.

Postato 4th June 2003 da Ezechiele


1 Commenti :


anonimo4 giugno 2003 02:13

Si`, dicono che e` cosi`. amicoandrea

JUN 4

ATTENZIONE !!!

Giulia chiede aiuto per il suo papa' :

" Ciao a tutti, sono Giulia e questa volta vi chiedo perchè ho bisogno del vostro aiuto. Mio padre dovrà essere trasportato in un centro di terapia intensiva respiratoria perchè altrimenti non riuscirà mai a staccarsi dalla tracheotomia (e anche così la percentuale di sopravvivenza rimane piuttosto basta) non sapreste indicarmi o aiutarmi a trovare qualche ospedale (magari a Roma) che abbia un centro di questo tipo. E' l'ultima possibilità che ho per salvare la vita a mio padre... se ci riusciamo diventerà il nostro testimonial. Vi prego se potete, aiutatemi anche solo con un nome o un numero di telefono. Saluti a tutti e ancora grazie(http://alzataconpugno.splinder.it) "

Postato 4th June 2003 da Ezechiele


9 Commenti :

anonimo4 giugno 2003 18:03

C'è una UTIR (unità di terapia intensiva respiratoria)

a Roma al San Filippo Neri. Tel. 06 3306 2508 o 7 finale.

Mi risulta una anche a Pisa (050.995355) e una a Perugia (075.5782210).

Spero di esservi stato utile.A.


anonimo5 giugno 2003 06:02

Ringrazio tantissimo tutti coloro che mi sono stati d'aiuto. Purtroppo sembra che le Unità di Terapia Intensiva Respiratoria non accettino pazienti che non passano per il loro pronto soccorso. Quindi non è possibile fare un ricovero programmato... Quindi poichè nell'ospedale dove si trova mio padre non c'è l'unita di terapia intensiva respiratoria... O ci prendiamo la responsabilità di portarlo in ambulanza a Roma per non essere accettato e quindi rimandato indietro (con rischio di morte al 100%) oppure aspettiamo che se non trovano posto nella clinica di Pavia (dove non c'è disponibilità prima di un mese) mio padre muoia attaccato alla macchina nella sala di rianimazione che non ha i mezzi per svezzarlo... Tutto ciò è veramente stupendo. Vorrei sapere se succederebbe la stessa cosa se mi chiamassi Berlusconi o qualcosa del genere (e qui il colore e il credo politico c'entra molto poco...). Scusate ma sono veramente senza parole. Baci

Giulia


JUN 5

Da Gea News di Maggio :

Asfissiati Rai si ribellano. Interviene AP

di EMILIO SCALISE

Alla RAI hanno chiesto ai dipendenti di limitare la presenza degli atti-fumo all'interno delle produzioni e nelle fiction. Un invito che fa propri i contenuti della campagna ministeriale. L'invito e' stato accompagnato da due allegati, i risultati di uno studio pubblicato sull'autorevole British Medical Journal, che evidenzia lo stretto legame fra atti-fumo televisivi e l'inizio della pratica del fumo tra adolescenti, ed una ricerca dell'OSSFAD (www.ossfad.iss.it/publ/ppdf/0005.pdf). In questo studio e' stato valutato il numero degli atti-fumo televisivi dal 1 maggio 2000 al 30 aprile 2001, per campionamento settimanale, sulla programmazione delle sette reti con maggiore visibilità di quel periodo, e su tutto il territorio nazionale: 3 reti Rai, 3 reti Mediaset e Telemontecarlo. Su un totale di 965 ore di valutazione sono stati registrati 2.202 atti-fumo, 1 ogni 26 minuti. Telefilm come Derrick, 1 ogni 12 minuti, con 11 sequenze di ragazzi dai 12 ai 17 anni nell'atto di fumare. La serie di Kojak si attestava su 1 ogni 9 minuti, battuto solo dalGrande Fratello dove gli atti-fumo mostrati al pubblico erano di 1 ogni 7 minuti. Tenendo conto della media di ascolto di 6.000.000 di spettatori ogni sera, l'impatto promozionale è impressionante. Da tempo la nostra redazione riceve appelli e richieste di intervento specialmente nell'ambito dei servizi giornalistici della RAI, dove i fumatori sono tra i piu' accaniti e incuranti delle norme e del rispetto di chi non fuma. Sull'onda della sensibilizzazione della campagna ministeriale la direzione dei sistemi di sicurezza RAI si e' messa in contatto con la sede romana della SITAB chiedendo un progetto di no-smoking policy. Nel frattempo e' scattata una denuncia di AP (Aria Pulita), l'associazione di non fumatori i cui membri si sono assunti il ruolo di vigilantes per il rispetto delle norme antifumo. Questo il loro comunicato inviato per conoscenza ai NAS, alla SITAB e alla Lega Tumori:

"Alcuni soci della nostra Associazione ci hanno più volte segnalato che il divieto di fumo secondo la legge n. 584/75 e l'interpretazione della circolare del Ministero della sanità n. 4 del 28/03/2001 non viene rispettato. Il personale lavora in ambienti trasformati in camere a gas, i cartelli sono pochi e comunque ignorati, i responsabili non svolgono alcun controllo e tanto meno di sanzione nei confronti di chi quotidianamente viola la legge, mettendo seriamente a repentaglio la salute di coloro che non fumano. Tale violazione appare tanto più grave e contraddittoria in un momento in cui la RAI si sta impegnando con il Ministero della Salute nella campagna antifumo come testimoniano le tante trasmissioni radiofoniche e televisive dedicate al problema. Si sottolinea che i dirigenti ed i controllori hanno il dovere di far rispettare le leggi e di comminare le multe, mentre l'invito a spegnere le sigarette non è sufficiente e non è nemmeno contemplato dalla leggi vigenti".

NITQUIN, marchio del gruppo GlaxoSmithKline, è il nuovo sponsor della scuderia Williams-Bmw. E' la prima sponsorizzazione di un prodotto anti-tabacco a favore di un team di F1. Il logo e la scritta del nuovo brand sponsor sono apparsi sulle vetture di Pablo Montoya e Ralf Shumacher, durante il gp di San Marino 2003 (svoltosi ad Imola domenica scorsa). L'obiettivo di GlaxoSmithKline è promuovere Niquitin in un contesto tradizionalmente legato a messaggi in favore del Fumo.


Postato 5th June 2003 da Ezechiele


JUN 6


Cosi' ha scritto su Metro il Sig. DIDO SACCHETTONI :

GLI INTEGRALISTI DELL'ANTI FUMO

Con un'unanimità mai registrata in passato (192

Paesi membri su 192) e che mai si rinnoverà

nel futuro, l'Organizzazione mondiale della

sanità (Oms, istituzione dell'Onu) ha deciso la totale

ghettizzazione dei fumatori di questo pianeta, e

persino la loro umiliazione: già, perché non c'è

fumatore, tra cui il sottoscritto, che non sappia che

il fumo è dannoso e tuttavia continua a fumare,

perseverando in quel dolce, masochistico, e spesso

ineludibile vizio che egli consuma, raggiunta l'età

adulta, secondo una scelta privata.

Ora, per esempio, mentre scrivo sto fumando.

Secondo l'Oms, questo non dovrei scriverlo perché scrivendone farei pubblicità in favore delle sigarette. Sarei dunque una specie di untore, il portatore sano (almeno per adesso) di un vizio degenere che ora, però, secondo l'Onu, sta per essere totalmente debellato. Peggio: sto anche traviando migliaia di giovani contemporanei e minando perfino la salute (anche questo affermano gli esperti planetari della Sanità) delle generazioni future.

Hai visto mai che qualche nascituro, tra vent'anni si ritrovi a leggere, per un'imperscrutabile originalità del destino, proprio questa nota? Ma devo spiegare che io scrivo fumando perché la sigaretta mi aiuta a riflettere. Purtroppo le mie riflessioni del momento sono del tutto sfavorevoli all'iniziativa dell'Onu, che mi sembra ispirata da un integralismo maniacale (tutti gli integralismi lo sono).

Pare che il fumo ottunda la memoria, ma personalmente riesco ancora a ricordare che i rappresentanti delle Nazioni Unite, su qualsiasi tema universale siano stati chiamati a pronunciarsi si sono sempre trovati in disaccordo, al punto tale che giuristi e politologi autorevoli hanno sollecitato più volte una riforma radicale dell'Onu. Non c'è stata guerra, calamità politica, ambientale, sanitaria, sociale su cui i Paesi membri abbiano trovato non dico unanimità di giudizio e scelte di intervento, ma ragionevoli e trainanti accordi di maggioranza. Dalle guerre nell'ex Jugoslavia e in Afghanistan, agli eccidi in Ruanda, in Cecenia, alla questione israelo-palestinese; dalla lotta alla droga, alla sete e alla fame e nel mondo, alle epidemie di Aids o di Ebola, e ogni genere di flagelli africani o asiatici, Sars compresa.

Mai un'unanimità di intenti. Neanche sui protocolli di Kyoto e l'esigenza di abbattere l'inquinamento marino e celeste, il riscaldamento del pianeta con le emissioni di gas serra da auto, industrie e così via. Non si sono trovati d'accordo, come sappiamo, non dico sulla guerra all'Iraq (be' la questione era oggettivamente complicata) ma neanche sul profilo psicologico di Saddam: un tiranno sanguinario o la spada dell'Islam?

E dov'è che si trovano tutti d'accordo, con unanimità da parlamento bulgaro, come si diceva una volta? Sulle sigarette. Si forniscono cifre da apocalisse: 5 milioni di morti all'anno, un morto ogni otto secondi. Il fumo in pubblico, e quasi quasi perfino in privato, sarà roba da clandestini, i contrabbandieri saranno abbattuti sul posto. Qualcuno ha osservato che la maggioranza dei fumatori (il 70 per cento) è concentrata nel Terzo Mondo, nei Paesi della povertà. E vabbè, leviamogli anche la consolazione della sigaretta, così, tanto per allungargli una vita di stenti.

Cosi' gli ha risposto Massimo :
Signor Sacchettoni, Lei afferma su "Metro" che qualcuno vuole ghettizzare i

fumatori: ma vi ghettizzate da soli comportandovi da asociali, affumicando tutto quello che vi capita intorno, facendo tossire gli amici, facendo ammalare i parenti e persino i figli, rendendo sporco e squallido ogni luogo chiuso che frequentate. Lei scrive di tutto tranne che del fatto concreto: lei non è un untore appestato, è semplicemente uno che affumica gli altri, e che lo fa sapendo che nel pacchetto c'è scritto "Il fumo nuoce alle persone che vi circondano".

Il Presidente di "Aria Pulita - Associazione Non Fumatori - Onlus"

Massimo D'Angeli


E cosi' gli ha risposto Cristina :

Rispondo a Dido Sacchettoni, che nel suo articolo di ieri trova discutibile "negare la consolazione delle sigarette" ai paesi poveri del terzo mondo, grazie al divieto di pubblicità. Ma non sarà forse che il tabacco è una consolazione solo per chi è appunto stato "catturato" dalla pubblicità, ed assuefatto alla nicotina? Una sigaretta può aiutare un fumatore a concentrarsi ( e non gratis... ) , ma impedisce sicuramente la concentrazione alle persone allergiche ( il 20% della popolazione) che gli si trovano vicino. Il terzo mondo ha bisogno di tante cose, ma sicuramente non del tabacco che oramai non si riesce più a vendere in America e Europa.

Cristina Vatteroni  Ass.Aria Pulita


Postato 6th June 2003 da Ezechiele


2 Commenti :


penny.lane6 giugno 2003 02:46

ciao, sono penny, 23 anni e fumo ( non molto, a dire la verità). cosa penso? penso che vorrei smettere e che non ci riesco, penso che il fumo sia una droga e lo Stato finge di aiutarci a smettere.

io, paradossalmente, sono contenta dei provvedimenti riguardo ai locali pubblici, e sono la prima a isolarmi o a non fumare se a qualcuno da fastidio, senza problemi. sono la prima a dire che spesso, entrando nei locali, si taglia la nebbia col coltello ed è nauseante. se veramente sarà concretizzata la legge "antifumo" ( perchè non è sufficiente che ci sia, ma è neccessario che sia effettiva), sarò la prima a rispettarla.

ma, quello che non concepisco, è il MONOPOLIO sui tabacchi. lo Stato prima mi vende le sigarette e poi mi bombarda di pubblicità progresso? un controsenso, a mio avviso.

il fumo è una droga, punto. non basta di dire voglio smettere per farlo davvero. ditemi voi cosa devo fare :)

penny

ezechiele20026 giugno 2003 04:53

Penny, deliziosa Peeny di 23 anni, ma che fumi a fare ???!!!

Ma non lo sai che ormai fumano solo drogati ed i poveracci del terzo mondo ?

Fumare, da tempo ormai, non e' piu' trendy. Per essere in devi non fumare ed ostentare una garbata noncuranza / trascuratezza nei confronti del problema.

Sono totalmente d' accordo con te sul ruolo ambiguo dello Stato in quella che io, nei miei primi posts di dicembre, ho chiamato : LA STRAGE DI STATO.


JUN 6


Cinzia ci segnala :

Dalla Repubblica del 4/6/2003:

" Ieri anche gli occhiali e il dentista erano compresi, oggi se sei grasso

e fumi - e non ti impegni a dimagrire o smettere - rischi di dover pagare.

La parabola del National health service, emblema dell'eccellenza sanitaria

pubblica sin dalla sua nascita nel '55, si legge in un documento del Labour

di cui sono venuti in possesso i giornali britannici. Il progetto di riforma

prevederebbe infatti un contratto tra medico e paziente con il quale il

secondo si impegna, se obeso e forte fumatore, ad adottare uno stile di

vita più sano per poter continuare ad usufruire dell'assistenza medica.

Quello sanitario - si legge nel documento - è un servizio gratuito ma non

illimitato e, come tutti i beni in quantità finita, non si può sprecare.

Da qui la proposta di una presa di responsabilità da parte del malato che

deve dimostrare, firmando un mutuo buon intento, di cooperare attivamente

alla sua guarigione. Riducendo le scorpacciate al fish and chips e accendendosi

meno sigarette. Oppure continuando ad usufruire di cerotti alla nicotina

della mutua solo se si iscrive a qualche corso per abbandonare il vizio.

Insomma chi chiede aiuto deve dar prova di impegnarsi per meritarselo. E

se non lo fa? Questo documento serve per dare inizio al dibattito - dice al Times una fonte del ministero della Sanità - . La questione delle responsabilità del paziente sarà chiarita in seguito. Nessuno, per intenderci, pensa di mettere alla porta i disobbedienti. Tuttavia l'annuncio ha già fatto insorgere una buona parte dell'opinione pubblica britannica, piena di fumatori incalliti e di cui oltre un terzo è sovrappeso e per un quinto obesa.......

Postato 6th June 2003 da Ezechiele

1 Commenti :

penny.lane6 giugno 2003 02:51
ciao, ti ho linkato!

JUN 6

Mi sono arrivate altre risposte per Sacchettoni:
Fumare fa male e noi paghiamo
Concordo con Sacchettoni sugli "integralisti dell'antifumo". Ma forse dimentica, molto opportunamente, le altissime probabilità di ammalarsi gravemente di malattie come ictus, problemi circolatori, Bpco, cancro. Tutte malattie che costano al Ssn fior di quattrini. Provenienti, non dimentichi, anche dalle tasche dei non fumatori. E poi, è così certo che "togliere la consalazione della sigaretta" allunghi una vita di stenti?
Elisabetta Torretta


Sigaretta libera a casa propria
Caro Sacchettoni, non credo che gli "integralisti" antifumo con la loro unanimità le impediranno mai di fumare a casa sua ( e dove sarà consentito)
L'integralismo è ledere la libertà individuale imponendo regole e divieti intollerabili in Paesi democratici. Le nuove leggi antifumo cercheranno

di salvaguardare solo la salute dei non fumatori. Per quanto riguarda il nostro Paese poi, cambierà poco o niente. Da noi nessuno controlla. Insomma, tanto "fumo" per nulla

Marina Conti


## Sacchettoni è diseducativo

Egr. sig. Sacchettoni il suo articolo sul fumo è altamente diseducativo, dannoso e un po' arrogante. Su un problema quotidiano come questo lei mi tira in ballo l'ONU, il Medio Oriente, Saddam.. ma che c'entra? Non sia ridicolo nel cercare un alibi. Perchè mi devo ammalare per respirare l'aria inquinata della collega di stanza? Lo faccia lei come sua scelta.

Giovanni P.


Postato 6th June 2003 da Ezechiele


1 Commenti :


anonimo6 giugno 2003 18:52

Sacchettoni che pubblica: 'Mentre scrivo sto fumando perchè mi permette di concentrarmi' è educativo come uno che riportasse sul giornale: 'il motorino si guida meglio senza casco' oppure ' i rapporti occasionali sono più divertenti non protetti' o ancora ' chi se ne frega dei limiti di velocità, io vado tranquillamente a 180'. Grazie Dido, continua così, A.


JUN 6


Dal blog http://cieloazzurro.splinder.it/, che ringrazio per il link, copio :

"Signore, dammi il coraggio di cambiare le cose che posso cambiare, la forza per sopportare quelle che non posso cambiare, la saggezza per distinguere le une dalle altre"

S. Francesco

Postato 6th June 2003 da Ezechiele


JUN 6

Da La Repubblica di ieri :

"vietato fumare"

serve ai maleducati

A casa nostra, o di altri, quando si desidera fumare si chiede ai presenti
il permesso per farlo. E? una regola elementare di buona educazione e viene
osservata da tutti. Ma nei luoghi pubblici questa regola sembra perdere
qualsiasi valore. Sfido chiunque a dimostrarmi di essersi sentito chiedere
spesso "posso fumare?" dai vicini di tavolo del ristorante. A me sarà capitato
al massimo un paio di volte, e non credo di essere un caso raro.

Molti sembra che possano rinunciare a fumare solo quando vedono dei cartelli
di divieto. Ho sentito tante volte discorsi del tipo: «E? giusto che gli
altri non siano obbligati a respirare il mio fumo, io quando c?è un divieto
lo rispetto». Ma perché se si trova giusto un comportamento lo si deve adottare
solo quando si è obbligati a farlo? Io non rubo perché trovo immorale farlo,
non per paura di andare in galera! Che senso avrebbe se dicessi: «Trovo
giusto non rubare però se non è proibito lo faccio»? Purtroppo nel nostro
paese, in attesa della legge voluta dal ministro Sirchia che entrerà in
vigore tra oltre un anno, sono ancora tanti i luoghi in cui è permesso fumare
ed in cui milioni di cittadini non possono appellarsi che al senso civico
degli altri per non diventare vittime del fumo passivo. Ci sono tante persone
affette da asma o da altre patologie respiratorie che oggi devono di fatto
rinunciare ad entrare in un gran numero di bar, pub e ristoranti a causa
del fumo presente in questi ambienti. E sono una moltitudine coloro che
per una cena fuori casa devono pagare il caro prezzo di dover mangiare in
mezzo al fumo degli altri. Per non parlare di barman e camerieri che magari
si mostrano sorridenti al cliente che tiene la sigaretta in bocca ma soffrono
in silenzio per il veleno che sono costretti a respirare.

In un paese civile non dovrebbe neanche rendersi necessaria una legge per
impedire che questo avvenga, ad evitarlo dovrebbe bastare la coscienza dei
cittadini. La scritta «vietato fumare» serve esclusivamente per i maleducati.

Marco Badiani

Postato 6th June 2003 da Ezechiele


2 Commenti :

alzataconpugno6 giugno 2003 07:13

Scusate se vi disturbo ancora... Come ho già inserito nel commento precedente, non è possibile entrare nelle terapie intensive respiratorie degli ospedali senza passare per il pronto soccorso e mio padre non è in condizione di seguire questo iter... L'unica struttura che può accoglierlo e curarlo adeguatamente è la Fondazione Maugeri di Pavia. Ci siamo messi in lista ma dobbiamo aspettare più di un mese. e potrebbe essere un tempo troppo lungo. Non c'è qualcuno di voi che ha conoscenti a Pavia e può darmi ulteriori informazioni (anche eventualmente per una sistemazione abbastanza economica per mia madre)

Scusate ancora...

Giulia

P.S. Gli interventi di questi giorni sono stati molto interessanti, mi dispiace non avere il tempo per commentarli anch'io adeguatamente, ma come al solito state facendo un grandissimo lavoro


anonimo6 giugno 2003 18:46

Per Marco:Parole Sante.

Per Giulia: Spero fortemente tu possa trovare chi è in grado di aiutarti. A.


JUN 6


Un nuovo appello da parte di Giulia, per il suo papa' !

Scusate se vi disturbo ancora... Come ho già inserito nel commento precedente, non è possibile entrare nelle terapie intensive respiratorie degli ospedali senza passare per il pronto soccorso e mio padre non è in condizione di seguire questo iter... L'unica struttura che può accoglierlo e curarlo adeguatamente è la Fondazione Maugeri di Pavia. Ci siamo messi in lista ma dobbiamo aspettare più di un mese. e potrebbe essere un tempo troppo lungo. Non c'è qualcuno di voi che ha conoscenti a Pavia e può darmi ulteriori informazioni (anche eventualmente per una sistemazione abbastanza economica per mia madre) Scusate ancora... Giulia

P.S. Gli interventi di questi giorni sono stati molto interessanti, mi dispiace non avere il tempo per commentarli anch'io adeguatamente, ma come al solito state facendo un grandissimo lavoro

Chi ha conoscenze o contatti a Pavia scriva a Giulia a : giulietta@tiscali.it

Postato 6th June 2003 da Ezechiele

JUN 7

L'amore e' come un sigaro: se si spegne, lo puoi anche riaccendere, ma non ha piu' lo stesso sapore. (Legge di Wavell)

Era cosi' povera che nell'accendisigari metteva del diesel.

Conosco un fumatore cosi' incallito che mentre fuma fa una pausa per fumarsi una sigaretta.

Postato 7th June 2003 da Ezechiele

JUN 7

Da Gea News di Maggio :

OMS: aiutiamo i coltivatori

E' sbagliato pensare che le campagne antitabacco danneggeranno i contadini. Le dichiarazioni sul fatto che le campagne di prevenzione saranno causa di grande disoccupazione provengono da studi sponsorizzati dall'industria del tabacco. Una riduzione di consumo del tabacco non provocherebbe necessariamente una riduizione dei posti di lavoro. La produzione di tabacco è solo una piccola parte di economia dei paesi. Anzi, ci sarebbero più guadagni netti, perchè il denaro speso sarebbe utilizzato per altri beni e servizi. Anche per i paesi più pesantemente dipendenti come il Malawi e lo Zimbabwe, la domanda globale non scenderebbe così tanto da essere penalizzati. Un eventuale rallentamento della domanda avverebbe così gradualmente da permettere un pari lento aggiustamento per chi ne è colpito direttamente. L'OMS riconosce in ogni caso la necessita' di venire incontro ai contadini più poveri e le agenzie internazionali hanno già iniziato a indagare su come aiutare questi lavoratori. Il vero problema del tabacco risiede nelle vittime che provoca. E mentre sempre più i ricchi smettono di fumare, i fumatori crescono tra i poveri. Per la salute e non per ragioni economiche bisogna fare qualcosa. La questione economica viene sollevata dall'industria del tabacco unicamente per ostacolarne il controllo.

Postato 7th June 2003 da Ezechiele

JUN 7

Sempre da Gea News di Maggio:

22 litri a testa. E i NAS controllano

di IRENE TARONI

Il Consiglio dei Ministri, su proposta del ministro Sirchia, ha approvato lo schema di regolamento applicativo dell'articolo 51, comma 2, della Legge 3/2003 in materia di tutela della salute dei non fumatori. Non si potra' fumare nei ristoranti dove non vi e' possibilita' di dividere il locale in due spazi separati. Chi ha un locale con un'ampia metratura disponibile, dovrà comunque riservare ai non fumatori un'area più grande, mentre nella zona a disposizione di chi vuol fumare a tutti i costi le regole saranno dure. Il gestore del locale dovra' per prima cosa garantire un minimo di 22 litri di aria pulita al secondo per ogni persona, e l'indice di affollamento non potrà superare il tetto di 0,7 persone per metro quadro. Circa le caratteristiche tecniche, il regolamento dispone di conservare i locali per fumatori in depressione non inferiore a 5 Pa (Pascal) rispetto alle zone circostanti e l'aria proveniente dai locali riservati ai fumatori non potrà essere riciclata, ma andrà espulsa all'esterno attraverso idonee e funzionali aperture. Progettazione, installazione, manutenzione e collaudo degli impianti di ventilazione dovranno conformarsi alle leggi vigenti in materia di sicurezza e di risparmio energetico e alle norme tecniche UNI (Ente italiano di unificazione) e CEI (Comitato elettrotecnico italiano). La dichiarazione di messa in opera "ad arte" degli impianti tocca ai tecnici abilitati. Certificati di installazione e certificati annuali di verifica dovranno essere sempre disponibili per i controlli. Appositi cartelli luminosi dovranno indicare gli spazi per i fumatori, con la scritta "Area per fumatori". Un cartello luminoso dovrà accendersi automaticamente indicando l'eventuale divieto di fumo in caso di guasto all'impianto di ventilazione. Nei locali per non fumatori, basterà il cartello "Vietato fumare", con il riepilogo delle sanzioni per i trasgressori. A partire dal 18 Aprile 2003, i gestori dei locali hanno un anno di tempo per adeguarsi. La legge si applica in tutti gli esercizi aperti al pubblico e nei luoghi di lavoro. Il ministro Sirchia ha raggiunto gli obbiettivi di garanzia e tutela della salute pubblica. I divieti antifumo stanno producendo i primi successi, grazie anche ai controlli capillari compiuti dai NAS. Nei luoghi pubblici i fumatori stanno adeguandosi, anche per evitare multe salate. Anche bar, ristoranti, uffici postali si stanno adeguando e sono davvero sporadiche le infrazioni che si commettono. La legge è chiara, ed i controlli saranno intensificati soprattutto in ospedali, scuole, aeroporti e in locali pubblici.

Sorprese in rete

@ Un sito campionissimo dell'ironia piu' noir, "Licensed to Kill" (www.licensedtokill.biz). Dalla home page: "Licensed to Kill, Inc. e' il nostro marchio, e produciamo tabacco. Consapevolmente uccidiamo persone per profitto e ne siamo orgogliosi. Nella nostra azienda abbiamo un obiettivo esplicito. Non siamo come gli altri che cercano di nascondere la verita' sui loro affari.E' fin troppo evidente che trattare sigarette equivale a trattare morte. In un paese che permette alle imprese di essere create non tenendo conto dei loro obiettivi, le organizzazioni possono uccidere per guadagnare. La dipendenza alle sigarette può essere letale, ma ricavare profitti dalle strage è perfettamente legale. Alla nostra azienda non interessano i danni che il fumo delle nostre sigarette puo' causare; il nostro scopo è e sarà sempre quello di ricavarne un ottimo profitto. Del resto, se non le vendessimo noi, lo farebbe qualcun altro. E se abbiamo il diritto di farlo, approfittiamo di questo beneficio offertoci dallo stato". Licensed to Kill, Inc. ringrazia il Commonwealth della Virginia per avere concesso il diritto a diffondere la morte nel mondo intero.

Postato 7th June 2003 da Ezechiele

2 Commenti :

Domsky8 giugno 2003 08:21

io fumavo tre pacchetti di diana blu al giorno, ho smesso di botto senza aiuto di niente se non della mia volontà, non è stato facilissimo e sto molto meglio. Questo sicuramente è un dato rwlativo. Però siccome dal giorno che ho smesso tutto quello che non spendo in sigarette e cose che andavano insieme come vari caffè in più oltre i due che prendo adesso, fino alla bibita in più quando uscivo la sera con gli amici perchè mi veniva più sete, ecc, mi fanno quasi 17 euro al giorno che io dal giorno che ho smesso sto accantonando per un garnde progetto che non vi dico ma che un giorno vedrtete tutti. un augurone a tutti. Ah, non arrivavo in fondo alla vasca di una piscina ora faccio 100 vasche senza problemi di cui 25 a farfalla ed ho 37 anni e le ragazze quando passo per strad si girano, mentre prima non si giravano più e mi giravo io. Nient'altro.


anonimo12 giugno 2003 17:36

Grande Domsky! Dimostri che si può fare, è dura ma si può. Se fai anche un pò di bici e corsa ti invito ad una gara di triathlon. A.

groups.msn.com/PeterPanTriathlon


JUN 9

Qualche giorno fa ho ricevuto da Giulio questa mail :

"   Dopo aver letto sui giornali alcune definizioni di luogo pubblico, cioè dove è vietato fumare (stadio,sale di attesa, fermate dei pulman ecc..) mi chiedo se la spiaggia è un luogo pubblico e pertanto vige il divieto assoluto, se e' SI come spero desidererei avere dei riferimenti di Legge.

Purtoppo i cafoni fumatori ci sono ancora.

In attesa ringrazio e porgo distinti saluti. "


 Ho chiesto aiuto al gruppo di amici " non fumatori " e stamattina ho ricevuto la risposta da Marco Badiani :

" In spiaggia, benché certamente luogo pubblico, non vi è alcun divieto di

fumo; né vi sarà con la nuova legge non essendo un luogo chiuso. Per quanto

mi riguarda proibirei di fumare anche negli spazi aperti e affollati, quindi

anche spiagge, cinema all'aperto eccetera, pensa però che attualmente non è

ancora proibito fumare in un ristorante...E' dura!

Comunque se vuoi notizie più sicure chiedi a Ramadori o ad altri, ma non ho

grossi dubbi su quello che ti dico.

Marco Badiani "

JUN 9

Ricevo altre due lettere, una pro ed una contro, a proposito dell' articolo di Sacchettoni:

La violenza dei fumatori

Sig. Sacchettoni, come lei
stesso afferma: «fumare è una
scelta privata» e come tale
deve essere esercitata solo dove
non siano presenti altri individui.
Purtroppo la maggioranza
dei fumatori ha la
maleducata e arrogante abitudine
di fumare in presenza
d'altri, cosa che rappresenta
una violenza. Fino a quando
ai fumatori non sarà chiara
questa realtà saranno indispensabili
leggi restrittive
per imporre loro quel rispetto
per gli altri che fino ad oggi
hanno dimostrato di non
saper avere spontaneamente.
Daniela Gliubizzi

Più tolleranza verso gli altri

Sono una fumatrice e trovo
deprimente l'accanimento di
moltissimi verso i fumatori.
Il fumo fa male, il fumo passivo
fa male, i fumatori una
volta ammalatisi costano allo
Stato e ai cittadini... ma anche
gli alcolisti costano e si
autoprocurano cirrosi, cancro
e altre quisquilie del genere!
Si è mai sentito di un fumatore
che in preda agli effetti
della nicotina ha ucciso
moglie, figli e vicinato? E che
dire dei tossicodipendenti?
Dov'è finita la tolleranza?
Vorrei tanto che la gente mettesse
la stessa intensità anche
nel pretendere dallo Stato aria
e acqua pulite. Anch'io,
come Sacchettoni, mentre
scrivo sto fumando, così alzo
il calice (metaforicamente
parlando) e fumo alla salute
di tutti. Anna G.
Postato 9th June 2003 da Ezechiele


Commenti :1.

anonimo12 giugno 2003 17:32

Può fumare un pò più in là per favore! (tanto per farle sentire sempre più intolleranza,
metaforicamente, si intende).

A.

Cinzia Marini oggi ci ha scritto :

" Prendi una bella ragazza, mettila davanti a una telecamera, e falle dire:"Baciare un fumatore è come leccare un posacenere". Risultato: una fetta di giovani fumatori si domanderà:"Sono già un posacenere?". Ne sono certi i più eminenti ricercatori di tabaccologia. L'esperto che sciorina prediche ai ragazzi sui danni provocati dal fumo è ormai sorpassato: i teenager sottoposti a programmi scolastici contro il tabacco diventeranno probabilmente finissimi conoscitori delle patologie connesse al fumo, ma il rischio è che poi vi parlino del tumore al polmone con una sigaretta in mano.

Urgono dunque nuove strategie. Così l'ultima frontiera della prevenzione si chiama peer-education, e mira a cambiare i comportamenti, piuttosto che incidere soltanto sulla consapevolezza. Insomma, si punta su un modello positivo, riconoscibile, imitabile. Del resto, se è vero che le multinazionali del tabacco stanno tentando di conquistare un mercato sempre più giovane (lo conferma l'ultimo rapporto dell' OMS), all'esercito della lotta al fumo non resta che contrattaccare e "combattere i giovani fumatori sul loro stesso terreno".

Detto, fatto: la Società italiana di tabaccologia (Sitab) ha stretto un'inedita alleanza con l'universo del glamour nazional-popolare, stilando un protocollo d'intesa con il concorso di bellezza The miss for mis Universe, prodotto in Italia dalla Numen International (la società guidata da Clarissa Burt). Dal concorso, la cui finale nazionale si disputa oggi, 7 giugno, uscirà vincitrice la reginetta che rappresenterà l'Italia nella sfida internazionale di Miss Universo, il concorso creato da Donald Trump. Non solo. Stasera verranno selezionate anche le giovani testimonial che durante l'anno gireranno nelle scuole o presenzieranno a serate e convegni, per dire che si può essere belle e vincenti anche senza fumare. "La bellezza è soprattutto equilibrio interiore", spiega Clarissa Burt, fumatrice pentita.

Ma per le aspiranti miss, tutto questo è un vero e proprio tour de force.

In ritiro per una settimana in un angolo di paradiso (Le Castelle, a Isola Capo Rizzuto, in Calabria) di cui però hanno goduto ben poco, le cinquanta finaliste hanno un'agenda che non prevede solo i classici corsi di portamento e galateo, ma anche le lezioni di public speaking in tema di lotta al fumo e all'Aids. Sul fronte della lotta al tabacco, l'onore di selezionare le miss è toccato a Giacomo Mangiaracina e a Enzo Zagà, rispettivamente presidente e vicepresidente della Sitab. Per prima cosa le finaliste hanno dovuto compilare un test. I risultati? Su 50, solo 8 hanno ammesso di essere fumatrici, mentre, tra le non fumatrici, in 25 hanno confessato di averci provato almeno una volta. I contesti sono quelli classici:"A scuola durante l'occupazione", "con mia cugina" e l'evergreen "a una festa di compleanno".

Passando alla politica estera, quasi nessuna delle ragazze crede davvero che il presidente USA George W. Bush sia stato sostenuto, nella sua campagna elettorale, dalle multinazionali del tabacco: alla domanda, in 19 hanno addirittura risposto che questa notizia è "falsa".

Quasi unanime la motivazione che spinge a fumare: un banale, precoce, stress". E nel particolare a un concorso di bellezza, è ovvio, c'è di che stressarsi. Le miss hanno potuto comunque esprimere liberamente il proprio giudizio sull'idea di creare un concorso di bellezza smoke free. Per ben 28 di loro si tratta di una trovata "strana", e solo in 8 barrano la casella "ottima pensata". Non facile trovare la faccia giusta (e soprattutto convinta), da sguinzagliare tra gli adolescenti. Il professor Mangiaracina ci mette un po', ma alla fine qualche risultato lo ottiene, Prima mette le 50 finaliste di fronte ai dati nudi e crudi:"Quante vittime provoca ogni anno il fumo in Italia?". Sguardi pensosi. "90 mila". E già le ragazze ci rimangono molto male. Poi il dottore passa alla strategia dell'accerchiamento, le fa parlare a ruota libera. La prima sigaretta vi è piaciuta, si o no? Nessuna alza la mano, finchè una miss mette da parte il bon ton e sbotta:"Mi ha fatto schifo". Bingo! "Schifo, è questa la parola giusta", esulta il dottore:"Ricordate: per chi sta fuori, voi siete un modello". Cento occhio brillano, conquistati. Chi è sembrata più coinvolta si aggiudica la possibilità di girare un breve spot antifumo. "

Commenti :1.

penny.lane11 giugno 2003 07:52

l'altro giorno ero in fila per comprare i biglietti del treno, è entrato un ragazzino ed ha comprato un pacchetto di sigarette...sarà, ma sedici anni non mi pareva proprio li avesse...e il commesso non gli ha nemmeno chiesto quante lune sono passate dalla sua nascita..questa è la dimostrazione di come funzionano le leggi in Italia...

## JUN 16

Eccomi di nuovo con Voi !

Chiedo scusa per l' improvvisa prolungata assenza : ho deciso all' improvviso di andare a risolvere alcuni problemi ancora aperti nella citta' dove viveva mio padre. Sono tornato nella sua casa . Una tristezza ed una desolazione assoluti. Una volta ero contento ogni volta che tornavo in puglia. Mi dicevo : sto tornando a casa. Da quando papa' e' morto non mi sembra piu' di tornare a casa. Vado, faccio quello che devo e scappo subito via.

Questa volta sono stato per qualche giorno nella mia casetta al mare. Ho fatto un periodo di vita idilliaca : sempre in costume da bagno, o sulla spiaggia o in giardino. Mi sono occupato delle mie piante, ho potato, irrorato, zappato, trapiantato... Ho fatto mille bagni in un mare splendido, ho pescato e mangiato frutti di mare... mi sono rigenerato.Solo un paio di volte ho sentito il desiderio di accendermi la pipa, ma ho resistito alla grande.

Chi ci e' passato mi racconta che piu' passa il tempo piu', stranamente, diventa facile il ricaderci. Basta un gruppo di amici che stanno fumando, uno che ti offre una sigaretta, tu che ti dici : ... ma si', tanto ho smesso no ? Che male puo' farmi una sigaretta ? E domani saranno due, poi cinque, poi dieci ... Piu' uno si sente sicuro piu' le difese si abbassano e piu' si rischia di ricaderci.

Oggi ho avuto una telefonata da amicoandrea, che e' finalmente rientrato dal suo lungo esilio. Mi ha anticipato che sta per dare a Voi tutti una grande notizia. Non vi dico di piu' per non togliere ad Andrea il piacere di farlo lui stesso.

Un abbraccio a voi tutti.

Commenti :1.

anonimo19 giugno 2003 17:13

Ma in Puglia vai per caso vicino Foggia?

Ho i suoceri da quelle parti.

A.


JUN 17


Da Gea News di Giugno :

Medici tabagisti? Questione deontologica

di DOMENICO ENEA

Escludere dal Servizio Sanitario Nazionale i medici che fumano nell'esercizio della loro professione, in ambienti ambulatoriali o ospedalieri, ma anche negli uffici tipo quelli delle ASL . La proposta, rivolta al ministro della salute Girolamo Sirchia, e' arrivata da Silvio Garattini. Condanna senza appello di fronte alla presenza di sale fumatori e di posaceneri negli ospedali, ma ancora piu' aspra per i medici che ostentano il loro tabagismo sul luogo di lavoro. La percentuale dei medici che fumano in Italia si aggira sul 30% circa, superiore alla media dei fumatori nella popolazione generale (27,6% secondo la Doxa). Garattini incalza: "I medici che fumano mentre esercitano la professione vanno contro gli interessi del loro stesso datore di lavoro, il Sistema Sanitario Nazionale. Come si chiede a questi operatori di non avere conflitti di interesse con le case farmaceutiche, cosi' si dovrebbe chiedere loro di abbandonare il pacchetto almeno mentre lavorano, pena il mancato contratto con il Ssn, quindi l'esclusione dal Servizio". La strategia migliore per scoraggiare chi fuma, o chi sta per cominciare a fumare, e' quella di puntare sugli esempi, nel caso dei giovani su genitori, insegnanti e idoli dello sport, della musica e dello spettacolo, cosi' da convincerli che fumare non e' "in" ma "out", e, nel caso degli adulti, specialmente sui medici. Il problema si pone dunque con decisione, ed il raffronto con le percentuali dei colleghi americani fa rimanere di stucco: un 2% contro un 30%, ma anche 40% in certi contesti. La proposta di applicare semplicemente la legge (il che, peraltro, ben raramente viene fatto), comminando le multe ai medici che fumano in ospedale non risolve il problema, che ha risvolti etici di notevole portata. Per questo motivo la SITAB, raccogliendo l'appello di Garattini, si fa portavoce di una iniziativa non più procrastinabile, quella di porre la questione deontologica per i medici fumatori. Una lettera, tra i cui numerosi firmatari troviamo la Lega Italiana per la Lotta contro i Tumori, l'AIPO, e lo stesso Garattini, e' stata inviata alla Federazione Nazionale degli Ordini dei Medici, al Ministero della Salute e all'Istituto Superiore di Sanità. C'era l'intento di consegnarla direttamente al Presidente dell'Ordine in occasione del convegno sulla giornata mondiale senza Tabacco, all'Istituto Superiore di Sanità il 30 maggio scorso, ma non è stato possibile per l'assenza dello stesso, e ciò la dice lunga sull'interesse dell'Ordine per il problema del Tabagismo. Arrivera' anche al tavolo della Commissione Etica Nazionale, perche' finalmente il problema venga affrontato senza ipocrisie e con giusta ratio.

Postato 17th June 2003 da Ezechiele


JUN 17


Ricevo da Marco Badiani e, poiche' si tratta di argomentazioni comuni a tutti i fumatori, a cominciare dal mio povero papa', posto subito per tutti voi :

Ho risposto su Rai-Net ad un messaggio del forum.

Seguono il messaggio e la mia risposta.


Marco Badiani

Oggetto: FORUM SCARNO

Data: 15-06-2003 alle 14:35


VEDO QUESTO FORUM SCARNO, ALLORA VOGLIO RACCONTARvI LA MIA STORIA:

sono nata nel 41, mio padre un tabagista, così come mia zia che viveva con noi, ho respirato fumo da quando sono nata, ho sposato un tabagista ed i miei amici lo sono quasi tutti, io sto perfettamente bene, non ho nessun sintomo del fumo passivo, nè mi da fastidio chi mi fuma vicino, Invece quando mi capita di andare in centro a roma allora si che soffro, devo stare in apnea per non respirare quei fumi tossici degli autobus

che puzzano maledettamente, oppure i gas di scarico dei motorini, Ma quello che mi ammazza di può è il lezzo che lascia certa gente che nel terzo millennio ancora non si lava. Preferisco l'odore del fumo di un sigaro o di una pipa è più gradevole.

Mio zio che non ha mai fumato, grande atleta del periodo fascista e grande sportivo ed igienista è morto a 52 anni con un tumore ai polmoni, mio padre 74 anni fumatore di 4o nazionali al giorno è morto naturalmete. ciao

rediroma


Mi sembra di capire che racconta di suo padre e suo nonno con l'intento di provare che il fumo non porta a morte certa e che invece si può morire prematuramente di cancro al polmone anche senza aver mai fumato. Mi scusi signora, ma queste cose le sappiamo tutti. Non è un mistero che fumare fa "solo" aumentare ( e non di poco ) le probabilità di contrarre determinate patologie, mentre per chi non fuma le probabilità sono sì certamente molto più ridotte ma esiste pur sempre la possibilità di ammalarsi di quelle stesse malattie che colpiscono prevalentemente i fumatori. Insomma: chi fuma corre più rischi di danneggiare la propria salute rispetto a chi non fuma. Credo pertanto che la sua storia non riesca a dimostrare che una cosa sola, e cioè che suo padre è stato piuttosto fortunato e suo nonno davvero scalognato.

Per quanto riguarda il fumo passivo il discorso è analogo, e se lei finora pur respirando il fumo degli altri non ha subìto danni non dimostra niente: anche qui è un fatto di probabilità. Saprà però che frequentando abitualmente dei fumatori lei espone la sua salute a rischi maggiori di quelli a cui la espone chi, a parità di altre abitudini, vive circondato da persone che non fumano. Se poi a lei l'odore del fumo non dà fastidio tanto meglio, ma questo è un fatto del tutto personale e spero non ne voglia trarre la conclusione che anche per gli altri debba necessariamente essere così. E altrettanto personale è che lei preferisca l'odore del fumo di un sigaro a quello del sudore o a quello dei gas di scarico ( che comunque dubito possano risultare gradevoli per qualcuno ).

Suppongo che con questi discorsi lei volesse far notare che nella nostra società vi sono altre gravi fonti di inquinamento ed altre cause di disagio. Ma anche questo lo sa chiunque. E temo che tali pensieri volessero portare a questa, sottintesa, conclusione: dato che siamo costretti a respirare giornalmente tante sostanze nocive ed a subire disagi, non vale la pena prendere iniziative volte a limitare i danni ed i fastidi dovuti al fumo. Su questo le confesso di essere in pieno dissenso con lei.

Nessuno ha la bacchetta magica per risolvere d'un sol colpo tutti i problemi che affliggono l'umanità, ma francamente mi sembra sempre preferibile risolverne anche uno soltanto piuttosto che nessuno. Che l'inquinamento dovuto al traffico debba essere eliminato sono d'accordo anch'io, però non mi sembra né necessario né ragionevole dover aspettare che questo avvenga per poter limitare il fumo in un luogo pubblico chiuso. Oltretutto pensi a quanto è più facile risolvere il problema del fumo rispetto a quello del traffico. E consideri che le automobili in un ristorante, in un bar o in ufficio non ci sono, cosicché eliminando le sigarette da questi posti scomparirebbe la principale fonte d'inquinamento e una delle prime cause di disagio per molti. Mi scusi, ma se le vengono contemporaneamente raffreddore e mal di testa ed ha a disposizione solo i medicinali per far cessare la cefalea lei non li prende perché le continuerà comunque a colare il naso?

Marco

Postato 17th June 2003 da Ezechiele

1 Commenti :

anonimo19 giugno 2003 17:11

Marco sei un mito, se non ci fossi bisognerebbe inventarti, visto che ci sei propongo di clonarti ma vai bene anche da solo.

Concordo su tutta la linea.

A.

JUN 18

IL FUMO NEI FILMS

Oggi mi e' capitato di leggere un illuminante studio su quanto sia dannoso ai giovani vedere fumare gli attori nei films.

Vi rimando all' articolo relativo purtroppo e' in Inglese , ma sono certo che per la maggior parte di voi non ci saranno problemi.

Postato 18th June 2003 da Ezechiele

## JUN 18

Un maresciallo dei carabinieri chiede all'appuntato: "Eccoti due banconote da 5000 lire e comprami le sigarette e i giornali". Poco dopo l'appuntato ritorna: "Mi scusi, ma non mi ha detto quali sono le 5000 lire per le sigarette e quelle per i giornali!".

Un forestiero arriva in Transilvania e incontra Dracula che dice: "Adesso ti do un mozziconeeee.... " E il tale: "Grazie non fumo"

Postato 18th June 2003 da Ezechiele


## JUN 19

Da Gea News di Giugno :

La TV incoraggia i giovani a fumare !

I teenager italiani iniziano a fumare per imitare attori e stelle della TV. Lo dimostra uno studio dell'Istituto Superiore di Sanita', presentato a Roma venerdi' 30 maggio alla vigilia della Giornata Mondiale senza Tabacco. Lo studio, presentato alla 5° edizione del convegno su Tabacco e Sistema Sanitario Nazionale, ha coinvolto 498 ragazzi di eta' fra 13 e 17 anni, ed ha dimostrato cheil 12 % dei ragazzi erano fumatori, con una maggiore rilevanza nel gruppo 16-17 anni. Fumerebbero una media di 7 sigarette al giorno, ed il 35 % di essi le acquista ai distributori automatici. I ricercatori hanno evidenziato che le stazioni televisive italiane Rai, Mediaset, La7 and MTV mostrano in media un atto-fumo 32 minutes. In film, cartoni e video, il 62 % degli atti-fumo sono associati a personalita' "vincenti", mentre il 38 % con quelle dei "perdenti". Ancora, il 71% dei momenti in cui si fuma si avrebbero nelle situazioni "sexy e conviviali", mentre il 29 % era associato con stati di ansia. Lo studio ha monitorato i programmi tra le ore 11.30 e le 23.30 nell'arco di 3 settimane da ottobre a dicembre del 2002 e a gennaio 2003. (Reuters Health)

URL:
http://story.news.yahoo.com/news?tmpl=story&cid=571&ncid=751&e=1&u=/nm/20030530/hl_nm/tv_teensmoking_dc

Tobacco News Italy: http://member.globalink.org/newsit

Postato 19th June 2003 da Ezechiele


## JUN 19

Oggi, dopo tanto tempo, mi ha scritto Stefano. Togliendo pochi riferimenti personali, la sua e-mail e' :

" Ciao, come va?

Sono stato un po? in vacanza e, anche grazie ad una mia amica, Franca, fumatrice

pentita anche lei, sto cercando di non fumare. Con l?aiuto di un?altra persona è più facile.

Questa mia amica, che ha deciso di smettere, mi sta aiutando e fra di noi

si è stabilita una specie di scommessa.Chi ricomincia paga pegno. Non abbiamo

ancora deciso cosa ma la cosa importante è stabilire una specie di gara

con penalità e premi. In due ci si aiuta e la cosa appare meno faticosa.

Franca è più forte di me e spero che questa volta sia quella buona.

Le ho parlato del tuo blog, ma lei con il PC non ha un buon rapporto, come

tante donne di una certa età, comunque ti manda un saluto e i complimenti

per il tuo lavoro.

Ho letto anche sotto il tappeto e mi dispiace che tu dica di sentirti solo... hai qualche problema?

Scusami per le domande, ma io solo adesso sto uscendo da quel momento nero

di cui ti ho già parlato e capisco bene come ci si sente...

In ogni caso ti faccio tanti tanti auguri.

Stefano    "

Postato 19th June 2003 da Ezechiele


1 Commenti :


anonimo20 giugno 2003 17:25

Dai Stefano, resisti ed esci dalla schiavitù.

E' dura, certo, quando sei in difficoltà scrivi, qualcuno ti aiuterà.

A


JUN 20


Da Gea di Giugno :

Prevenzione inefficace

I programmi scolastici di educazione alla salute orientati alla prevenzione del Tabagismo sono efficaci? Riescono ad impedire in termini significativi che una buona percentuale di giovani fumino? Per rispondere a questa domanda sono disponibili i risultati di alcune ricerche scientifiche significative. I risultati mostrano che gli interventi basati solamente sull'informazione non sono efficaci. I migliori studi, quelli con i più lunghi controlli (Hutchinson Project) hanno mostrato che 65 lezioni ripartite su 8 anni di scolarità non hanno avuto alcun effetto. Dunque, metodo bocciato. Brutta faccenda se si considera che il Italia, come anche in Svizzera (Etter J.F.), molti interventi si basano proprio su questo genere di approccio.

Fonte: Thomas R. School-based programmes for preventing smoking (Cochrane Review). The Cochrane Library, Issue 1, 2003. Oxford: Update Software. www.cochrane.org - Tobacco Addiction Group

Postato 20th June 2003 da Ezechiele

3 Commenti :

anonimo20 giugno 2003 05:21

Salve a tutti, torno dopo un lungo periodo (in cui sono stata impegnata tra ospedali e telefonate... purtroppo il mio compagno - che non ha mai fumato in vita sua - ha un tumore maligno e si opererà per la seconda volta la prossima settimana) per un aggiornamento sulle condizioni di mio padre. Dopo 50 giorni è uscito dalla rianimazione per andare in terapiaintensiva pneumologica ad Alessandria. Le sue condizioni sono migliorate anche se non sono ottimali. Ma la buona notizia è che il solo nominare le sigarette lo fa sentir male, il suo miglior amico per solidarietà non fuma più e una mia collega/amica ha deciso di rivolgersi a un centro antfumo (a proposito sapreste indicarmene uno veramente buono a Roma?)... beh questa è una vittoria davvero di tutti e soprattutto di questo blog che in molti momenti mi ha dato la forza e la motivazione giusta ad andare avanti...

anonimo20 giugno 2003 17:22

Sono felice di vedere che tutto volge per il meglio.

Se vengo a sapere di qualche buon centro a.f. ti faccio sapere ( ha provato con 'unavitainfumo'?).

A.

вик услуги2 giugno 2014 01:48

...Check this out...

[...]Wow, marvelous weblog format! How lengthy have you ever been running a blog for?[...].

JUN 21

Era un po' che mi chiedevo come andassero le cose a Giulia ed al suo papa'.

Finalmente ogg ho trovato questo commento di Giulia al nostro post di ieri :

" Salve a tutti, torno dopo un lungo periodo (in cui sono stata impegnata tra ospedali e telefonate... purtroppo il mio compagno - che non ha mai fumato in vita sua - ha un tumore maligno e si opererà per la seconda volta la prossima settimana) per un aggiornamento sulle condizioni di mio padre. Dopo 50 giorni è uscito dalla rianimazione per andare in terapiaintensiva pneumologica ad Alessandria. Le sue condizioni sono migliorate anche se non sono ottimali. Ma la buona notizia è che il solo nominare le sigarette lo fa sentir male, il suo miglior amico per solidarietà non fuma più e una mia collega/amica ha deciso di rivolgersi a un centro antifumo (a proposito sapreste indicarmene uno veramente buono a Roma?)... beh questa è una vittoria davvero di tutti e soprattutto di questo blog che in molti momenti mi ha dato la forza e la motivazione giusta ad andare avanti..."

Postato 21st June 2003 da Ezechiele


JUN 22


La cosa piu' facile che io abbia mai fatto in vita mia e' smettere di fumare: dovrei ben saperlo, perche' l'ho fatto un migliaio di volte. (Mark Twain)

Una donna per strada mi ha detto: "Ho appena ammazzato mio marito, hai da accendere?". "Come mai?" le ho chiesto. "Cosi', m'e' venuta una gran voglia di fumare".

Postato 22nd June 2003 da Ezechiele


JUN 22

Da Gea di Giugno :

Vareniclina, nuovo farmaco antifumo

Dopo una naturale incubazione dovuta alla ricerca, la Pfizer annuncia la nascita del gia' preannunciato nuovo farmaco per la cura della dipendenza tabagica. Si chiama Vareniclina (CP-526,555), sostanza scoperta e sviluppata dai propri ricercatori a Groton, nel Connecticut. La sostanza sembra indurre una riduzione dei disturbi nella crisi di astinenza dal tabacco, del piacere di fumare ed i rischi di ricaduta. Il farmaco e' ancora in via di ulteriore conferma sperimentale, tecnicamente in Fase 3 (prove di verifica degli effetti terapeutici).

www.pfizer.com/are/investors_reports/annual_2001/p2001ar20.html

www.pfizer.com/are/investors_releases/mn_2003_0422.cfm

www.pfizer.com/are/investors_reports/annual_2002/pfizer2002.pdf

Postato 22nd June 2003 da Ezechiele


JUN 23

SCRIVIAMO ASSIEME AL MINISTRO SIRCHIA !

Oggi ho ricevuto una mail da Cristina Vatteroni, in cui mi suggerisce di scrivere al Ministro Sirchia una garbata lettera che lo sproni ad agire in modo da rendere efficaci e rispettati i divieti di fumare che finalmente cominciano ad apparire qua e la'.

Io l' ho appena inviata , e suggerisco che ciascuno di voi ne copii il testo e ne invii una a proprio nome. Gli indirizzi a cui potete inviarla sono:

d.notari@sanita.it ( è la segreteria di Sirchia )

ufficiostampa@sanita.it ( é l'Ufficio Stampa del Ministero )

c.divittorio@sanita.it ( è il recapito di Antonella Cinque, Consigliere per le relazioni Esterne del Ministero della Salute )

oggetto: PER IL RISPETTO DEI DIVIETI DI FUMO

Al Ministro della Salute, Prof. Girolamo Sirchia

Probabilmente in un futuro non lontano una maggiore sensibilità verso il fenomeno del fumo farà sì che nessuno si accenda più una sigaretta in mezzo agli altri e renderà superflui multe e segnali di divieto, ed il merito di questi risultati andrà di certo attribuito alle tante iniziative volte ad educare ed informare i cittadini, in primis quelle promosse dal Ministero della Salute sotto la Sua guida.

Al momento tuttavia non è ancora possibile contare unicamente sull'educazione ed il senso civico dei singoli individui per veder rispettati i diritti dei non-fumatori e l'applicazione ferrea delle normative in vigore resta spesso il solo strumento a disposizione di chi vuole difendersi dal fumo passivo.

Purtroppo assistiamo a continue violazioni della legge, troppo spesso senza riuscire ad impedirlo.

Frequentemente gli incaricati dei controlli sono rintracciabili con difficoltà ( quando addirittura non lo sono del tutto ) ed il loro eventuale intervento consiste usualmente nel rivolgere ai trasgressori il semplice invito a spegnere la sigaretta. Anche per quanto riguarda i sopralluoghi delle forze dell'ordine la situazione non è delle più felici: essi vengono effettuati raramente e quasi sempre su segnalazione, fatto quest'ultimo che porta ad un loro successo solo in presenza di determinate violazioni, essendo invece destinati al fallimento, per ovvi motivi, quando la richiesta di intervento viene fatta con lo scopo di cogliere sul fatto chi sta fumando. Si aggiunge a tutto questo che il timore di subire ritorsioni, specie in ambito lavorativo, fa desistere molti dal prendere qualsiasi iniziativa finalizzata a far rispettare la legge.

Così sono davvero poche le probabilità che i trasgressori possano esser puniti ed è evidente che le sanzioni previste dalla normativa, benché elevate, perdono il carattere di deterrente che dovrebbero avere a causa della loro improbabile applicazione.

Chi fuma dove è proibito avrà un buon motivo per smettere di farlo se percepirà concreto il rischio di esser colto in flagrante e di venir punito, e questo accadrà quando i controlli diverranno frequenti e le sanzioni saranno rigidamente applicate.

Le chiediamo pertanto di fare quanto è nelle Sue possibilità per poter raggiungere questo risultato e La invitiamo a rivolgere un'appello a tutte le forze dell'ordine richiamandole ad effettuare quelle operazioni di sopralluogo e verifica che, incomprensibilmente, sono oggi affidate quasi esclusivamente ai Nuclei Anti Sofisticazione dei Carabinieri.

Siamo certi che prenderà in seria considerazione la nostra richiesta e che un Suo intervento sarà risolutivo nei confronti delle problematiche esposte.

In attesa della Sua gradita risposta, che trasmetteremo a quanti possano essere ad essa interessati, cogliamo l'occasione per complimentarci con Lei per gli ottimi successi conseguiti nella lotta contro il fumo e La esortiamo a portare avanti il Suo mandato con l'energia e la convinzione dimostrate sino ad oggi.

Distinti saluti.

nome, città

Postato 23rd June 2003 da Ezechiele


JUN 24

Da Gea di Giugno :

Convegni & C.

di IRENE TARONI

•    Napoli, 20-21 Giugno 2003 - Scienza ed Arte nella Prevenzione e nella Cura del Tabagismo. Effetti delle politiche sociosanitarie e ruolo delle società scientifiche nel controllo del Tabagismo: attualità e prospettive. Ospedale Cardarelli. Tel.: 081-6174135.(holdservice@telematicaitalia.it).

•    Padova, 26-28 giugno 2003 - IV° CONVEGNO NAZIONALE - LA PREVENZIONE NELLA SCUOLA E NELLA COMUNITÀ. Lo sviluppo del Capitale Sociale come Azione di Prevenzione e Promozione del Benessere. Sessione d'apertura Palazzo del Bo – Aula Magna. Segreteria scientifica: prof. Massimo Santinello, dipartimento di Psicologia dello Sviluppo e della Socializzazione. Segreteria organizzativa: Link - Laboratorio per la prevenzione e l'intervento sul territorio, tel. 049-8278494 fax 049-8278451 (scavis99@mail.psy.unipd.it).

•    Si brinda al lancio della rivista "Tabaccologia", organo scientifico della SITAB. L'Italia ha da oggi un ulteriore strumento di ricerca e di divulgazione nei programmi di controllo del Tabagismo, destinato a medici, psicologi, sociologi, politici, insegnanti, universitari. Scaricabile da www.gea2000.org o da www.tabaccologia.org, in pdf.

•    On-line le immagini del dibattito sul Fumo trasmesso su La7, "Otto e mezzo" con Giuliano Ferrara e Luca Sofri, il 29 maggio: http://www.gea2000.org/documenti/la7.htm


Postato 24th June 2003 da Ezechiele


JUN 24


Umberto Veronesi:

Adesso parlo io

Le parole del presidente della Philip Morris Europa, David Davies, a proposito della presa di coscienza che "il fumo causa il cancro ai polmoni" e dell'impegno assunto dall'azienda produttrice di sigarette per dissuadere i giovani dal fumo mi hanno colpito molto positivamente. Un atto coraggioso e responsabile. E inevitabile. I danni procurati dal fumo sono sotto gli occhi di tutti. E' attribuibile al fumo il 90% delle morti per tumore polmonare e un quarto delle morti per malattie cardiovascolari. E' quindi naturale che anche i produttori di sigarette decidano di prendere posizione, al fianco dei responsabili della salute in tutto il mondo, per raccomandare di non fumare. Ma i fumatori possono aiutare se stessi smettendo al più presto. Per il cancro al polmone il rischio per chi fuma più di 20 sigarette al giorno è di 10-20 volte superiore rispetto al non-fumatore, ma si riduce progressivamente negli ex fumatori in funzione degli anni che passano dall'ultima sigaretta e dopo vent'anni dal suo organismo gli effetti negativi del fumo sono pressoché scomparsi. Ho educato i miei figli a tenersi lontani dalle sigarette. E' fondamentale che i più giovani (purtroppo la maggior parte dei fumatori inizia prima dei vent'anni) non cedano a questa tentazione e anche alle donne dico che corrono più rischi dell'uomo.

Sappiano i giovani che malauguratamente incominciano a fumare, devono smettere in fretta perché in questo modo è possibile prevenire in maniera considerevole i danni per il proprio organismo. Come medico e ricercatore in campo oncologico mi sono sempre battuto per divulgare quanto più possibile la gravità dei danni prodotti dal fumo. Come Ministro ho oggi l'occasione di tradurre in provvedimenti legislativi quelli che per me sono sempre stati imperativi categorici per la difesa della salute e per la prevenzione del cancro ai polmoni. Con questo intendo dire che continuerò il percorso tracciato da chi mi ha preceduto di severa lotta contro il fumo. Non dimentichiamo che la lotta al fumo fa parte degli obiettivi del Patto di solidarietà per la salute. Convinzioni che mi appartengono profondamente. Infatti ho presentato una bozza di disegno di legge che propone norme più severe con la quale si estende il divieto di fumare a tutti gli ambienti chiusi, pubblici e privati. So che questa proposta, qualora il Consiglio dei Ministri la accolga, susciterà molti disappunti tra i fumatori, ma anch'essi devono sapere che se è giusto riconoscere il loro diritto al fumo è ltrettanto giusto rispettare quello di chi non fuma affinché non subisca passivamente i danni che esso provoca. E ciò che era stato un mio impegno come medico lo è ancora di più oggi come Ministro della Sanità.

Umberto Veronesi, Ministro della Sanità

(da "Il Corriere della Sera" giovedì, 18 maggio 2000)


Postato 24th June 2003 da Ezechiele


Jun 29


Di rientro da un breve viaggio giu' per il matrimonio di un cugino, ho trovato questa mail di Emanuele :

"Ciao, Ezechiele2002

ti aggiorno sulla mia situazione partendo dalle prime volte che ho provato a smettere,

- ho provato nel mese di settembre 2001 la terapia dell'AntiSmokingCenter sede di Novara (costo Lire 500.000) che opera in una sola seduta utilizzando delle scariche elettriche su alcuni centri nervosi di entrambe le orecchie e del naso, non ha funzionato per nulla;

- ho provato poi a partire dal mese di dicembre 2001 una terapia presso il centro Tossicodipendenti dell'Ospedale di Tradate (gratuito anche se temporaneamente) che funziona puntando diversi aghi in alcuni centri nervosi delle sole orecchie, dopo diverse sedute (circa una ventina) ho desistito perchè limitavo di poco la quantità di sigarette ma non arrivavo mai a smettere;

- infine mi è capitata una cosa strana: il 15 maggio 2002 in serata ho esagerato nell'assunzione di alcool e a partire dal giorno dopo, anche per lo stato di malessere derivato dalla nausea protrattasi dal giorno precedente, ho smesso di fumare.

Ho resistito sino al mese di ottobre dello stesso anno fino a quando, considerato che la voglia di ricominciare premeva, ho ricominciato senza neanche accorgemene facendo un tiro, un'altro, una sigaretta ogni tanto, una ogni giorno fino ad adesso che ne fumo 10/15.

Da questa mia esperienza posso desumere che il fumo è talmente unico per ogni persona che risulta difficile stendere una terapia univoca perchè bisogna considerare:

- il numero di sigarette consumate ogni giorno;

- l'ambiente di lavoro che può incentivare l'uso delle sigarette;

- l'età in cui si ha iniziato a fumare;

- le motivazioni che portano ad accendere una sigaretta;

- i momenti topici della giornata (pausa lavorativa, attesa di un amico, lettura di un giornale, dopo il caffè,ecc...);

- il modo di fumare la sigaretta;

- le sensazioni che dà a ciascuno il fumo;

Tu cosa ne pensi?

F.to Emanuele

Postato 29th June 2003 da Ezechiele


2 Commenti :

anonimo29 giugno 2003 11:41

...anche mio padre è morto con un tumore ai polmoni: il 20 Settembre del 2001.

Era medico chirurgo non aveva ancora compiuto 66 anni ed era una persono estremamente vitale.

Non avrei mai immaginato di doverlo vedere in quelle condizioni, mi è sembrato di vivere un sogno, ma un sogno non era.

Tutto ciò, comr d'altronde tutto quello che accade nella vita di una persona, mi è servito.

Mi è servito a smettere di fumare.

E' dal 24 agosto di quello stesso anno , data in cui ho appreso della malattia di mio padre che non tocco più una sigaretta.

Non so se cio sia servito o servirà a non farmi ammalare di tumore in futuro, ma senza ombra di dubbio mi è senzaltro servito per risparmiare.

E' vero, da quando ho smesso di fumare ho preso 10 kg, in parte sono riuscito a smaltirli, il resto spero di farlo con il tempo.


ezechiele2002  30 giugno 2003 03:26

Non hai idea di quanto le nostre storie siano simili. Vai a vedere il mese di Dicembre di questo blog e te ne rendi conto !

Grazie della visita e del commento !

Eze


JUN 30

Da Gea News di Giugno :

Scienza sovversiva

di GIACOMO MANGIARACINA

Il cerusico annusava con sapienza da sommelier, ed assaggiava l'orina del malato. Poi decretava: "Mellitus". Questa esemplare diagnosi di diabete appartiene alla storia della medicina, ma erano questi gli albori della scienza medica? No affatto. Si trattava della scienza di sempre. Dagli asclepiadi del VII secolo avanti Cristo, fino ad oggi, e' andata avanti con le sue scoperte fra certezze e incertezze, con le sue conquiste e i suoi errori, ma soprattutto col suo metodo di indagine, di verifica, di conferma, con i suoi principi fondati sul dubbio come motore della ricerca costante. E' andata avanti ed ancora oltre, con il retaggio delle paure di Frankestein, degli uomini bionici, tra gli incubi di Allan Poe, fino alle legittime angosce bioetiche. Simulando l'effetto di una sonda spaziale si raccolgono informazioni e si continua a farlo senza sosta e in ogni luogo vi siano umani. Ma la scienza porta con se le sue logiche contraddizioni. L'ungherese Ignaz Sammelweiss (1818-1865) mori' in manicomio deriso dai suoi colleghi contemporanei per avere imposto il lavaggio delle mani come profilassi delle morti puerperali. Ma uno non rise, il chimico francese Louis Pasteur (1822-1895), che diede forma concreta all'intuito dimostrando la presenza dei microbi. Da quel momento il mondo fu diverso, la scienza comincio' a competere persino con Dio e ci volle il naufragio del Titanic per ridurre a piu' miti consigli i deliri di onnipotenza di fine Ottocento. Oggi siamo entrati nell'era della Metanalisi, la scienza dell'analisi della scienza.Tutto diventa discutibile nel santuario delle certezze, un processo dialettico e democratico dove grandi e piccoli si confrontano, dove tutti possono dire qualcosa, dove la scienza accusa di aneddotismo la non-scientificita' e viceversa l'empirismo ed il "magico" trionfano in barba al tecnicismo scientifico. Eppure siamo nell'era dei principi definiti, delle "linee-guida", che comunque hanno lo scopo di creare concordanze e fronti comuni. Su questa base 192 stati membri dell'OMS hanno siglato una convenzione che non appena ratificata da 40 nazioni dell'ONU, rendera' operativa una linea comune contro il tabacco. Crollano i miti e gli atteggiamenti culturali davanti ad uno spiegamento di forze cosi' massiccio ma soprattutto unitario, dopo ben quattro anni di discussioni. Perche' la scienza ha i suoi tempi. Ma ogni regola ha anche le sue eccezioni. Mi riferisco alla scienza "sovversiva" e "reazionaria", quella che rompe gli schemi prefissati, che ha il coraggio dell'audacia e approda su Novella2000. Di "Miss Universo Smoke-Free" stanno parlando i media, e pure tanto, come inaugurazione di un modo innovativo di fare prevenzione. Dopotutto le sfide piacciono anche a noi, specie se contribuiscono a demolire l'alone di austerity di una certa scienza demode'. Nel frattempo, come forma di par conditio, inauguriamo la rivista scientifica "Tabaccologia", da me diretta, il cui numero Uno e' gia' stato distribuito in anteprima al convegno dell'Istituto Superiore di Sanita' il 30 maggio, al vaglio di autorevoli rappresentanti di questo mondo variegato chiamato Scienza.

Postato 30th June 2003 da Ezechiele


JUL 1

Oggi, navigando liberamente, ho trovato questo articolo :


Sotto attacco i coffeeshops olandesi

LA BATTAGLIA DEL FUMO

Il clima politico è molto cambiato negli ultimi due anni e sulla presunta nocività della cannabis gli allarmi sono continui

Fredrick Polak

AMSTERDAM

Quanto è forte la minaccia alla politica olandese sulla cannabis? Una domanda che in questi giorni ricorre con frequenza. In gioco c'è qualcosa di più della minaccia rappresentata dalla nuova legge sul tabacco, che prevede la creazione di locali per non fumatori nei luoghi pubblici. In Olanda il clima politico è molto cambiato negli ultimi due anni perché il nuovo governo, che si è insediato all'inizio di questo mese, ha fatto proprio il rifiuto, abbastanza diffuso tra la gente, del "gedogen". La parola olandese "gedogen" è intraducibile e descrive il sistema in cui nuovi metodi, formalmente contrari alla legge, sono tollerati, e nuove politiche introdotte, senza modifiche legislative in attesa del momento giusto per introdurre la nuova legislazione. Sulla presunta nocività della cannabis sono stati lanciati continuamente nuovi allarmi. I media e i politici conservatori se ne sono serviti per la loro battaglia contro i coffeeshops. Notizie sugli effetti negativi della cannabis sul cervello e, più in generale, sulla salute vengono diffuse con cadenza regolare. E purtroppo i nostri sforzi di contrastare queste posizioni – spiegando che gli effetti nocivi delle droghe sono una ragione per regolamentarle legalmente e non per proibirle – per molte persone non risultano convincenti.

La nuova legge sul tabacco, che dovrebbe tutelare i lavoratori dal fumo passivo, è piuttosto controversa ma il governo la difende strenuamente. Il presupposto della legge è una forte esagerazione del danno che il fumo passivo causerebbe. Le nuove regolamentazioni causano difficoltà non solo per i coffeeshops, ma anche per i normali caffè e bar, e specialmente per le istituzioni psichiatriche. Per la grande maggioranza delle persone che devono vivere lì, spesso per molti anni – i pazienti psichiatrici – fumare sigarette era l'unica abitudine ancora consentita.

L'istituto, o il bar, possono allestire i propri locali in modo che, oltre ad aree dove è vietato fumare, ci sia un'area riservata ai fumatori, ma quest'ultima non può essere più grande dell'area dove è vietato fumare. Per gli istituti e per molti proprietari di caffè questo sarà molto difficile.

Nei coffeeshops il divieto non ha senso. Come ha spiegato sulla tv nazionale Roskam, noto proprietario di un coffeeshop, i clienti arrivano nel suo locale con l'intenzione di fumare, e tutti i suoi dipendenti fumano regolarmente erba.

Tuttavia, fumare sarà consentito solo se ci saranno una zona per non fumatori e una per fumatori, e probabilmente i proprietari dei coffeeshops possono permettersi di spendere un po' di soldi per fare gli adattamenti necessari. Ma alcuni coffeeshops sono troppo piccoli per consentire questa soluzione, e difficilmente il governo accetterà questo stato di cose.

Il secondo problema, riguardante molti coffeeshops ad Amsterdam, è che la municipalità vuole porre fine alla situazione particolare di questa città. Qui un certo numero di coffeeshops erano autorizzati a servire non solo prodotti a base di cannabis, ma anche bevande alcoliche.

Poi c'è la diatriba riguardante il contenuto di Thc presente nella cannabis. Una delle tesi propagandistiche contro la cannabis è quella secondo cui oggi marijuana e hashish sarebbero molto più forti di venti o trent'anni fa, e che quindi non ci sarebbe più motivo di considerare la cannabis una droga leggera.

Le nostre contro-argomentazioni sono: i fumatori possono imparare a regolare il proprio consumo e a fare attenzione a non inalare una quantità maggiore di quella desiderata; la stessa situazione esiste per le bevande alcoliche. Questa è una argomentazione a favore della regolamentazione legale della produzione, in modo che si possa avere un

confezionamento del prodotto adeguato, con adeguate informazioni; il numero di problemi in questi cosiddetti "hash-café" è minore che in un qualunque "alcohol-café".
Probabilmente però, tali argomentazioni non impediranno alla municipalità di Amsterdam di sfruttare l'attuale clima politico per annunciare questo cambiamento di linea.

Dunque, non c'è solo la minaccia della legge sul tabacco, ma ci sono una serie di minacce. Molto dipenderà dagli sviluppi nell'Unione europea. Dopo alcuni anni in cui sembrava avere adottato una politica sulle droghe più razionale, ossia più liberale, la Francia è tornata alla sua vecchia retorica – ivi comprese affermazioni terroristiche sulla cannabis – e non solo per scopi politici interni, ma anche nel quadro dell'Unione europea. Tuttavia, alcuni osservatori pensano che in pratica in Francia cambierà poco.

La Svezia resta il principale avversario delle politiche liberali sulle droghe e anche se, nella stessa Svezia, i dubbi sulla politica della tolleranza zero stanno aumentando, grazie al sostegno della Francia questo paese non è più così isolato sulla questione delle droghe come lo è stato negli ultimi anni.

Gli sviluppi futuri nell'armonizzazione delle legislazioni nell'Unione europea possono mettere a rischio la posizione particolare che riveste l'Olanda, ma è anche possibile che, al contrario, un certo numero di paesi come il Belgio, il Portogallo, la Spagna e persino la Gran Bretagna, dove le politiche sulla cannabis sono state in qualche modo liberalizzate, impediscano un ritorno alle politiche precedenti.

Un vantaggio dello status semi-legale dei coffeeshops è che essi possono sfruttare tutti i mezzi legali per tutelare i loro interessi. Personalmente, sono convinto che il sistema dei coffeeshops sia così fortemente radicato culturalmente e finanziariamente, che esso sopravviverà – ma forse a caro prezzo.


Postato 1st July 2003 da Ezechiele



JUL 2


Piu' volte alcuni di voi mi hanno fatto presente che questo blog ha due caratteristiche negative che vanno corrette:

- Si carica molto lentamente

- Ha un' atmosfera troppo cupa e terrorizza i visitatori.

Per il primo commento ho cercato stamattina di fare qualcosa: ho sfoltito alcuni messaggi, sostituita la musica di fondo con un rilassante suono di risacca che ho copiato pari pari dal blog http://mareluna.splinder.it , che ringrazio di cuore, etc.

Sul mio PC il tutto ha quasi dimezzato il tempo di caricamento. Fatemi sapere come va sui vostri. Il prossimo passo sarebbe di ridurre il numero dei links fissi, ma non vorrei farlo, perche' quella e', nella mia idea, l' ESSENZA di questo blog : offrire una panoramica il piu' completa possibile di links su questo argomento.

Sul secondo commento ho eliminato messaggi quali Caduti della guerra in Irak, Teschio che fuma, etc. Non intendo eliminare i riferimenti alla morte di mio padre, visto che proprio da li' e' nata l'idea di questo blog. Indubbiamente il nostro tema non e' allegro e solare, visto che parliamo di danni provocati dal fumo; il nostro spirito invece e' positivo : stiamo lavorando assieme a voi per aiutare chi fuma a smettere e per consentire alle generazioni future una vita migliore. Anche questo e' un contributo ad uno Sviluppo Sostenibile.

Fatemi sapere come va ora e lasciatemi i vostri commenti !


Postato 2nd July 2003 da Ezechiele


3 Commenti :


Litaweb2 luglio 2003 09:12

Ciao! E' la prima volta che passo di qui.

Non ho mai fumato, neanche provato e non lo farò mai: non ci vedo niente di buono.

Ho deciso di linkare il tuo blog perchè voglio appoggiarti nella tua iniziativa, che condivido in pieno.

Complimenti e continua così!

ps: l'atmosfera terrorizza i visitatori? Perchè non usi come sfondo la foto dei polmoni di un fumatore? Mah!


blogico2 luglio 2003 11:46

sono ritornato sul tuo blog dopo parecchio tempo ed ho visto con piacere che continua ad essere aggiornato ed ha sempre più visite. non capisco la frase in riferimento al mio blog (era solo una curiosità che avevo letto in un sito) ma comunque la cosa importante è che prosegui la tua importante battaglia. coraggio!


Litaweb3 luglio 2003 10:30

Ciao Eze! Sono la webmiss di un sito dedicato a un gruppo musicale molto seguito dai giovani e di conseguenza ricevo un sacco di visitatori.

Hai un banner da mandarmi?

Dovresti fare un sito: se ti serve una mano fai un fischio! litaweb@tiscali.it


JUL 3

Dal sito La Repubblica.it ( http://www.repubblica.it/supplementi/salute/2003/07/03/lettere/043368_lette.html) di oggi ho tratto :

Le sigarette sono fattore di rischio

Sono medico; sulla soglia dei cinquant'anni; ho potuto conseguire quattro specializzazioni dopo la laurea; e lavoro in un grosso ospedale, avendo avuto, negli anni, anche modo di lavorare in tutte le articolazioni della Sanità, compreso il Policlinico universitario. Ebbene, in primo luogo è pacifico che il fumo di tabacco fa male. Altrettanto pacifica è la necessità che le Istituzioni associno un'azione attiva di educazione e prevenzione a quella più facile, ma parziale, di irrogare multe e promulgare divieti.

Tuttavia, è necessaria subito una seconda considerazione. Il fumo non è un veleno che uccida immediatamente né una causa diretta di malattia. Medicalmente, è solo un "fattore di rischio". In altre parole, non tutti i fumatori muoiono, né muoiono solo a causa del fumo. Né il fumo di tabacco ha la capacità di uccidere sempre, immediatamente o direttamente. In fondo, tutti conosciamo qualche "nonno" fumatore inveterato ma in ottima salute. Ecco perché il fumo di tabacco ha solo la dignità di "fattore di rischio".

Per dirla in modo più chiaro e pratico, io come medico devo sconsigliare di fumare; anzi, devo fare quanto posso per motivare e aiutare il singolo individuo a smettere di fumare. Non basta per tacitare la mia coscienza il generico consiglio: «Smetta di fumare». Devo fare qualcosa di più: i pazienti si rivolgono al medico per avere soluzioni non generiche esortazioni. Mi sono, però, sempre posto la domanda: «Se la persona muore per altra causa, a che pro l'ho privata di un piacere?». Il fumo, infatti, è un piacere; altrimenti, non si fumerebbe. Meglio di me, Woody Allen si poneva la paradossale domanda: «E se in futuro scoprissimo che il fumo non fa male?»… Sono andato a riguardare i dati ISTAT sulle cause di morte. In verità, il fumatore ha più probabilità di morire d'altro che del fumo di tabacco; specialmente, nelle età ancora giovanili…

In definitiva, il fumo di tabacco è indubbiamente un problema, ma non è il solo né il principale né il peggiore della nostra Sanità. Forse, però, è quello più semplice da far risaltare in piena luce e da agitare agli occhi della gente.

Antonio De Simone

La risposta che viene data al Dr. De Simone e' :

Gentile dottore, nella sua lunga lettera lei fa riferimento ad altri fattori di rischio per la salute, come i "raggi" (che fanno sicuramente male). Però: le sigarette le fumano 1315 milioni di persone ogni giorno; i raggi della Medicina invece non li subiscono quotidianamente così tante persone. Dunque converrà che il fumo, almeno matematicamente, è un po' più pericoloso…

Postato 3rd July 2003 da Ezechiele

3 Commenti :

marivan4 luglio 2003 15:04

Sono perfettamente d'accordo con il Dr. Antonio De Simone che, magari è anche un fumatore, come molti medici.


anonimo6 luglio 2003 18:40

Ahi ahi ahi dottore, prima crocifigge il fumo, poi ne ha umana pietà insieme con tutte le sue 'possibili' vittime.

Anche un'alimentazione errata è un fattore di rischio come l'uso o l'abuso di alcool.

Allora, poichè non sono veleni che fanno morire immediatamente, che fa, non si sente di sconsigliarli casomai non si dovesse morire per questi.

A.


anonimo12 luglio 2003 04:28

Il dott. De Simone ha torto a definire il Fumo un fattore di rischio o quantomeno non e' aggiornato. Dal 1994 l'American Psychiatric Society, massima autorità della psichiatria mondiale, e l'Organizzazione Mondiale della Sanità hanno inserito il Tabagismo tra le patologie da dipendenza. Dunque il Tabagismo e' una patologia in sé e non un "fattore di rischio" come può esserlo la sedentarietà. Per questo motivo i servizi ospedalieri di Cardiologia non hanno capacità di intervento sul problema, e gli infartuati riprendono a fumare dopo tre mesi dall'evento acuto. Hanno imparato la lezione invece gli Pneumologi, che considerano il Fumo come malattia.Cordiali saluti.

Dott. Giacomo Mangiaracina

presidente SITAB, Società Italiana di Tabaccologia


JUL 3


Oggi mi ha scritto di nuovo Stefano, cosa che mi fa sempre molto piacere :

Ciao,

Tutto bene, non ho ripreso a fumare e neanche Franca, la reciprocità dell'impegno

mi sta aiutando moltissimo.

Trovo che tutte le varie possibilità che ci sono per smettere di fumare

(vedi Emanuele)siano valide solo se una persona è fortemente motivata. Devi

avere in testa la voglia di smettere altrimenti tutto è inutile. In questo

momento per me spero che sia così.

Il caricamento del tuo blog è sempre lento, con il mio pc ci vogliono alcuni

minuti.Forse ci sono troppe cose.

Per il resto come va? Sei ancora in crisi o la situazione va un po' meglio?

Ho letto sotto il tappeto e non ho trovato nessun commento ai due post,

mi spiace, spero che tu non sia scoraggiato.

Ti mando un saluto e a presto

Stefano

Postato 3rd July 2003 da Ezechiele


1 Commenti :


anonimo8 luglio 2003 12:14

TRUFFATORI ANTIFUMO SMASCHERATI ANCORA UNA VOLTA

NUOVO, ENORME STUDIO DURATO 40 ANNI, 118.000 PERSONE ESAMINATE, CONFERMA: "NESSUNA ASSOCIAZIONE CON CANCRO POLMONARE O MALATTIE CARDIOVASCOLARI"


JUL 4


Ieri ho ricevuto questa e-mail da Cristina Marrai :

" Stamattina, sul solito giornale gratis che trovo alla stazione di mestre, ho avuto il piacere di leggere una bella notizia e ho voluto farla leggere anche a voi.

Articolista: Alessia Da Canal

Mestre, fumo molesto in ufficio: impiegata chiede maxi-risarcimento.

"Al collocamento tutti fumano. chiede 31.000 euro di risarcimento .Ha 43 anni ed una tosse che non le lascia tregua, soprattutto al lavoro. Perche S.B., veneziana impiegata per l'amministrazione provinciale al servizio disabili dell'Ufficio del Lavoro via Ca'Venier e affetta da bronchite cronica, per molte ore al giorno e costretta a convivere con fumatori incalliti. Eppure il divieto esiste, ma neanche due lettere al dirigente sono bastate a farlo rispettare. Per difendere la sua salute, e passata alle vie legali e ha presentato un ricorso alla sezione lavoro del tribunale di Venezia.Per ottenere il rispetto del divieto e 100 euro al mese, 31 mila il totale, a mo di risarcimento, per tutti i mesi che ha dovuto sopportare zaffate di catrame e nicotina. All'avvocato Enrico Cornelio che l'assiste in questa battaglia, la donna ha precisato che nel luogo in cui lavora fumano abitualmente l'assessore Alessandro Sabbiucciu,il dirigente e 7-8 impiegati e funzionari della struttura che

ospita, ma in un'altra ala, anche l'ufficio di collocamento.L'ambiente di certo non aiuta:una grande sala open-space con 13 postazioni nella quale si affacciano sette stanze, le cui porte sono costantemente aperte. L'esposto è stato presentato a meta maggio e gia la situazione negli uffici è migliorata. L'assessore Sabbiucciu, ha dato disposizione affinche non si fumi piu, individuando un funzionario che faccia rispettare tale divieto.Se proprio qualcuno desidera fumare lo potra fare nelle pause previste per chi lavora a lungo sui videoterminali e comunque fuori dall'ufficio. Ma certo avrebbe preferito che la dipendente si fosse rivolta direttamente a lui, prima di sollevare il polverone giudiziario."

ciao

Cristina Marrai   "


Postato 4th July 2003 da Ezechiele


2 Commenti :


marivan4 luglio 2003 15:02

Capisco il tuo sentimento. Tuttavia smetterò di fumare quando mi assicureranno che senza fumare raggiungerò l'immortalità. Tanto chi ha l'oncogene morirà comunque di cancro, magari, se non fuma, gli verrà da un'altra parte.

In sintesi morire è comunque orribile. Io non l'ho ancora accettato. E ora che ho cinquantanni sono ancora più terrorizzata. Certo se fossi sicura che esiste un'altra dimensione allora non avrei paura, ma l'idea che io non sarò più, avessi anche centanni, mi sconvolge.

E per non pensarci non voglio proprio rinunciare ad alcun piacere, tanto meno al fumo.

.

anonimo6 luglio 2003 18:44

L'unico piacere è quello di NON fumare! A.


JUL 6

Ricevo da Massimo D' Angeli e posto per voi tutti :


Sofia Loren per il cancro


Nel Gennaio del 2000 l' "Associazione Philip Morris Progetto Cinema"

presentò in pompa magna il restauro di alcuni vecchi film; tra essi c'era

"Una vita difficile" di Alberto Sordi il quale intervenne alla cerimonia,

tre anni prima di morire per bronchite causata dalle sigarette (1) della

stessa associazione che - evidentemente con poca riconoscenza - gli restaurò il

film.

Oggi l'operazione viene ripetuta da Sofia Loren che, dopo aver suggerito di contribuire all'Associazione Italiana per la Ricerca sul Cancro in occasione del passaggio lira - euro, si è fatta restaurare "Una giornata particolare" ancora dalla Philip Morris.

Al fatto segue una censura automatica ed implicita e perciò efficace: si omette di mostrare che il promotore è la Philip Morris, il primo venditore di sigarette, cancerogene. Esse causano una vita molto difficile a 15 milioni di italiani che - presi all'amo - spesso fanno di tutto e affumicano ovunque pur di assumere una dose di nicotina, rendendo la vita difficile anche ai non fumatori.

Aria Pulita osserva che tali operazioni di avallo alla pubblicità alle sigarette sono illegali e dannose, e chiede maggiore attenzione alle conseguenze.

Il Presidente di "Aria Pulita - Associazione Non Fumatori - Onlus"
Massimo D'Angeli

Postato 6th July 2003 da Ezechiele

1 Commenti :

anonimo8 luglio 2003 12:14
TRUFFATORI ANTIFUMO SMASCHERATI ANCORA UNA VOLTA

NUOVO, ENORME STUDIO DURATO 40 ANNI, 118.000 PERSONE ESAMINATE, CONFERMA: "NESSUNA ASSOCIAZIONE CON CANCRO POLMONARE O MALATTIE CARDIOVASCOLARI

JUL 7
Da GEA News di Giugno:
Pavia libera
di BIAGIO TINGHINO (btinghi@tin.it)

La Regione Lombardia ha scelto Pavia per il convegno sul Fumo del 28 maggio, alla Fondazione Maugeri, per fare il punto. Focus sul fumo passivo (Ceccarelli, Invernizzi, Colacicco), sul coinvolgimento dei medici di medicina generale (Bettoncelli) e sui risultati, dopo tre anni di attività, del progetto Health Promoting Hospitals (Palestra). Sono stati pure presentati (Tinghino) i dati dei centri antifumo in Lombardia. Dai questionari ricevuti risultano attivi una cinquantina di centri e ambulatori per la cura del Tabagismo. Molti sono nati a seguito delle Linee Guida Regionali del febbraio 2000. I fumatori che si sono rivolti alle strutture lombarde nell'anno 2002 per essere curati sono stati 1.648. Di questi, più di 1.200 sono stati avviati alla terapia dai 92 operatori addetti, per lo più medici e psicologi. E' stato possibile rilevare una prima valutazione dell'efficacia dei trattamenti, grazie ai risultati preliminari dei follow-up forniti da alcuni tra i più attivi Centri Antifumo: 22,03% di cessazioni mantenute a distanza di un anno dalla conclusione del trattamento. Non male. La Regione Lombardia sta organizzando la formazione per gli operatori dei Centri Antifumo grazie ai corsi IREF su cui ha riferito Malvezzi. La giornata è continuata sul tema delle allergie da Fumo (Moscato) e con un pomeriggio dedicato interamente alle metodologie di prevenzione fra i giovani. L'attenzione è stata rivolta alle tecniche di "peer education" (Pellai, Rinaldi, Tamborini), alla presentazione del progetto per la scuola media superiore (Pretti) e al progetto "Media Sharp" (Rocca), volto a migliorare la capacità degli adolescenti nell'analisi delle pressioni dei mass-media.

Postato 7th July 2003 da Ezechiele

2 Commenti :

anonimo8 luglio 2003 12:13

TRUFFATORI ANTIFUMO SMASCHERATI ANCORA UNA VOLTA

NUOVO, ENORME STUDIO DURATO 40 ANNI, 118.000 PERSONE ESAMINATE, CONFERMA: "NESSUNA ASSOCIAZIONE CON CANCRO POLMONARE O MALATTIE CARDIOVASCOLARI"

anonimo9 luglio 2003 17:52

Neppure il ' Corriere di Roccacannuccia' avrebbe il coraggio di riportare una notizia del genere ma se questo premio nobel per la scienza ci dice dove l'ha trovata ci facciamo quattro risate.A.

JUL 8

Oggi mi ha scritto Cristina Vatteroni :

Affumicati e soli.

Quando si tratta di sigarette, il cancro non spaventa quasi nessuno...

E allora voglio parlare di allergie respiratore: ne soffre il 20% e più della popolazione.

Riuscite a immaginare la rabbia di chi non vorrebbe fumare, per non farsi venire subito la tosse, la bronchite, l' asma ( e il cancro poi ) ma si ritrova a dover lavorare tutto il giorno in ambiente fumoso, e deve anche assistere a dibattiti da salotto televisivo su altre possibili cause del suo male e sulla nocività o meno di ciò che invece sperimenta ogni giorno? Non andare al bar, non prendere i treni Intercity simil-camere-a-gas, non andare nei Pub è possibile. Ma non andare a lavorare no: bisogna andarci, e riuscire anche a stare bene per poterlo fare con profitto. Se è difficile per qualcuno lavorare senza fumare, pensate cosa può essere lavorare respirando male e dormendo poco: le infiammazioni respiratorie, fra le altre cose, disturbano il sonno.  Ci sono leggi già dal 1994 secondo le quali ogni lavoratore deve essere tutelato anche dal fumo passivo, ma quasi nessuno le applica e quasi nessuno le conosce. Ovunque, i paladini della democrazia e della libertà abbiamo tanta comprensione, come è giusto che sia,  per il fumatore che non può fare a meno delle sue dosi, ma nel frattempo pochissima comprensione per quei 'rompiscatole' così schizzinosi che vorrebbero respirare aria senza tabacco... Nella vita di tutti i giorni, li lasciamo soli a combattere contro il solito muro di ignoranza.

Cristina Vatteroni


Postato 8th July 2003 da Ezechiele


2 Commenti :


anonimo8 luglio 2003 12:01

Vedi post successivo, sempre del 9 LUG, per la poesiola.


anonimo9 luglio 2003 17:44

Non ti curar di loro Cristina, la verità è quella che riporti tu.A.


JUL 9


Desidero RINGRAZIARE COTRUFO LUCA, ( o Victor De Palma ? ) che questa notte mi ha mandato questa e-mail :

"

LE CORRELAZIONI TRA FUMO E TUMORI SONO TUTTE PUTTANATE COLOSSALI CHI VUOI FAR PIANGERE CON QUESTI SITI???

A NOME DI TUTTI QUELLI CHE FUMANO E SE NE SBATTONO DEL RESTO (DELLE CAZZATE ALTRUI)

Victor De Palma "

Finalmente un segno di apprezzamento da parte del NEMICO ( i fumatori ) che ci dimostra che questo sito comincia a dare fastidio a qualcuno !!

Il che vuol dire che serve effettivamente a qualcosa.

Sempre la notte scorsa qualcuno ( sempre Cotrufo Luca ?!? ) si e' preso la briga di commentare tutti i post del mese di Luglio di questo blog, come potete vedere facilmente.

Lo considero come un secondo complimento e ringrazio sentitamente !

Postato 9th July 2003 da Ezechiele


1 Commenti :


anonimo9 luglio 2003 17:43

Pensavo di essere un caso limite, quasi patologico, per la mia fissazione ( o deformazione mentale?) contro il fumo.

Vedo che, nel campo opposto, qualcuno sta peggio.A.


JUL 9

Un anonimo mi ha lasciato ieri questo commento, che, ancorche' chiaramente proveniente dal " nemico " , se non altro merita rilievo per l' originalita' e per lo sforzo poetico. GRAZIE, anonimo !!!


Quando ascolto i salutisti

mi ricordo dei fascisti,

sebben sotto Mussolini

si fumasse da assassini.

 Ma ora siamo progressisti

rossi, neri, verdi e misti

e il color che ne risulta

le mie suole spesso insulta.

Se il divieto di fumare

non è affatto salutare

perché frutto di una frode

di cui ognuno sembra prode,

che c'importa se la scienza

dice che non c'è valenza?

Quel che conta, dannazione,

è ottener la proibizione!

A me il fumo da' fastidio

- fumatori, non v'invidio -

sono quindi entusiasmato

della gran truffa di stato.

Dagli addosso al fumatore,

dì che è un porco a tutte l'ore!

L'importante, caro Stato,

è che lui sia ben tassato,

perché senza il suo denaro

costa tutto ben più caro.

Quindi, Stato mio padrone,

dammi sì la protezione,

ma, mio Dio, fai per sicuro

che si fumi nel futuro!

Postato 9th July 2003 da Ezechiele


1 Commenti :


anonimo9 luglio 2003 17:36

Novello Dante, Maestro e Vate

queste rime dove le trovate?

Troppa nebbia nel cervello

o è fumo pure quello?

A.

JUL 9

Cinzia Marini oggi mi scrive:

Dalla Repubblica di oggi:

I denti del bebè registrano le sigarette fumate dai genitori.

E' il risultato di uno studio condotto dai ricercatori dell'Istituto Superiore di Sanità.

La concentrazione di nicotina, contenuta nei denti da latte, rivela il grado

d'esposizione del bimbo al fumo delle sigarette. La ricerca è stata condotta

su un campione di 35 bambini, 19 maschi e 16 femmine, figli di fumatori

e non.

Saluti. Cinzia.

Postato 9th July 2003 da Ezechiele

1 Commenti :

anonimo9 luglio 2003 17:29

Non conosco lo yoga ma sto facendo profonde inspirazioni ed espirazioni per mantenere la calma e non rispondere per le rime a questo 'maramaldo villanzone'. Se ti potessero vedere, quelli che hanno dato la vita per combattere il fascismo per permettere a quel furbo che sei di soccombere sotto un'altra dittatura: quella dei signori del tabacco.

Sei proprio sicuro di fare quello che ti pare?

Io penso che chi fuma non può scegliere, è schiavo e cosciente del suo stato.

A.

JUL 10

Chi fuma più' di un turco? "Due turchi". "No, un cinese, perche e' un fumatore ... d'oppio".

Perche' gli extracomunitari vendono accendisigari ai semafori dato che i semafori non fumano?


Lui a lei dopo l'amore: "Cara, fumi?". "Fumare no, ma e' molto calda!".


Postato 10th July 2003 da Ezechiele


1 Commenti :

Litaweb10 luglio 2003 04:22

Ah! Ah! Ah! Troppo forti! :D

Appena riesco inserisco il banner: giuro!


JUL 10

Da GEA News di Luglio :


Lo chiamavamo Andrea

di GIACOMO MANGIARACINA

Lo incontrai la prima volta nel '94. Per la precisione fu lui a incontrare me. Si presentò come Andrea Mattei. Fisico asciutto, alto, sguardo profondo, viso segnato, quasi Al Pacino. L'età indecifrabile, tra i 65 e i 70, forse. Mi offrì subito un tono confidenziale e un atteggiamento di complicità. Aveva fondato "Liberi di Non Bere" (www.gea2000.org/alcolismo.htm), e me ne parlava con convinzione. Lui, il problema l'aveva vissuto a proprie spese. Alcolista e tabagista incallito. Dopo tanti anni di dipendenza, troppi, forse una vita, aveva ad un certo punto avuto il coraggio di provare ad uscire dal suo tunnel. Su quella via di Damasco ebbe l'illuminazione: la vera libertà sarebbe stata quella di scegliere di non bere e di non fumare, in una società che letteralmente costringe al consumo di alcol e tabacco, vuoi per pressioni culturali o per promozione pubblicitaria. Dunque l'impegno di Andrea, con cio' che divenne una peculiarita' del suo impegno sociale, l'atteggiamento di sfida alla cultura e alla pubblica informazione viziata. Era un guerrigliero in cerca di alleanze, e come segno del suo passaggio mi invitò a leggere un libro, che lessi con attenzione, una pietra miliare nella cultura delle dipendenze, "Il Mito della Droga", di Szasz (*). Per i tre anni successivi non lo sentii piu', ma lui c'era. Quando nel '97 creai il primo sito internet contro il tabacco, Andrea si fece vivo. Ricevetti una sua email in cui diceva che stava creando delle pagine web per illustrare il suo progetto. Gli chiesi di collaborare. Accetto' subito, entrò a far parte del forum degli attivisti non-fumatori di "Aria Pulita", e scrisse un pezzo la cui attualità risulta ancora oggi indiscutibile: "E no che non ci sto !". Lo riproponiamo in questa newsletter per ricordarlo. Perché Andrea se n'è andato. Dopo un anno di silenzio l'abbiamo saputo. E' andato via in punta di piedi come per non disturbare, ma ha lasciato qualcosa al mondo. Poche parole, tanta rabbia, buoni fatti. Un testimone, uno di quelli che ha combattuto per la libertà propria e altrui. Trovo opportuno che nel coacervo di tante parole strillate, sopravvivano chiare quelle di un uomo capace di indicare vie di salvezza, e che per noi fu semplicemente Andrea.

E no che non ci sto!

di ANDREA MATTEI (Novembre 2000)


La Conferenza sulle Droghe organizzata con tutti i sacri crismi istituzionali il 28, 29 e 30 novembre a Genova, con la collaborazione del Ministero della Solidarietà Sociale, sembra ancora parlare il linguaggio delle droghe ILLEGALI. Nel congresso dello scorso anno a Napoli, non sono state prese neppure in considerazione le Droghe che in maggior misura provocano dolore, morte e danni alla collettività. Parlo di TABACCO e ALCOL. Percio' la pioggia di lettere di protesta di alcune organizzazioni del volontariato. Eppure, se diamo un'occhiata questa tabella, i termini delle priorità dovrebbero essere invertiti:


CONFRONTO DI ALCUNI DATI SULLE AVVERSITÀ SOCIALI


| FATTO | MORTI | ALLARME SOCIALE |
|---|---|---|
| VINO AL METANOLO | 50 in tutto | ALTISSIMO |
| MUCCA PAZZA | 3 in tutto | ALTISSIMO |
| ECSTASI | 2 / anno | ALTISSIMO |
| EROINA | 1.000 / anno | ALTO |
| ALCOL | 40.000 / anno | BASSO |
| FUMO | 90.000 / anno | BASSO |


Dove si è avuto un alto o altissimo allarme sociale vi sono stati ri¬levanti danni per gli allevatori nel caso di "mucca pazza", con annessa crisi internazionale tra governi europei e Gran Bretagna, nonché cambiamenti drastici nei costumi alimen¬tari di molte popolazioni. Insomma, l'apparato sociale, quando si tratta di difendersi, non bada a spese. E ciò accade quando percepisce il problema come minaccia acuta. Se invece si muore lentamente e a rate, poco male. Quanto hanno influito i mezzi di informazione su questa percezione falsa e criminalmente ovattata della realtà? Per Alcol e Tabacco senza dubbio prevale la rimozione sociale. E allora no che non ci sto! Se non grido, se non gridiamo, questa strage continuerà e mi sentirei complice di un misfatto atroce. Un governo democratico e una stampa libera devono fare attenzione a come stanno veramente le cose. A queste gravissime calamità sociali deve essere dedicato tempo e denaro per informare bene ed evitare che, mentre ci si occupa delle pulci, le tigri ci sbranano.

Postato 10th July 2003 da Ezechiele

2 Commenti :

anonimo10 luglio 2003 05:23

Vasco e la cannabis: contro di me accuse fasciste

Il rocker in una intervista a Repubblica: c'è una pericolosa aria di intolleranza. Al centro delle polemiche, una maglietta con scritto: "Legalize" e il disegno con la foglia di cannabis.

ezechiele2002 10 luglio 2003 12:17

Per Anonimo:

Una precisazione : nessuno mi paga per quello che sto facendo.

Il mio scopo e' solo quello di fare del bene agli altri, compreso te.

E, un po' alla volta, forse ci sto riuscendo. Lo capisco dalla violenza dei tuoi commenti, che ho dovuto cancellare in parte per evitare

a coloro che visitano questo sito di leggere sciocchezze e volgarità di cui nessuno sente il bisogno.

Penso che nessuno potrà dire per questo che io rifugga il dialogo e il confronto.

JUL 11

DATI SUL FUMO

I fumatori in Italia, secondo i rilevamenti ISPO del Novembre 1997, sono circa 13 milioni di persone, il 25,9% della popolazione adulta. Del rimanente 74,1% di italiani, il 22,3% sono ex fumatori e il 51,8% non hanno mai fumato.

Il consumo annuo di sigarette è variato negli anni in modo significativo, è andato via via crescendo passando da 48,3 miliardi nel 1960 (consumo annuo pro-capite 962, al giorno 2,6) al massimo storico ottenuto nel 1985 con 105,3 miliardi ( consumo annuo pro-capite 1843, al giorno 5), successivamente si è avuto un decremento fino a raggiungere i 90,6 miliardi del 1996 (consumo annuo pro-capite 1589, al giorno 4,3). Attualmente il trend è in leggero calo.

Nel 1997 (ultimi dati ufficiali), in Italia fumava il 32,4% degli uomini e il 19,8% delle donne e complessivamente il 30,5% dei giovani fra 18 e 24 anni. Attualmente la percentuale dei fumatori, sia uomini che donne, è in calo.

Si fuma di più al nord est con il 48,8% della popolazione, al sud e nelle isole il 34,6%, al centro il 35,9% e al nord-ovest il 31,8%.

Tratto da: http://www.assfumatori.it/prezzi.htm

Postato 11th July 2003 da Ezechiele

JUL 11

Dal sito GEA 2000 ho scelto :

Benvenuti ad Alcatraz

( FOTO DI UN UOMO DIETRO LE SBARRE DI UNA CELLA. Le sbarre sono sigarette. )

Prova ad USCIRE se puoi (e se vuoi)

Postato 11th July 2003 da Ezechiele

JUL 12

Da GEA News di Luglio :

SITI, LILT, farmacisti & aziende

L'afa non arresta i buoni progetti e ci si prepara per un autunno ancora piu' "caldo". La Societa' Italiana di Igiene (SITI) si cala nel variegato mondo del Tabacco. Il quartier generale dell'EUR, a Roma si riunisce tra pochi giorni, in questo caldo luglio, per varare un progetto formativo indirizzato ad igienisti, studenti e specializzandi. In buona sostanza, chi sarebbero le figure professionali istituzionali a cui e' affidato il compito della tutela della salute di una intera popolazione? La risposta e' facile: gli specializzati in Igiene e Medicina Preventiva, quelli della "salute pubblica" appunto.

Sul fronte della prevenzione e' gia' all'attivo la Lega Italiana per la Lotta contro i Tumori (LILT), che interverra' in modo capillare sul territorio nazionale, con le sue 103 sezioni, a divulgare la cultura della prevenzione, ma anche a FARE prevenzione attiva attraverso una serie di iniziative e soprattutto eventi formativi per medici ed operatori scolastici.

Si e' appena concluso il 4 luglio all'European Hospital di Roma il primo corso sul management del cliente fumatore rivolto ai farmacisti. Tra gli allievi anche il Dott. Gino Viero, responsabile dei progetti formativi dell'Ordine dei Farmacisti di Roma. Il giudizio sul corso e' stato molto positivo e dunque l'Ordine si impegna a reinvestire in questo campo. A ottobre gia' la seconda tappa, una giornata di studi dedicata al Fumo a cui partecipera' anche il past president, prof. Giacomo Leopardi.

C'e' fermento anche nelle aziende. Si inaugura ad ottobre anche un sito dedicato alla no-smoking policy aziendale, mentre sul piano operativo e' gia' pronta una task-force nazionale per effettuare interventi strutturati ed articolati in ambito aziendale, dalle strategie, alla formazione del personale, alla creazione di servizi come quello che la LILT ha organizzato, tramite un accordo, con la Telecom (www.legatumori.it).

Postato 12th July 2003 da Ezechiele

JUL 12

L'invito del ministro a Rai, Mediaset e La7:

"Evitare che film e spettacoli promuovano il vizio"

Fumo, Sirchia scrive alle tv

"Via le sigarette dal video"

di MARINA CAVALLIERI

ROMA - Mai più sigarette in televisione, che siano esibite in un film americano o in una fiction italiana non cambia, che siano fumate da Robert Redford o da Raul Bova è lo stesso, il fumo deve sparire dai programmi. L'invito è del ministro della Salute Sirchia che ha inviato una lettera ai vertici Rai, Mediaset e La7 affinchè evitino "che film e spettacoli messi in onda promuovano il fumo di sigaretta, soprattutto nei giovanissimi, proponendo modelli sociali falsi e inaccettabili".

Nelle televisioni italiane, dove compare una sigaretta accesa ogni 26 minuti (è una ricerca dell'Istituto superiore di Sanità), arriva dunque la severa lettera del ministro che invita le televisioni a non partecipare neanche involontariamente alla pubblicità occulta delle multinazionali. E' più di un invito, quello del ministro: è necessario un comitato di vigilanza per cancellare, o almeno ridurre, la nociva presenza del fumo in televisione.

Ministro, avrà séguito la sua proposta? "Credo di sì", risponde Sirchia. "Basta che ci sia un forte richiamo in questo senso, se la Rai e le altre televisioni vogliono possono bandire l'uso della sigaretta dalle loro produzioni". E per i film stranieri? "C'è ancora in molti film il messaggio che l'uomo coraggioso, forte, fuma, che la donna emancipata ha la sigaretta ma sono valori sbagliati, nella realtà è l'opposto, chi fuma è una persona schiava e assoggettata. Credo che si possa esercitare un controllo anche su questi". Bandire i film con Humphrey Bogart? "Ci si può non appiattire su quello stereotipo ma ricusarlo, non siamo negli anni 50, abbiamo altre conoscenze".

"Ormai in Europa", continua Sirchia, "si è attivata con forza la lotta contro il tabagismo e i governi sono invitati a prendere iniziative".

Iniziative che però incontrano un atteggiamento disponibile a parole ma ostile nei fatti. Un esempio? Un monitoraggio condotto lo scorso anno dall'Istituto superiore di Sanità ha rivelato che solo nel "Il grande fratello" si è fumata una sigaretta ogni sette minuti. Nessuna rete sfugge al vizio. Su Rai Due "L'ispettore Derrick" ha trasmesso in media un "atto di fumo" ogni 12 minuti. Tmc, con Kojak, batteva il record dei serial con la media di una sigaretta ogni 9 minuti. Una produzione più recente come "Incantesimo" mostra una fumatrice anche nella sigla.

Ma le televisioni accusate si difendono. "Da anni c'è attenzione in Rai", dicono a viale Mazzini, "nei programmi non si fuma e negli sceneggiati diamo indicazioni precise. I film però non si possono tagliare. La lettera di Sirchia è una forma di sensibilizzazione". A Mediaset confermano la stessa tendenza anti-tabacco. "C'è una regola precisa, nei nostri programmi non vedi una sigaretta, negli sceneggiati? Diamo indicazioni anche lì, ma certo nella vita qualcuno fuma". La7 sta producendo uno spot antifumo che andrà in onda su Mtv, rete che ha un pubblico giovanile. E anche i peccatori più incalliti sembrano desistere. Giuliano Ferrara, tabagista convinto, apparso in tv con tanto di sigaro in bocca, commenta: "Da mesi ho smesso di fumare, me lo hanno imposto i cameramen. E io rispetto il popolo e anche i ministri".(25 luglio 2002)

Postato 12th July 2003 da Ezechiele

JUL 13

E se fumate sigarette Italiane, ecco dove vanno a finire i vostri soldi, ed ecco per cosa rischiate di ammalarvi tanto gravemente :

Dal sito dell' ETI:

ETI SpA: l'Assemblea assegna all'Azionista dividendi per 46,9 milioni di Euro

19 dicembre 2002

L'Assemblea di ETI SpA, riunitasi quest'oggi sotto la presidenza di Maurizio Basile, ha deliberato l'assegnazione all'Azionista di dividendi per un valore di 46,9 milioni di Euro.

L'esercizio 2002 (periodo 1 ottobre 2001-30 settembre 2002), che ha rappresentato per il gruppo ETI l'anno di sostanziale completamento del processo di ristrutturazione avviato nel giugno 2000, si è chiuso con un utile netto ante imposte di 92 milioni di Euro (nel 2001, 47 milioni di Euro prima delle imposte ed ante plusvalenza da conferimento del ramo di azienda distribuzione).

Postato 13th July 2003 da Ezechiele

JUL 14

Sul sito in Italiano della Philip Morris oggi ho trovato:

Prevenzione del fumo tra i giovani

Perché stiamo lavorando per fermare la diffusione del fumo tra i giovani

Non vogliamo che i minori fumino. Comprendiamo il vostro probabile scetticismo. Dopo tutto, siamo uno dei produttori di sigarette più grandi al mondo; perché dovremmo impedire a qualcuno di fumare?

La nostra risposta è semplice: la prevenzione del fumo tra i giovani ha un intrinseco valore commerciale. È quello che i nostri dipendenti, gli azionisti, i legislatori, i fumatori adulti e la società nel suo insieme si aspettano da noi. Non si può gestire un'impresa di successo senza tenere conto delle aspettative della società. E allora sì, la prevenzione del fumo tra i giovani fa parte dei nostri interessi commerciali. Ma va ben al di là di questo.

Siamo anche convinti che impedire ai minori di fumare sia la cosa giusta da fare. In realtà, visti i gravi danni alla salute causati dai nostri prodotti, crediamo che impedire ai minori di fumare sia un nostro dovere.

Prendiamo sul serio la nostra responsabilità sociale. E il fumo tra i giovani è un problema sociale. È improbabile che delle misure a breve termine e delle campagne antifumo una tantum possano risolverlo.Quello che occorre è un impegno costante e diffuso, e il nostro intento è quello di collaborare con tutta la società per elaborare una soluzione a lungo termine.

La diminuzione del fumo tra i giovani richiederà gli sforzi congiunti di molte categorie: genitori, fratelli, amici, educatori, dettaglianti, legislatori e altre aziende come la nostra. Siamo coscienti dell'importanza del nostro ruolo e contribuiremo attivamente alla ricerca di una soluzione. Se questo significa che in futuro venderemo meno sigarette, sia pure così.

Ciò che conta è che siano sviluppati, finanziati e messi in pratica dei programmi efficaci, che abbiano come risultato una riduzione nel numero di giovani fumatori. Riteniamo che lavorando insieme saremo in grado di sviluppare risorse e di offrire supporto e assistenza per la definizione di questi programmi.

Attualmente sosteniamo circa 100 programmi antifumo rivolti ai giovani in quasi 90 paesi, con l'obiettivo principale di insegnare ai ragazzi a dire di no al fumo e di stabilire delle leggi che impediscano loro di acquistare sigarette.

Per saperne di più sui nostri programmi di prevenzione fate clic sui titoli a sinistra.


Postato 14th July 2003 da Ezechiele


JUL 15


Tratto da Sette ( il settimanale del Corriere della Sera):


Inglesi, franco-spagnoli o italiani:

Chi si fumerà il tabacco made in Italy ?


Sembrava una partita giocata in sordina, invece potrebbe diventare una battaglia

vera. Combattuta a colpi di rilanci milionari. E di alleanze internazionali.

Storia, retroscena e protagonisti della prima privatizzazione polista: quella del sigaro toscano.

A mettere le mani su Eti, l'ex monopolio dei tabacchi, sarà chi è pronto a pagare la cifra pià alta. Affermazione scontata? Niente affatto. Perché fino a qualche settimana fa, più che sul piano economico e industriale la battaglia per quella che sarà la prima privatizzazione del governo Berlusconi sembrava si stesse giocando sul filo della lobby politica. Tanto che ognuno dei tre gruppi industriali in corsa per il tabacco di Stato si è legato in cordata con partner che oltre al know-how potessero garantire amicizie sparse lungo tutto l'arco costituzionale.

Poi, il 2 giugno, mentre a Roma si celebrava la festa della Repubblica, in Marocco è successo qualcosa che potrebbe permettere al ministro dell'economia Giulio Tremonti di vendere l'Eti davvero al miglior offerente, e non a quello con gli amici più potenti. Un evento che, forse, normalizza anche il ruolo di Philip Morris, leader mondiale che sul mercato italiano vanta una quota superiore al 60%. Philip Morris è il convitato di pietra della privatizzazione, cui non può partecipare per ovvi motivi di antitrust ma che cerca di influenzare grazie a due contratti in essere con Eti: una per la produzione di 16 milioni di chili di sigarette e l'altro per la distribuzione (tramite la controllata Etìnera) di 60 milioni di chili. In particolare, l'azienda americana ha fatto capire che disdetterà i contratti se Eti andrà a un concorrente internazionale. In altre parole, semaforo rosso per British American Tabacco, giallo per la franco-spagnola Altadis e verde per Imprenditori associati, società presieduta da Luca Corsero di Montezemolo.

Intanto però, nella caccia a partner locali di peso, British American Tabacco (Bat), che è il secondo gruppo al mondo e per le competenze specifiche avrebbe potuto correre in perfetta solitudine, si è legato a Franco Bernabè Group, controllato dall'ex amministratore delegato di Eni e Telecom, e alla Confcommercio di Sergio Billè. Altadis, nata dalla fusione tra gli ex monopolisti di Francia e Spagna, ha invece come partner il fondo Equinox e la Federtabaccai. Infine, alla cordata di Imprenditori associati, l'unica interamente italiana, partecipano il gruppo di Marcellino Gavio e la Confagricoltura.

Partiti in otto, i superstiti del gruppo che aveva risposto al bando di

gara, pubblicato un anno fa, sono dunque tre. L'ultimo abbandono, quello

di Japan Tabacco a fine giugno, è stato particolarmente pesante. JT è infatti

numero tre del settore e produce Camel, Mild Seven e Winston, tre dei cinque

più forti marchi al mondo.

Ma cos'è Eti e, soprattutto, quanto vale?

Produttore di tutte le sigarette italiane a iniziare da MS e Sax, nonché dei sigari Toscani,

Eti ha appena concluso una ristrutturazione che in quattro anni ha cambiato faccia alla

società. Racconta il presidente Maurizio Basile: Nel gennaio 1999 avevamo

17 stabilimenti e 7.600 dipendenti. Oggi gli stabilimenti sono 7, cinque

per le sigarette e due per i sigari, e i dipendenti sono meno di 2.200.

La produttività è passata da 11 mila chili di sigarette all'anno per addetto

a 38-39 mila chili, un valore in linea con la media europea. Tutto senza

una giornata di sciopero, attraverso prepensionamenti e la mobilità verso

altri settori della pubblica amministrazione.

Nel frattempo, l'azienda si è concentrata su produzione, distribuzione e

commercializzazione di sigari e sigarette. Ogni altra attività è stata venduta:

dai filtri alla carta per le sigarette, al sale. Si, perché fino a pochi

mesi fa Eti produceva anche il sale da cucina.

La ristrutturazione è completata, proclama Basile, che sottolinea come per

la prima volta in decenni negli ultimi mesi l'azienda non ha perso quote

di mercato, anzi ha recuperato qualche decimo di punto, attestandosi al

26,3%. Poi annuncia: Il 30 settembre chiuderemo il bilancio 2003 con un

valore della produzione di circa 668 milioni e un margine operativo lordo

compreso tra i 190 e i 200 milioni.

Quello del margine operativo lordo è punto cruciale della vendita, perché

è il parametro per la valutazione dell' azienda. Fino al 2 giugno, il moltiplicatore

utilizzato nelle transazioni più recenti oscillava tra 8 e 9. Che sulla

base del margine operativo di Eti nel 2002 portava a un prezzo tra 1,2 e

1,4 miliardi. Una forchetta ridotta, che dunque lasciava spazio all'attività
di lobby politica.

Il 2 giugno, però, Altadis ha pagato 1,3 miliardi per l'80% di Régie des
Tabacs Marocains, il monopolista marocchino: ovvero 18 volte il margine
operativo lordo. Ovviamente ha battuto i concorrenti, ma soprattutto ha
scompigliato le carte a Roma. Con oltre 100 miliardi di sigarette, il mercato
italiano è il secondo in Europa. Ed Eti è l'unica opportunità per entrarci
da protagonisti. Dunque, nonostante il possibile effetto negativo dell'aumento
(ormai in arrivo) del carico fiscale sulle sigarette, e le dichiarazioni
di Pablo Isla, il presidente di Altadis che ha lasciato intendere come l'offerta
per Eti potrebbe essere più misurata di quella per l'azienda marocchina,
i sistemi di riferimento sembrano saltati. E la vendita potrebbe fruttare
1,4 miliardi, ma anche 2,5 o 3 miliardi. Chi vende spera che quest'incertezza
faccia si che le offerte finali, in arrivo entro questo mese, riflettano
più il valore che Eti ha per ogni concorrente che il valore intrinseco dell'azienda.
Le cifre potrebbero quindi anche essere distanti tra loro, ed Eti potrebbe
essere venduta senza rilanci ulteriori.

Per motivi diversi ogni concorrente vede Eti come l'occasione da non perdere.
Per Altadis, l'azienda italiana è strumentale a una strategia che punta
a creare un polo mediterraneo da contrapporre ai colossi mondiali. Per Bat,
che ha a bilancio un fondo acquisizioni da 6 miliardi, comprare Eti potrebbe
significare il sorpasso su Philip Morris, e quindi la leadership mondiale.
Per Imprenditori associati, che oltre a Montezemolo conta tra gli altri
azionisti Diego Della Valle, De Agostini, Lottomatica, 21 Investimenti
(Benetton), Piofrancesco Borghetti (profumerie Limoni), Hopa, Interbanca
e Centrobanca, c'è il sogno di un polo italiano e di far diventare l'Antico
Toscano uno status symbol mondiale. La privatizzazione Eti è un'occasione
per mettere in campo un sistema-Italia imprenditoriale, finanziario e agricolo,
sottolinea Montezemolo. Nei suoi piani per Eti ci sono 1.300 assunzioni
in tre anni e la quotazione in borsa di Etìnera, la controllata per la distribuzione,
entro cinque anni.

Comunque vada, intanto dal 1999 Eti ha già fruttato allo Stato 2,5 miliardi

tra restituzione di fondi di dotazione, avanzi di cassa, vendita di immobili

e dividendi. Una cifra che potrebbe raddoppiare con la vendita. Senza che,

per questo, lo Stato perda un solo euro dei circa 9 miliardi che incassa

ogni anno grazie alla tassa sulle sigarette.

Postato 15th July 2003 da Ezechiele

2 Commenti :

anonimo15 luglio 2003 18:26

Lunedì sono tornato a vedere un concerto dopo tanto tempo: I 'Toto' che si esibivano a Roma. Vorrei ringraziare quelli intorno a me che mi hanno fatto fumare almeno l'equivalente di un pacchetto di sigarette senza pagare un centesimo in più oltre il prezzo del biglietto. Comunque il concerto è stato bellissimo nonostante 'lorsignori'. Peter Pan (ex A.)

JUL 16

Da GEA News di Maggio:

Scandaloso marketing

di VINCENZO ZAGA'

Tema spinoso e importante quello dell'OMS per il 31 maggio. Si deve riflettere su come e quanto il cinema e la moda abbiano incoraggiato e diffuso il consumo di tabacco, con l'aggravante dello scandalo di una operazione di marketing orientato sui giovanissimi da parte dei big del tabacco. Dai fumetti ai Gran Premi, la promozione del tabacco è indirizzata ai nostri ragazzi. La spiegazione c'è. Ogni anno questo pianeta conta i morti da Fumo. Su www.nonfumatori.it e' ancora installato e funzionante il contatore delle vittime del tabacco, messo a punto dall'Unione Internazionale contro il Cancro con un algoritmo scientificamente calcolato. L'ecatombe silenziosa spinge l'industria del tabacco ad assicurarsi almeno 4 milioni di nuovi clienti ogni anno, se vuole sopravvivere. La promozione del marchio ha trovato i suoi testimonial. Il Winston-Man, il Marlboro-Man ed l'uomo del Camel Trophy. I primi due testimonial, ironia della sorte, hanno contratto un tumore al polmone. Il Marlboro-Man muore, il Winston-Man sopravvive, si chiama Alan Landers, tutt'ora vivo e vegeto, con una mission speciale, quella di dedicare la vita a testimoniare ai giovani la follia del Tabacco (www.winstonman.com). Naturalmente la censura non è la risposta, né il mondo del cinema e della moda possono essere accusati apertamente di causare il cancro. Ma non devono promuovere un prodotto che senza alcun dubbio il cancro lo induce. L'OMS rivolge dunque un accorato appello all'industria del Cinema e della Moda. Che cessino di pubblicizzare il Tabacco. Nel novembre del 2002 l'OMS è stata affiancata da varie associazioni mediche nel promuovere il progetto "Smoke Free Movies" (www.smokefreemovies.ucsf.edu) presso l'università della California a San Francisco. Le industrie del cinema e della moda in questo modo verranno sensibilizzate verso il loro ruolo sociale, che è commensurato alla loro influenza globale. In particolare Hollywood e Bollywood (la grande industria indiana del cinema che si trova a Mumbai) sono state invitate a sbarazzarsi del loro ruolo di promozione del tabacco. Per cominciare, come affermato in un documento comune, l'OMS, l'associazione dei medici americani ed il dipartimento di salute pubblica di Los Angeles, le industrie del Cinema dovrebbero certificare, tra i crediti finali del film, che la produzione non è stata finanziata dalle industrie del Tabacco per aver mostrato prodotti del tabacco stesso. I cinema e i video dovrebbero inoltre mandare in onda con regolarità delle "comunicazioni sociali" anti-tabacco, e dovrebbero essere completamente eliminate le marche delle industrie del tabacco presenti sia nelle scene che nello sfondo. Il rating board dovrebbe infine identificare con una "R" i nuovi film che mostrano il fumo o utilizzano pubblicità dei prodotti del tabacco o ancora mettono in mostra le marche. Il rating sarà meno severo allorché il film mostra inequivocabilmente i pericoli e gli effetti negativi.


Postato 16th July 2003 da Ezechiele



JUL 16


IL FUMO NEI FILMS

di Ezechiele2002


Il fumo nei films rappresenta la maggiore, piu' insistente, piu' efficace, piu' insidiosa forma di PUBBLICITA' AL FUMO, tra quelle esistenti e, strano a dirsi, la piu' ignorata dalle leggi che, in Europa e negli USA, regolano la pubblicita' al tabacco e prodotti connessi.

A mio avviso questo Blog deve a questo punto concentrarsi su due Obiettivi :

- IL FUMO IN TV

- IL FUMO NEI FILMS

Se riusciremo, coalizzando le nostre forze, ad ottenere una qualche forma di azione legislativa su uno o ambedue questi problemi, avremo effettivamente dato un valido contributo a salvare dal vizio del fumo le nostre GENERAZIONI FUTURE.

Vorrei scagliare la prima pietra su questo argomento segnalandovi due siti:

- "Thumbs Up! Thumbs Down!"

- " Scenesmoking "

due siti, purtroppo solo in Inglese, che trattano in particolare il problema del fumo nei films americani.


Postato 16th July 2003 da Ezechiele


JUL 17


Dal sito Inciucio.it ho tratto :


Deterrente contro il fumo

ROMA – "I risarcimenti milionari sono un'arma poderosa per la lotta al fumo".


Il ministro della Salute Girolamo Sirchia fa il punto sulla situazione durante la presentazione del Rapporto annuale sul fumo all'Istituto Superiore di Sanità. Sono quattro milioni le vittime nel mondo del fumo, 53 mila in Italia.


"Il rischio di pagare miliardi di vecchie lire di risarcimento – dice il ministro - costituirebbe un incentivo per le aziende a tutelarsi e, quindi, a far rispettare le norme: non consentire di fumare e imporre l'aria pulita".


"La lotta al fumo – spiega il ministro - é un percorso a tappe, iniziato con la legge per la difesa dei non fumatori che sta andando in porto: speriamo che entro l'estate siano approvati i regolamenti che ancora mancano e che la legge possa dunque diventare operativa da luglio 2004". E' importante anche la tutela dei minori.


"Bisogna eliminare i modelli che invogliano ad iniziare a fumare, non solo dalla televisione alla moda, ma a cominciare dalle famiglie, e in particolare i genitori, aumentando le tasse sulle sigarette e intervenendo come già fatto, sui distributori automatici per evitare che i minori di 16 anni possano aggirare il divieto di vendita".


A questo scopo il ministro ha scritto una lettera ai direttori di reti Tv Rai e Mediaste, proponendo la nascita di un tavolo di lavoro comune dove stabilire nuovi criteri e sviluppare una nuova cultura contro il fumo in Tv. Infine informazione e educazione.

"Bisogna promuovere e implementare ulteriori campagne di educazione sanitaria in particolare contro il fumo a cominciare soprattutto dalle scuole".


Postato 17th July 2003 da Ezechiele


JUL 17


Anche il sito www.http://angeli-onlus.net e' d' accordo con noi :


Stop alle immagini di fumo in TV

ROMA. La linea dura contro il fumo passa anche per la tv: il Ministro della Salute Girolamo Sirchia ha inviato una lettera ai vertici di Rai, Mediaset e La7 proponendo l'istituzione di un Comitato di vigilanza per evitare che film e spettacoli messi in onda promuovano il fumo di sigaretta, specie nelle trasmissioni dedicate ai giovanissimi, portando avanti così modelli sociali falsi e inaccettabili".

Il Ministro ritiene che "le tv non debbano partecipare anche involontariamente a pubblicità occulta con spettacoli che propongano modelli sociali dove il fumo viene associato al valore, all'emancipazione, alla libertà, al sesso". L'iniziativa, spiega il ministro, è stata presa anche in riferimento ad un recente articolo pubblicato sulla rivista British Medical Journal dal professor Stanton. Glantz dell'Università della California. Nell'articolo, Glantz lancia la campagna Smoke free movies e sottolinea la relazione fra i messaggi fuorvianti del cinema e l'iniziazione al fumo dei giovani.

"La lotta al tabagismo con particolare evidenza alla prevenzione nei giovani e nei giovanissimi - dice il Ministro - è un obiettivo dell'Unione Europea, al quale l'Italia ha aderito con ferma convinzione. La Commissione Affari costituzionali e la Commissione bilancio hanno poi recentemente approvato una norma che protegge i non fumatori dall'esposizione al fumo passivo, affermando il diritto di chi non fuma a essere rispettato. A fronte di questi provvedimenti, in linea con quelli di tutti i Paesi avanzati, il Ministro fa notare che continua una pubblicità occulta delle multinazionali del tabacco, che è oggi diretta prevalentemente ai minori, in quanto soggetti più facilmente raggiungibili dai messaggi che insistentemente vengono proposti dal mondo dello spettacolo, da quello del cinema e dalla tv"


Postato 17th July 2003 da Ezechiele


JUL 18


Milano, 17 lug. (Adnkronos)

Multe a chi fuma mentre guida.

La proposta viene dal Codacons, che - riferisce una nota del Coordinamento

associazioni per la tutela di ambiente e diritti di utenti e consumatori

- ha chiesto ai ministri della Salute e della Infrastrutture e

trasporti, Girolamo Sirchia e Pietro Lunardi, di vietare le sigarette al

conducente in marcia, e di mettere al bando le 'bionde' quando in auto

c'e' un minore.

A giustificare l'opportunita' di modificare in tal senso

il codice della strada, secondo il Codacons, ci sono sia problemi di

sicurezza sia motivi sanitari. Tenere in mano una sigaretta accesa

mentre si guida, e' infatti convinta l'associazione, e' quasi piu'

pericoloso che utilizzare un telefono cellulare senza auricolare. E in

pochi minuti trasforma l'abitacolo in un'autentica 'camera a gas'.

(Opa/Adnkronos Salute)


Postato 18th July 2003 da Ezechiele



JUL 19


Ricevo e posto per voi :


### FUMO E RISTORANTI

Nonostante diversi ristoranti dispongano già da tempo di aree separate e qualcuno
preveda addirittura il divieto di fumare nell'intero ambiente, ancora in troppi locali non si
rivolge alcuna attenzione alle esigenze di chi non desidera mangiare in mezzo al fumo
altrui, esigenze che appartengono, si badi bene, non solo ai non-fumatori ma anche a quei
fumatori che non amano sentire l'odore della sigaretta durante un pranzo.

In tanti posti, nonostante si disponga di più sale, ci si rifiuta di adibirne anche una soltanto
a chi non fuma e capita talvolta di imbattersi in gestori che fanno sentire chi chiede un
tavolo in una zona "non-fumatori" come un cretino che ha delle pretese assurde. E' una
situazione davvero paradossale, ed è inconcepibile che questo accada anche in locali di
prestigio, cosa molto più frequente di quanto non si immagini.

Trovo che come è legittimo reagire di fronte alla maleducazione di un cameriere o
pretendere la sostituzione di una tovaglia sporca lo sia parimenti di farlo quando ci viene

appestata la cena dalle sigarette degli altri e sono convinto che davvero non vi sia alcun motivo per permettere che ciò avvenga.

Perché mai si dovrebbe sopportare un fastidio - per tacere dei danni per la salute - che va a contrastare proprio con lo scopo principale, o almeno uno tra i primi, per cui siamo andati a mangiar fuori, e cioè la possibilità di poter apprezzare i cibi e le bevande che ci vengono offerti? Che senso ha stappare una bottiglia di Barolo per poi dover sentire l'odore del sigaro del vicino di tavolo anziché quello del vino che abbiamo nel bicchiere o mangiare un piatto di profumate tagliatelle al tartufo con la puzza di fumo nel naso?

Certo, dovrebbe essere nell'interesse degli stessi fumatori evitare la loro dannosa abitudine almeno durante un pasto, e francamente mi sfugge quale sia il motivo per cui tanti scelgono un ristorante di lusso per poi "aromatizzare" con pipe, sigari e sigarette tutto quello che mangiano. Ma d'altra parte non si può intervenire su una scelta personale e se qualcuno vuole sperperare i suoi soldi in questo modo è libero di farlo, ed è giusto che sia così.

Anch'io però voglio rivendicare un mio diritto, quello di non farmi  coinvolgere, come vittima, in questa follia. Così, in attesa che il problema venga finalmente risolto dall'applicazione della nuova legge ( che avverrà tra circa un anno, presumibilmente tra fine estate e inizio autunno 2004 ), continuerò, come già faccio da tanto tempo, a chiedere di poter pranzare in sale per non-fumatori o in aree che abbiano comunque questa funzione, anche se "improvvisata". E quando questa richiesta non verrà soddisfatta rinuncerò a quel locale e ne sceglierò un altro, spiegandone i motivi al gestore.

Certo, è più faticoso fare così che non essere disposti a mangiare ovunque, personalmente però trovo che gli sforzi necessari per trovare un ristorante dove poter respirare aria pulita siano ampiamente ricompensati dai benefici che se ne ricavano. E sono convinto che se fossimo in tanti ad adottare un simile comportamento in brevissimo tempo le aree per non-fumatori si moltiplicherebbero e qualche ristoratore sarebbe invogliato ad applicare addirittura il divieto di fumo nell'intero locale, unica misura  davvero efficace per proteggere totalmente la salute dei lavoratori di sala.

Di sicuro molti gestori non dedicano abbastanza attenzione ai diritti di chi non fuma perché ancora troppi clienti soffrono in silenzio. Infatti, se ci pensiamo bene, perché, salvo una sensibilità personale verso il fenomeno, un ristoratore dovrebbe cercare di risolvere  un problema di cui pochi si lamentano? E se comunque chi protesta accetta poi di sedersi accanto a chi ammorba l'aria con un toscano, paga il conto come tutti gli altri e magari ritorna in quel locale?

Rivolgo pertanto a chi prova i miei stessi disagi l'invito a rivendicare quello che è semplicemente un diritto ed a rifiutarsi di mangiare dove si fuma. Sono sicuro che questo modo di agire porterà tanti vantaggi, immediati e futuri, per tutti.

Marco Badiani


Postato 19th July 2003 da Ezechiele



2 Commenti :

anonimo20 luglio 2003 17:55

L'assurdo è che bisogna protestare, lottare, insistere tanto da sentirsi quasi scemi per far affermare un diritto semplice, pacifico e sacrosanto.

Peter Pan.


ezechiele200222 luglio 2003 09:57

Ben tornato, A. ora detto Peter Pan.

Come vedi mancano i commenti ed il dibattito. Dovremmo chiamare a raccolta i fedelissimi affinche' si facciano vivi ogni tanto.

O forse ci conviene sopravvivere tranquillamente fino a dopo le ferie.

Comunque e' un piacere risentirti, e grazie anche per il tuo supporto contro l' anonimous che per un po' ha imperversato su questo blog.

Eze


JUL 21


La depressione, un male che va in fumo

Ci sarebbe un legame molto forte tra la crisi depressiva e le sigarette: non si fuma perché si è giù, ma si è malinconici perchè si fuma. Una statistica del JAMA

Ci si ammala perché si fuma, o si fuma perché si è malati? Il problema riguarda soprattutto una serie di disturbi psichici, come la depressione clinica o l'ansia, ed è stato sollevato da alcuni ricercatori. Fino ad oggi, infatti, l'industria del tabacco ha sempre "spinto" i propri prodotti anche sottolineando come una boccata di sigaretta possa rilassare e alleviare crisi di umore: ma se questo è vero a breve termine, nuovi studi sembrano suggerire che a lungo andare il fumo facilita proprio l'insorgere di fenomeni di ansia, depressione, attacchi di panico, forse schizofrenia.

Secondo una recente statistica del JAMA, il Journal of the American Medical Association, risulta che un fumatore corre un rischio doppio di cadere in depressione rispetto a chi non fuma, e che l'88 per cento di coloro che soffrono di disturbi psicotici e schizofrenia sono fumatori. "I primi dubbi che la sigaretta fosse alla base dei disturbi, e non viceversa, ci sono venuti nel 1998, in seguito a una serie di ricerche", spiega l'epidemiologa Naomi Breslau, direttrice del Henry Ford Health Care System, a Detroit, che aveva seguito, per cinque anni, un gruppo di mille studenti, correlando proprio l'insorgere della depressione con il passaggio dal "fumo leggero" al fumo quotidiano.

Lo studio più importante è però quello svolto a Cincinnati dalla pediatra Elizabeth Goodman, che con la sua equipe, e per un anno, ha seguito due grandi gruppi di teen ager: 8704 adolescenti non depressi (in parte fumatori e in parte no), e 6947 adolescenti in depressione, quasi tutti non fumatori. "Ebbene, a dodici mesi dall'inizio del test, i teen ager depressi avevano sviluppato una attitudine al fumo che era doppia, rispetto a quella degli altri. E ciò potrebbe significare che è la depressione che porta alla sigaretta", ammette la Goodman. "Ma attenzione:i ragazzi che invece erano perfettamente sani di mente, ma che avevano cominciato a fumare, nel giro di dodici mesi avevano sviluppato una tendenza alla depressione che era ben quattro volte maggiore, rispetto ai coetanei non fumatori!".

Depressione a parte, inoltre, sembra che i fumatori siano soggetti a isolati attacchi di panico quattro volte di più, rispetto ai non fumatori, e sviluppino la tendenza ad attacchi a lungo termine almeno tre volte di più, rispetto a chi non fuma. "In questo caso potrebbe anche trattarsi dell'effetto sul cervello di difficoltà respiratorie indotte dalla sigaretta, soprattutto a causa del monossido di carbonio, che induce talvolta un falso senso di soffocamento", spiega la professoressa Breslau, che ha condotto ricerche mirate alla Columbia University. Da indagini epidemiologiche è infatti emerso che giovani in buona salute mentale, che avevano iniziato a fumare a 16 anni, e al ritmo di un pacchetto di sigarette al giorno, correvano un rischio di sviluppo di "disordine da panico" ben 16 volte superiore ai coetanei non fumatori, o che consumavano meno di un pacchetto al giorno. Il rischio di soffrire di agorafobia era di 7 volte superiore, e quello di disturbi ansiogeni di 5 volte superiore.

Fonte: www.ilnuovo.it Salute Italia

Postato 21st July 2003 da Ezechiele


JUL 22


Su Metro di ieri è apparso questo piccolo trafiletto:


Alcolisti inglesi fanno causa a produttori.


Faranno causa alle aziende produttrici perchè sulle confezioni delle bevande

non ci sono espresse le controindicazioni.

Si tratta di un gruppo di alcolisti inglesi, che sostiene che la propria

vita è stata rovinata dalla dipendenza dell'alcol e che le aziende erano

tenute alle avvertenze di rischio. Si dice possibilista sulla vittoria della

causa l'avvocato che vinse una causa da 10 milioni di dollari contro la

multinazionale del tabacco Phillip Morris.

Su Metro di oggi sono state pubblicate tre piccole interviste.

La domanda era:" Alcol e sigarette: per gli inglesi serve la scritta "nuoce

alla salute". Che ne pensa?

Le risposte:

1) Penso non sia giusto. L'alcol in piccole quantità fa bene mentre le sigarette

nuociono sempre.

2) Per me l'alcol è peggio delle sigarette perchè non ci si rende conto della dipendenza.

3) Credo sia giusto. Sia l'alcol che il tabacco provocano simili effetti nocivi sulla salute.


Postato 22nd July 2003 da Ezechiele


JUL 22


Le Scienze di Agosto apre con questo articolo:


Il triste bosco della disinformazione

di Tullio Regge

Molti colleghi avranno ricevuto il documento SIGA GM 2002, della Società italiana di genetica agraria, dedicato alle agro-biotecnologie, vedi OGM. Il documento è improntato a nero pessimismo, e non a torto. Riassumo alcuni passi di alto interesse. Una ricerca commissionata dalla Commissione europea (Public perceptions of agricultural biotechnologics in Europe) ha rivelato che in Europa (Italia inclusa) l' atteggiamento negativo nei confronti degli OGM discende dalla sfiducia che il pubblico ha nella capacità degli organi preposti a fronteggiare gli eventuali pericoli che potrebbero derivare dal loro uso. Persiste inoltre una diffusa sfiducia nella ricerca scinetifica in campo biologico, soprattutto in quello agro-alimentare, vedi tipo "Frankenstein". L' indifferenza o peggio ancora la pavidità del mondo politico nei riguardi delle nuove tecnologie è una palla al piede della nostra economia e la conseguenza diretta della mancanza di una corretta formazione scientifica. Il telefonino gode invece di popolarità indistruttibile: ho assistito recentemente a Orvieto all' arrivo in Piazza del Duomo di una splendida Ferrari pilotata da un giovin signore voglioso di gelato. L' auto è stata subito presa d' assalto da una folla di estatici giovanotti ben forniti di costosi cellulari che ne spedivano in tempo reale l'immagine alle fidanzate; una scena degna di Fellini. Ma anche in questo settore regna la disinformazione. Il telefonino non si tocca ma la colpa ricade ora sulle antenne: spargono elettrosmog. Nessuno vuole avere nelle vicinanze un' antenna ripetitrice e meno che mai sul tetto di casa. Ben pochi sanno che l'emissione che potrebbe avere qualche effetto nocivo è quella del cellulare, per sua natura sempre appiccicato alle orecchie, emissione che aumenta con la distanza del ripetitore. Conviene quindi averlo vicino: diminuiscono i consumi e le batterie durano piu a lungo. Parole al vento.

In compenso nessuno pare accorgersi dei danni del fumo; un ambientalista che si rispetti li ignora o li considera leggenda non metropolitana bensì tecnologica. I popoli del terzo mondo soffrono la fame? Guai a citare gli immensi territori di tutto il mondo coltivati a tabacco e sottratti all'alimentazione, i cinque milioni di decessi all' anno causati dal fumo oppure quel Presidente dello Zambia che nega gli OGM ma non le sigarette ai suoi sudditi affamati. Chi lo fa passa per bieco scientista o tecnologo che usa il fumo per distrarre l'attenzione dagli OGM.

Il costo dell' ignoranza e della disinformazione è reale, e pesa come un macigno sulla società e sull' ambiente. La gestione del patrimonio boschivo è passata dallo Stato alle Regioni e da queste a sindaci incompetenti con risultati devastanti. Una dissennata politica di gestione "naturale" di quanto rimane delle nostre foreste produce ora danni irreversibili. In molte Regioni è vietato ripulire il sottobosco dai detriti infiammabili, chi lo fa rischia una multa salata: il toccare il bosco è ora atto illegale e contro natura. Le statistiche dei voli dei Canadair, gli aerei antincendio, parlano invece chiaro. Negli ultimi tre anni gli interventi, alcune migliaia l'anno, sono concentrati quasi tutti nel centro-sud. Si registrano invece zero interventi nel Trentino-Alto Adige e uno solo nel Friuli Venezia Giulia, regioni dove da secoli e a livello popolare ci si prende seriamente cura delle foreste. Qualcuno vuole un ritorno al Medioevo.

Postato 22nd July 2003 da Ezechiele

JUL 23

Fumo: campagna del Ministero contro Il fumo in tv

a cura di Intrage

"In 965 ore di trasmissioni televisive, sono stati rilevati 2.202 atti-fumo, con una frequenza di uno ogni 26 minuti, cifra che aumenta a una sigaretta ogni 7 minuti nelle trasmissioni dirette ad un pubblico giovanile". Sono i dati di uno studio dell'Istituto Superiore di Sanità sul monitoraggio del fumo in televisione, pubblicati in un comunicato del ministero della Salute. Da qui è nata la proposta del Ministro della Salute Girolamo Sirchia di istituire un Comitato di Vigilanza sui messaggi pubblicitari che promuovono "modelli sociali falsi e stili di vita scorretti" nei programmi delle tv. L'obiettivo sarebbe la promozione di modelli di vita positivi e la prevenzione dei danni da tabagismo, ma l'idea è stata accolta con diffidenza dal quotidiano francese "Le Figaro" che, sebbene lodando la lotta contro il tabagismo, avvicina questa iniziativa ad una forma di censura.

Postato 23rd July 2003 da Ezechiele

1 Commenti :

anonimo7 settembre 2003 09:25

Salve mi chiamo Gianluca Fratellini, sono un giovane regista e animatore 3d

di 23 anni, abito a Palo del Colle (Bari) ed ho appena finito di realizzare

un mio cortometraggio contro il fumo della durata di 8 minuti interamente in

3d. Tutto cio' fatto da solo e spinto dalla volonta' e dalla passione.

Vorrei chiedere in che modo e come potrei sfruttare il mio corto per una qualsiasi campagna contro il fumo date le mie scarse conoscenze in campo di distribuzione ?

Vi ringrazio e spero di ricevere una vostra risposta.

Arrivederci

Gianluca Fratellini

cgluca@libero.it

JUL 23

Tumori e fumo

÷ Il prof. Renato Dulbecco, premio Nobel per la medicina nel 1975, in un'intervista pubblicata sullaDomenica del Corriere del 19 maggio 1977 ha dichiarato: "Non ci sono dubbi. Il 90 per cento dei casi di cancro al polmone è causato dal fumo delle sigarette. Tanto peggio per coloro che oltre a fumare, bevono in forte quantità: infatti fumo e alcool si associano, e rinforzano, se presi insieme, gli effetti negativi di ciascun componente". Alla domanda "Perché, nonostante tutti i rapporti terribili sui danni del fumo, l'uomo continua stupidamente a fumare?", il prof. Dulbecco ha risposto: "In Italia è proibita la pubblicità delle sigarette. Ma c'è una pubblicità continua sull'abitudine a fumare. Tutti fumano: in TV, nei locali, per la strada. È una pubblicità a favore del fumo molto più persuasiva — e gratuita — di quella che potrebbe apparire sui giornali o alla televisione. Il fatto è che bisognerebbe imparare da piccoli a non fumare. Bisognerebbe che gli idoli dei giovani d'oggi andassero in giro dicendo ai ragazzi: "Non fumate, fumare è stupido, fa venire il cancro al polmone, fate come me, io non fumo, non voglio suicidarmi. Ma questa è teoria, purtroppo".

Il fumo accorcia la vita

÷ Un bollettino universitario riferisce che "ogni sigaretta accorcia la vita di 11 minuti".(University of California Berkeley Wellness Letter) Pertanto, secondo i ricercatori dell'Università di Bristol, in Inghilterra, fumare un pacchetto di sigarette accorcerebbe la vita di un giorno e mezzo, e un pacchetto al giorno per un anno equivarrebbe a quasi due mesi di vita in meno. Gli scienziati sono giunti a queste stime confrontando la probabilità di vita di alcuni fumatori con quella di non fumatori. I ricercatori hanno commentato: "Questo dimostra in un modo comprensibile a tutti quanto sia caro il prezzo del fumo".

Postato 23rd July 2003 da Ezechiele

Da GEA News di Luglio :

Consumatori cronici

di ALBERTO PELLAI *

Tra le sfide che ogni ragazzo deve vincere nel corso della propria crescita c'è anche la tentazione e la decisione relativa al diventare o meno fumatore. Esiste ormai evidenza provata che il fumo è uno dei principali nemici della salute. Ciò nonostante non è mai stato così alto il numero di adolescenti che cominciano a fumare in giovane età. Come mai si verifica una situazione tanto paradossale? Penso che molto sia determinato dall'azione svolta dalle multinazionali che negli ultimi 15 anni hanno cercato di uncinare nuovi consumatori proprio tra i giovani, dal momento che molti fumatori adulti, sensibili ai messaggi delle campagne e all'evidenza clinica dei danni causati dal fumo, hanno deciso di diventare ex fumatori. Sono colpito da quanto tutt'oggi i ragazzi, così moderni, competenti e "tecnologici", risultino così "sensibili" al fascino della sigaretta. Anche in questo terzo millennio per molti adolescenti la sigaretta continua a costituire la risposta "sbagliata" ad una serie di domande corrette che ogni ragazzo e ragazza si deve porre nel proprio percorso di crescita tipo "Come posso diventare grande in fretta?" "Come posso sembrare più uomo o più donna?" "Come posso sembrare migliore agli occhi dei miei amici?". La realtà è che gli esperti di marketing strategico delle multinazionali del tabacco hanno continuato in questi anni a presentarci la sigaretta non come oggetto che genera dipendenza e malattia, ma come strumento di desiderio, connotandola come sexy, virile, sportiva, giovanile, tragressiva... E' fondamentale che i ragazzi comprendano che siamo immersi in un mondo che ha artificialmente generato un'immagine libera, trasgressiva, giovane, sportiva e indipendente della sigaretta, al solo scopo di creare "consumatori cronici". Infatti, gli adolescenti, dopo essere stati uncinati da false idee e immagini del fumo di tabacco, si trovano intrappolati in un meccanismo che genera dipendenza e obbliga a fumare perchè il non farlo fa sperimentare disagio psichico e fisico. Questa è la dipendenza e paradossalmente un comportamento scelto per essere più liberi e adulti, rende solo più schiavi e più vecchi. Non conviene a nessuno cominciare a fumare, tanto meno a chi è giovane, se non a chi ha creato un mercato per diventare ricco sulla pelle degli altri.

Lucciole o lanterne?

di MASSIMO D'ANGELI

Il 17 maggio 2003, il BMJ ha pubblicato un articolo sui danni del fumo passivo che arriva a conclusioni azzardate: "il fumo passivo non è così dannoso come si credeva". L'articolo sembra talmente importante da meritare la copertina e un editoriale firmato da George Smith. Ma la comunità medico-scientifica internazionale risponde prontamente con lettere di protesta per la spiacevole scelta editoriale del BMJ di mettere in primo piano uno studio infondato e di interesse per l'industria del tabacco. Il Pensiero Scientifico Editore apre per i suoi lettori un forum che raccoglie le considerazione rilasciate da esperti di fama internazionale. Il forum viene inaugurato da Lisa Bero, insigne ricercatrice dell'University of California, impegnata nel programmaTobacco Contro Policy Research, editor del Tobacco Control e del Cochrane Effective Practice and Organization of Care Group, e da Paolo

Crosignani, epidemiologo, direttore dell'Osservatorio Nazionale sul Tabacco dell'Istituto Tumori di Milano, e infine Silvia Franceschi, epidemiologa dell'International Agency for Research on Cancer (IARC),www.pensiero.it/continuing/caffe/caffe_fr1.htm .

Questo il commento del dott. Paolo Crosignani, direttore UO Registro Tumori, Istituto Tumori di Milano, al forum "BMJ: tanto fumo, poco arrosto": www.pensiero.it/continuing/caffe/crosignani.htm

Postato 24th July 2003 da Ezechiele


JUL 24

Oggi mi ha scritto di nuovo Stefano, e, poiche' ci parla della sua battaglia per smettere definitivamente di fumare, ho deciso di postare la sua e-mail :

"  ciao,

come stai?

Volevo dirti che il metodo che ho adottato per non fumare, per ora, funziona.

Con l'aiuto di Franca, che ha più grinta di me, me la sto cavando bene.

Forse è il fatto che siamo in due a volere la stessa cosa, quando ci viene

voglia di fumare, ci telefoniamo e ci aiutiamo a vicenda a resistere.

Anche se non viviamo nella stessa città e non ci possiamo vedere spesso,

devo dire che sapere che c'è una persona con cui condividere i problemi

mi aiuta molto.

Forse è così che funziona.

A te come vanno le cose?

Ti saluto e a risentirci prima delle vacanze!

Stefano   "

Postato 24th July 2003 da Ezechiele


1 Commenti :

anonimo24 luglio 2003 14:53

Forza Stefano, non mollare.

Peter Pan



JUL 25


Da Metro di oggi:


British American Tobacco Plc, secondo produttore mondiale di sigarette,

ha smentito le voci di stampa circolate in Italia, secondo le quali starebbe

valutando la possibilità di ritirare l'offerta di 2,32 miliardi di euro

per l'acquisto di Ente Tabacchi Italiani SpA, in quanto troppo dispendiosa.


Meno male. A Tremonti gli sarebbe preso un colpo apoplettico.


Postato 25th July 2003 da Ezechiele



JUL 25


Cinzia Marini oggi ci scrive :


Dal sito del quotidiano La Stampa:

INTERVENTO ALLE CORDE VOCALI PER IL PRESIDENTE

DELLA REGIONE CAMPANIA


Bassolino operato in Germania

«Ora smetterò di fumare per sempre»

Quattro settimane in silenzio dopo l'intervento alle corde vocali

24 luglio 2003

NAPOLI. «Ho esagerato ed ora smetterò di fumare per sempre». A gesti, il presidente della Regione Campania, Antonio Bassolino ha rassicurato la compagna Annamaria Carloni e i figli Chiara e Gaetano, subito dopo essere stato sottoposto ad intervento alle corde vocali nella Clinica Univesitaria di Gottingen, in Germania.

Il governatore ha trascorso una notte serena ed in mattinata si è trasferito in un albergo della zona, dove sarà assistito dal suo medico di fiducia, il prof. Pino Petrella, parlamentare dei Ds e docente all'Università di Napoli, il quale ha precisato che «Bassolino sta bene ed è su di morale, dopo aver appreso che tutti gli esami istologici hanno dato esito negativo».

Il presidente della Regione Campania è stato operato dal prof. Walter Steiner, il chirurgo che ha la maggiore casistica al mondo per interventi sulle corde vocali mediante laser al $CO_2$. Nel corso dell' operazione, durata circa 40 minuti, il chirurgo tedesco ha fatto una prova istologica intraoperatoria alla mucosa che ha dato esito negativo.

«Alterazione della muscosa delle corde vocali con lieve displasia dovuta al fumo ed al continuo esercizio oratorio» è la diagnosi del prof. Steiner, che ha prescritto un lungo periodo di riposo e l'inizio, a partire da oggi, di una terapia antifumo. Subito dopo l'intervento, a scopo precauzionale, Bassolino è stato sottoposto anche ad esofagoscopia e broncoscopia.

«Anche questi due esami hanno dato esito assolutamente negativo», ha precisato il prof. Petrella, il quale ha tenuto a sottolineare che il governatore ha scelto la Germania per farsi operare non per sfiducia nei confronti dei medici napoletani, ma solo per motivi di riservatezza e tranquillità. «Ed abbiamo scelto insieme Gottingen - ha concluso Petrella - solo perché è un centro iperspecialistico del settore».

La convalescenza di Bassolino durerà quattro settimane e coinciderà con le sue ferie estive, durante le quali il governatore proseguirà nella terapia con cerotti antifumo. E presto inizierà la rieducazione vocale con l'ausilio di una logopedista.

Ieri era stato lo stesso presidente della Regione Campania a rendere pubblico l'intervento, attraverso una lettera inviata al presidente del consiglio regionale, Bruno Casamassa, nella quale si scusava della sua assenza in aula, proprio durante le sedute per l'approvazione del bilancio. Del resto l'intervento era stato deciso da tempo e non poteva essere rinviato per gli impegni del professor Steiner.

Postato 25th July 2003 da Ezechiele

JUL 28

Da GEA News di Luglio :

Costo di un deputato fumatore

di CRISTINA VATTERONI

La Repubblica del 9 giugno scorso ha pubblicato un lungo articolo sui continui aumenti dei costi a Montecitorio. Nel lungo elenco di spese sono state inserite tra quelle non rinviabili: 1) eliminazione barriere architettoniche per i portatori di handicap: 750.000 euro; 2) la sostituzione delle vecchie scrivanie con nuove postazioni di lavoro ergonomiche: 1.500.000 euro; 3) la realizzazione di 18 smoke-corner nel palazzo: 1.500.000 euro, perche' i fumatori non rischino crisi d'astinenza in una Camera rigorosamente smoke-free. Il completamento delle zone fumatori prevede l'ultimazione degli interventi relativi a 11 zone già in corso di realizzazione e l'esecuzione dei lavori relativi alle restanti 7 zone (www.camera.it/_bilancio/progetto_allegato1_1.asp).

Postato 28th July 2003 da Ezechiele

JUL 28

Memoria affumicata

di SIMONA NICOLETTI

Tra i 40 e i 50 anni i fumatori mostrano un declino più rapido della memoria verbale. Rispetto ai non-fumatori avrebbero anche un rendimento peggiore nei test di velocità nell'individuare alcune lettere in una pagina scritta. Il rapporto tra Fumo e perdita di memoria sembra maggiore per chi va oltre le 20 sigarette al giorno. Autore dello studio, Marcus Richards, University College of London. Non è stato pero' chiarito il meccanismo con cui il fumo accelera la perdita di memoria. Un'ipotesi e' quella dell'aumento dell'ipertensione in chi fuma, che a sua volta danneggerebbe le cellule nervose. Ma anche le sostanze chimiche contenute nel fumo di sigaretta possono provocare danni diretti al cervello. Lo studio ha esaminato 5.362 individui nati nel 1946. I partecipanti allo studio sono stati contattati 21 volte entro i 53 anni di età, misurando le funzioni mentali con dei test. Nel test che riguardava la memoria verbale, i ricercatori hanno mostrato ai partecipanti 15 parole per due secondi ciascuna, chiedendo poi loro di scriverne quante più ne ricordavano. Durante i test di velocità e concentrazione, i soggetti dovevano osservare e segnare con una croce quante più lettere P e W riuscivano a trovare in una pagina contenente altre lettere entro un minuto. Le prestazioni dei fumatori peggiorano molto più rapidamente dai 40 ai 50 anni. I fumatori intorno ai 40 anni avevano risultati peggiori nei test di velocità. I risultati suggeriscono inoltre che smettere potrebbe essere utile ad un recupero. Infatti gli individui che smettevano di fumare prima dei 53 anni di età e soprattutto quelli che smettevano prima dei 43, tendevano a mostrare un più lento declino della memoria.

Fonte: American Journal of Public Health, 2003

Postato 28th July 2003 da Ezechiele

1 Commenti :

anonimo28 luglio 2003 17:01

Ciao Eze.

Mi chiedo: me lo fanno apposta? Mia sorella (dolce) per il mio compleanno sai cosa mi ha regalato?

Una (bella) maglia della Marlboro (schifo) Classic!!!

Ma siamo pazzi. Ci manca solo che mi metto a fare pubblicità ai venditori di morte. Peter Pan.

JUL 29

Metro di oggi ha pubblicato una lettera di Cristina Vatteroni.

Alex Britti, perché fare uno "zingaro felice con poche sigarette in tasca"?

Le tue canzoni le ascoltano molti giovani, ai quali bisognerebbe dire che le sigarette provocano malattie e fiato corto, sia a chi le fuma sia a chi gli sta intorno, e portano dipendenza da nicotina e non senso di libertà e spensieratezza.

Sarebbe meglio "uno zingaro felice senza sigarette in tasca".

Cristina V.


Postato 29th July 2003 da Ezechiele



JUL 29


Il papa' a Pierino di ritorno da scuola: "Pierino, perche' piangi?". "Sigh... la maestra mi ha sospeso...". "E perche'?". "Perche' quando e' entrata in classe c'era il mio compagno di banco che fumava...". "E allora... tu che c'entri se lui fumava?". "Hanno detto tutti che ero stato io a dargli fuoco!"

Postato 29th July 2003 da Ezechiele



JUL 29

Da Gea di Luglio:


Veleno LightAggiornamento della puntata IPOCRISIA DI STATO del 15-10-2000.


La Comunità Europea ha giudicato ingannevoli le scritte che compaiono su alcuni tipi di sigarette tipo light e superlight. La gente pensa di fumare leggero e invece non è così. Non solo: un autorevole studio americano sostiene che pur essendo più bassa la quantità di condensato nelle "light" non è però diminuita l'incidenza di tumori fra le donne, che com'è noto fanno uso massiccio di questo tipo di sigarette. La ragione sta nel fatto che chi usa le light tende a fumare di più o aspira più profondamente a causa della dipendenza da nicotina. Eppure, nonostante ciò, i parametri di funzionamento della "smoking machine", che misura la quantità di condensato e di nicotina nelle sigarette, sono sempre quelli. La macchinetta aspira solo ogni 60 secondi. Ma nessuno fuma in questo modo e cosi' la farsa continua (Rai Tre - Report, 9 giugno, ore 20.50. A cura di Sabrina Giannini).

Il testo del 15/10/00: www.gea2000.org/documenti/ipocrisiadistato.htm


Postato 29th July 2003 da Ezechiele

JUL 30

Ho smesso di fumare da 8 mesi, 21 giorni , 27 minuti, 52 secondi, ma non ci penso affatto !!!

Postato 30th July 2003 da Ezechiele

3 Commenti :

anonimo3 settembre 2003 23:12

Beato te! amicoandrea

anonimo17 settembre 2004 06:20

e' tipico dei fumatori credere di non riuscire a togliere il vizio dicendo "non ci riuscirei mai" oppure "sono un tipo troppo nervoso" o "e' un brutto periodo" eppure io ho tolto il vizio una settimana prima di un esame importante dopo 7anni di fumo.....e sapessi quanto ero nervosa!!! e' facile, basta dire no in quei momenti, sono solo momenti , passano subito, poi cominceranno a scomparire.....ma devi volerlo davvaro, e' una decisione, devi accettare di soffrire solo per qualche settimana poi sara' tutto molto molto piu' facile di quanto credi...e' importante anche la furbizia. Ad esempio io non fumo solo da 4 mesi ,non sono molti e ondevitare che mi vengano certe voglie ho attaccato nel muro della mia stanza la foto dei polmoni di un fumatore....DISGUSTOSA...., poi ho fatto ricerche su intrnet, riguardo a quello che provoca il fumo e ia benefici che ne trai smettendo....comunque il mio sembra un disperato appello per convincere chiunque a non fumare ma so bene che devi essere tu a volerlo davvero

anonimo14 novembre 2006 06:13

..hihihihhi...disgustosa sei tu e tutti i finti salutisti....prossimamente sarai tu a subire angherie ,,lasciati beccare con pane e nutella oppure con 10 grammi di pasta in più nel piatto etc..etc..non avete ancora capito dove vogliono arrivare...hitler non ha perso la guerra..la sua guerra la portano avanti i camici bianchi americani ...tutti scolari di delinquenti e assassini.

JUL 30

Paure efficaci

di IRENE TARONI

Chi ha detto che fare "terrorismo" non serve? 100.000 norvegesi hanno smesso di fumare. Di colpo. Il miracolo si deve ad una campagna di controllo del Tabagismo, di quelle definite "terroristiche", con immagini forti ed effetti spettacolari. Il risultato, apparentemente inaspettato, ha dato ragione a chi ci ha creduto. Il 6% dei fumatori dai 35 ai 55 anni, ed il 3% dai 16 ai 19 anni hanno smesso di fumare. La campagna mostrava cervelli sezionati in cui si mostravano "in diretta" delle emorragie, polmoni colmi di catrame, ecc. Le vendite di tabacco conseguenti alla campagna sono calate del 4,5% e la percentuale di fumatori e' passata dal 30% al 26%. I dati sono impressionanti ed autorizzano a rimettere in discussione il valore di questa modalita' drastica di intervento preventivo. I risultati sembrano dimostrare che l'atto "terrifico", ma scientificamente corretto, e' utile a scoraggiare il consumo, ad onta di chi si nasconde dietro lo spauracchio del "terrorismo", per paura del quale spesso si evita pure di dire la verita'. A quando il coraggio di una campagna cosi' muscolosa anche in Italia?

http://www.nettavisen.no/servlets/page?section=1706&item=273325


Postato 30th July 2003 da Ezechiele



JUL 30


BUONE VACANZE A VOI TUTTI !!!


A partire da domani saro' in ferie, mi auguro fino alla fine di Agosto.

Questo blog per un po' restera' senza posts quotidiani.

Appena rientrato tutto continuera' come prima, anzi mi auguro di ritrovare, ed ancora piu' numerosi, i vari amici che via via hanno incontrato queste pagine, per un po' le hanno seguite e poi le hanno lasciate, forse diretti ad altri siti piu' divertenti. Neanche io mi diverto ; questo e' un lavoro ingrato, che mi sono assunto l' onere di svolgere.

Vi aspetto tutti al rientro dalle Vs. ferie !!

Postato 30th July 2003 da Ezechiele


1 Commenti :


anonimo5 settembre 2003 09:23

anche il mio papà è morto per un tumore al polmone destro il 24 giugno del 2002 e nonostante ciò io a 28 anni non riesco a smettere di fumare le mie 30/40 sigarette al giorno. aiuto .......................al.adin@libero.it